中华人民共和国
新法规汇编

2018
第4辑

司 法 部 编

中国法制出版社

编辑说明

一、《中华人民共和国新法规汇编》是国家出版的法律、行政法规汇编正式版本，是刊登报国务院备案并予以登记的部门规章的指定出版物。

二、本汇编收集的内容包括：上一个月内由全国人民代表大会及其常务委员会通过的法律和有关法律问题的决定，国务院公布的行政法规和国务院文件，报国务院备案并予以登记的部门规章，最高人民法院和最高人民检察院公布的司法解释。另外，还收入了上一个月内报国务院备案并予以登记的地方性法规和地方政府规章目录。

三、本汇编所收的内容，按下列分类顺序编排：法律，行政法规，国务院文件，国务院部门规章，司法解释。每类中按公布的时间顺序排列。报国务院备案并予以登记的地方性法规和地方政府规章目录按 1987 年国务院批准的行政区划顺序排列；同一行政区域报备两件以上者，按公布时间顺序排列。

四、本汇编每年出版 12 辑，每月出版 1 辑。本辑为 2018 年度第 4 辑，收入 2018 年 3 月份内公布的法律 2 件，行政法规 2 件，选收国务院文件 8 件，报国务院备案并经审查予以登记编号的部门规章 18 件，司法解释 3 件，共计 33 件。

五、本汇编在编辑出版过程中，得到了国务院有关部门和有关方面以及广大读者的大力支持和协助，在此谨致谢意。

司法部

2018 年 4 月

目　　录

法　　律

行政法规

国务院文件

国务院部门规章

司法解释

附:

法　　律

中华人民共和国宪法修正案

（2018年3月11日中华人民共和国全国人民代表大会公告第一号公布）

第三十二条　宪法序言第七自然段中“在马克思列宁主义、毛泽东思想、邓小平理论和‘三个代表’重要思想指引下”修改为“在马克思列宁主义、毛泽东思想、邓小平理论、‘三个代表’重要思想、科学发展观、习近平新时代中国特色社会主义思想指引下”；“健全社会主义法制”修改为“健全社会主义法治”；在“自力更生，艰苦奋斗”前增写“贯彻新发展理念”；“推动物质文明、政治文明和精神文明协调发展，把我国建设成为富强、民主、文明的社会主义国家”修改为“推动物质文明、政治文明、精神文明、社会文明、生态文明协调发展，把我国建设成为富强民主文明和谐美丽的社会主义现代化强国，实现中华民族伟大复兴”。这一自然段相应修改为：“中国新民主主义革命的胜利和社会主义事业的成就，是中国共产党领导中国各族人民，在马克思列宁主义、毛泽东思想的指引下，坚持真理，修正错误，战胜许多艰难险阻而取得的。我国将长期处于社会主义初级阶段。国家的根本任务是，沿着中国特色社会主义道路，集中力量进行社会主义现代化建设。中国各族人民将继续在中国共产党领导下，在马克思列宁主义、毛泽东思想、邓小平理论、‘三个代表’重要思想、科学发展观、习近平新时代中国特色社会主义思想指引下，坚持人民民主专政，坚持社会主义道路，坚持改革开放，不断完善社会主义的各项制度，发展社会主义市场经济，发展社会主义民主，健全社会主义法治，贯彻新发展理念，自力更生，艰苦奋斗，逐步实现工业、农业、国防和科学技术的现代化，推动物质文明、政治文明、精神文明、社会文明、生态文明协调发展，把我国建设成为富强民主文明和谐美丽的社会主义现代化强国，实现中华民族伟大复兴。”

第三十三条　宪法序言第十自然段中“在长期的革命和建设过程中”修改为“在长期的革命、建设、改革过程中”；“包括全体社会主义劳动者、社会主义事业的建设者、拥护社会主义的爱国者和拥护祖国统一的爱国者的广泛的爱国统一战线”修改为“包括全体社会主义劳动者、社会主义事业的建设者、拥护社会主义的爱国者、拥护祖国统一和致力于中华民族伟大复兴的爱国者的广泛的爱国统一战线”。这一自然段相应修改为：“社会主义的建设事业必须依靠工人、农民和知识分子，团结一切可以团结的力量。在长期的革命、建设、改革过程中，已经结成由中国共产党领导的，有各民主党派和各人民团体参加的，包括全体社会主义劳动者、社会主义事业的建设者、拥护社会主义的爱国者、拥护祖国统一和致力于中华民族伟大复兴的爱国者的广泛的爱国统一战线，这个统一战线将继续巩固和发展。中国人民政治协商会议是有广泛代表性的统一战线组织，过去发挥了重要的历史作用，今后在国家政治生活、社会生活和对外友好活动中，在进行社会主义现代化建设、维护国家的统一和团结的斗争中，将进一步发挥它的重要作用。中国共产党领导的多党合作和政治协商制度将长期存在和发展。”

第三十四条 宪法序言第十一自然段中“平等、团结、互助的社会主义民族关系已经确立，并将继续加强。”修改为：“平等团结互助和谐的社会主义民族关系已经确立，并将继续加强。”

第三十五条 宪法序言第十二自然段中“中国革命和建设的成就是同世界人民的支持分不开的”修改为“中国革命、建设、改革的成就是同世界人民的支持分不开的”；“中国坚持独立自主的对外政策，坚持互相尊重主权和领土完整、互不侵犯、互不干涉内政、平等互利、和平共处的五项原则”后增加“坚持和平发展道路，坚持互利共赢开放战略”；“发展同各国的外交关系和经济、文化的交流”修改为“发展同各国的外交关系和经济、文化交流，推动构建人类命运共同体”。这一自然段相应修改为：“中国革命、建设、改革的成就是同世界人民的支持分不开的。中国的前途是同世界的前途紧密地联系在一起的。中国坚持独立自主的对外政策，坚持互相尊重主权和领土完整、互不侵犯、互不干涉内政、平等互利、和平共处的五项原则，坚持和平发展道路，坚持互利共赢开放战略，发展同各国的外交关系和经济、文化交流，推动构建人类命运共同体；坚持反对帝国主义、霸权主义、殖民主义，加强同世界各国人民的团结，支持被压迫民族和发展中国家争取和维护民族独立、发展民族经济的正义斗争，为维护世界和平和促进人类进步事业而努力。”

第三十六条 宪法第一条第二款“社会主义制度是中华人民共和国的根本制度。”后增写一句，内容为：“中国共产党领导是中国特色社会主义最本质的特征。”

第三十七条 宪法第三条第三款“国家行政机关、审判机关、检察机关都由人民代表大会产生，对它负责，受它监督。”修改为：“国家行政机关、监察机关、审判机关、检察机关都由人民代表大会产生，对它负责，受它监督。”

第三十八条 宪法第四条第一款中“国家保障各少数民族的合法的权利和利益，维护和发展各民族的平等、团结、互助关系。”修改为：“国家保障各少数民族的合法的权利和利益，维护和发展各民族的平等团结互助和谐关系。”

第三十九条 宪法第二十四条第二款中“国家提倡爱祖国、爱人民、爱劳动、爱科学、爱社会主义的公德”修改为“国家倡导社会主义核心价值观，提倡爱祖国、爱人民、爱劳动、爱科学、爱社会主义的公德”。这一款相应修改为：“国家倡导社会主义核心价值观，提倡爱祖国、爱人民、爱劳动、爱科学、爱社会主义的公德，在人民中进行爱国主义、集体主义和国际主义、共产主义的教育，进行辩证唯物主义和历史唯物主义的教育，反对资本主义的、封建主义的和其他的腐朽思想。”

第四十条 宪法第二十七条增加一款，作为第三款：“国家工作人员就职时应当依照法律规定公开进行宪法宣誓。”

第四十一条 宪法第六十二条“全国人民代表大会行使下列职权”中增加一项，作为第七项“（七）选举国家监察委员会主任”，第七项至第十五项相应改为第八项至第十六项。

第四十二条 宪法第六十三条“全国人民代表大会有权罢免下列人员”中增加一项，作为第四项“（四）国家监察委员会主任”，第四项、第五项相应改为第五项、第六项。

第四十三条 宪法第六十五条第四款“全国人民代表大会常务委员会的组成人员不得担任国家行政机关、审判机关和检察机关的职务。”修改为：“全国人民代表大会常务委员会的组成人员不得担任国家行政机关、监察机关、审判机关和检察机关的职务。”

第四十四条 宪法第六十七条“全国人民代表大会常务委员会行使下列职权”中第六项“（六）监督国务院、中央军事委员会、最高人民法院和最高人民检察院的工作”修改为“（六）监督国务院、中央军事委员会、国家监察委员会、最高人民法院和最高人民检察院的工作”；增加一项，作为第十一项“（十一）根据国家监察委员会主任的提请，任免国家监察委员会副主任、委员”，第十一项至第二十一项相应改为第十二项至第二十二项。

宪法第七十条第一款中“全国人民代表大会设立民族委员会、法律委员会、财政经济委员会、教育科学文化卫生委员会、外事委员会、华侨委员会和其他需要设立的专门委员会。”修改为：“全国人民代表大会设立民族委员会、宪法和法律委员会、财政经济委员会、教育科学文化卫生委员会、外事委员会、华侨委员会和其他需要设立的专门委员会。”

第四十五条 宪法第七十九条第三款“中华人民共和国主席、副主席每届任期同全国人民代表大会每届任期相同，连续任职不得超过两届。”修改为：“中华人民共和国主席、副主席每届任期同全国人民代表大会每届任期相同。”

第四十六条 宪法第八十九条“国务院行使下列职权”中第六项“（六）领导和管理经济工作和城乡建设”修改为“（六）领导和管理经济工作和城乡建设、生态文明建设”；第八项“（八）领导和管理民政、公安、司法行政和监察等工作”修改为“（八）领导和管理民政、公安、司法行政等工作”。

第四十七条 宪法第一百条增加一款，作为第二款：“设区的市的人民代表大会和它们的常务委员会，在不同宪法、法律、行政法规和本省、自治区的地方性法规相抵触的前提下，可以依照法律规定制定地方性法规，报本省、自治区人民代表大会常务委员会批准后施行。”

第四十八条 宪法第一百零一条第二款中“县级以上的地方各级人民代表大会选举并且有权罢免本级人民法院院长和本级人民检察院检察长。”修改为：“县级以上的地方各级人民代表大会选举并且有权罢免本级监察委员会主任、本级人民法院院长和本级人民检察院检察长。”

第四十九条 宪法第一百零三条第三款“县级以上的地方各级人民代表大会常务委员会的组成人员不得担任国家行政机关、审判机关和检察机关的职务。”修改为：“县级以上的地方各级人民代表大会常务委员会的组成人员不得担任国家行政机关、监察机关、审判机关和检察机关的职务。”

第五十条 宪法第一百零四条中“监督本级人民政府、人民法院和人民检察院的工作”修改为“监督本级人民政府、监察委员会、人民法院和人民检察院的工作”。这一条相应修改为：“县级以上的地方各级人民代表大会常务委员会讨论、决定本行政区域内各方面工作的重大事项；监督本级人民政府、监察委员会、人民法院和人民检察院的工作；撤销本级人民政府的不适当的决定和命令；撤销下一级人民代表大会的不适当的决议；依照法律规定的权限决定国家机关工作人员的任免；在本级人民代表大会闭会期间，罢免和补选上一级人民代表大会的个别代表。”

第五十一条 宪法第一百零七条第一款“县级以上地方各级人民政府依

照法律规定的权限，管理本行政区域内的经济、教育、科学、文化、卫生、体育事业、城乡建设事业和财政、民政、公安、民族事务、司法行政、监察、计划生育等行政工作，发布决定和命令，任免、培训、考核和奖惩行政工作人员。”修改为：“县级以上地方各级人民政府依照法律规定的权限，管理本行政区域内的经济、教育、科学、文化、卫生、体育事业、城乡建设事业和财政、民政、公安、民族事务、司法行政、计划生育等行政工作，发布决定和命令，任免、培训、考核和奖惩行政工作人员。”

第五十二条 宪法第三章“国家机构”中增加一节，作为第七节“监察委员会”；增加五条，分别作为第一百二十三条至第一百二十七条。内容如下：

第七节 监察委员会

第一百二十三条 中华人民共和国各级监察委员会是国家的监察机关。

第一百二十四条 中华人民共和国设立国家监察委员会和地方各级监察委员会。

监察委员会由下列人员组成：

主任，

副主任若干人，

委员若干人。

监察委员会主任每届任期同本级人民代表大会每届任期相同。国家监察委员会主任连续任职不得超过两届。

监察委员会的组织和职权由法律规定。

第一百二十五条 中华人民共和国国家监察委员会是最高监察机关。

国家监察委员会领导地方各级监察委员会的工作，上级监察委员会领导下级监察委员会的工作。

第一百二十六条 国家监察委员会对全国人民代表大会和全国人民代表大会常务委员会负责。地方各级监察委员会对产生它的国家权力机关和上一级监察委员会负责。

第一百二十七条 监察委员会依照法律规定独立行使监察权，不受行政机关、社会团体和个人的干涉。

监察机关办理职务违法和职务犯罪案件，应当与审判机关、检察机关、执法部门互相配合，互相制约。

第七节相应改为第八节，第一百二十三条至第一百三十八条相应改为第一百二十八条至第一百四十三条。

中华人民共和国宪法

（1982 年 12 月 4 日第五届全国人民代表大会第五次会议通过　1982 年 12 月 4 日全国人民代表大会公告公布施行　根据 1988 年 4 月 12 日第七届全国人民代表大会第一次会议通过的《中华人民共和国宪法修正案》、1993 年 3 月 29 日第八届全国人民代表大会第一次会议通过的《中华人民共和国宪法修正案》、1999 年 3 月 15 日第九届全国人民代表大会第二次会议通过的《中华人民共和国宪法修正案》、2004 年 3 月 14 日第十届全国人民代表大会第二次会议通过的《中华人民共和国宪法修正案》和 2018 年 3 月 11 日第十三届全国人民代表大会第一次会议通过的《中华人民共和国宪法修正案》修正）

目　　录

序　　言

中国是世界上历史最悠久的国家之一。中国各族人民共同创造了光辉灿烂的文化，具有光荣的革命传统。

一八四〇年以后，封建的中国逐渐变成半殖民地、半封建的国家。中国人民为国家独立、民族解放和民主自由进行了前仆后继的英勇奋斗。

二十世纪，中国发生了翻天覆地的伟大历史变革。

一九一一年孙中山先生领导的辛亥革命，废除了封建帝制，创立了中华民国。但是，中国人民反对帝国主义和封建主义的历史任务还没有完成。

一九四九年，以毛泽东主席为领袖的中国共产党领导中国各族人民，在经历了长期的艰难曲折的武装斗争和其他形式的斗争以后，终于推翻了帝国主义、封建主义和官僚资本主义的统治，取得了新民主主义革命的伟大胜利，建立了中华人民共和国。从此，中国人民掌握了国家的权力，成为国家的主人。

中华人民共和国成立以后，我国社会逐步实现了由新民主主义到社会主义的过渡。生产资料私有制的社会主义改造已经完成，人剥削人的制度已经消灭，社会主义制度已经确立。工人阶级领导的、以工农联盟为基础的人民民主专政，实质上即无产阶级专政，得到巩固和发展。中国人民和中国人民解放军战胜了帝国主义、霸权主义的侵略、破坏和武装挑衅，维护了国家的独立和安全，增强了国防。经济建设取得了重大的成就，独立的、比较完整的社会主义工业体系已经基本形成，农业生产显著提高。教育、科学、文化等事业有了很大的发展，社会主义思想教育取得了明显的成效。广大人民的生活有了较大的改善。

中国新民主主义革命的胜利和社会主义事业的成就，是中国共产党领导中国各族人民，在马克思列宁主义、毛泽东思想的指引下，坚持真理，修正错误，战胜许多艰难险阻而取得的。我国将长期处于社会主义初级阶段。国家的根本任务是，沿着中国特色社会主义道路，集中力量进行社会主义现代化建设。中国各族人民将继续在中国共产党领导下，在马克思列宁主义、毛泽东思想、邓小平理论、“三个代表”重要思想、科学发展观、习近平新时代中国特色社会主义思想指引下，坚持人民民主专政，坚持社会主义道路，坚持改革开放，不断完善社会主义的各项制度，发展社会主义市场经济，发展社会主义民主，健全社会主义法治，贯彻新发展理念，自力更生，艰苦奋斗，逐步实现工业、农业、国防和科学技术的现代化，推动物质文明、政治文明、精神文明、社会文明、生态文明协调发展，把我国建设成为富强民主文明和谐美丽的社会主义现代化强国，实现中华民族伟大复兴。

在我国，剥削阶级作为阶级已经消灭，但是阶级斗争还将在一定范围内长期存在。中国人民对敌视和破坏我国社会主义制度的国内外的敌对势力和敌对分子，必须进行斗争。

台湾是中华人民共和国的神圣领土的一部分。完成统一祖国的大业是包括台湾同胞在内的全中国人民的神圣职责。

社会主义的建设事业必须依靠工人、农民和知识分子，团结一切可以团结的力量。在长期的革命、建设、改革过程中，已经结成由中国共产党领导的，有各民主党派和各人民团体参加的，包括全体社会主义劳动者、社会主义事业的建设者、拥护社会主义的爱国者、拥护祖国统一和致力于中华民族伟大复兴的爱国者的广泛的爱国统一战线，这个统一战线将继续巩固和发展。中国人民政治协商会议是有广泛代表性的统一战线组织，过去发挥了重要的历史作用，今后在国家政治生活、社会生活和对外友好活动中，在进行社会主义现代化建设、维护国家的统一和团结的斗争中，将进一步发挥它的重要作用。中国共产党领导的多党合作和政治协商制度将长期存在和发展。

中华人民共和国是全国各族人民共同缔造的统一的多民族国家。平等团结互助和谐的社会主义民族关系已经确立，并将继续加强。在维护民族团结的斗争中，要反对大民族主义，主要是大汉族主义，也要反对地方民族主义。国家尽一切努力，促进全国各民族的共同繁荣。

中国革命、建设、改革的成就是同世界人民的支持分不开的。中国的前途是同世界的前途紧密地联系在一起的。中国坚持独立自主的对外政策，坚持互相尊重主权和领土完整、互不侵犯、互不干涉内政、平等互利、和平共处的五项原则，坚持和平发展道路，坚持互利共赢开放战略，发展同各国的外交关系和经济、文化交流，推动构建人类命运共同体；坚持反对帝国主义、霸权主义、殖民主义，加强同世界各国人民的团结，支持被压迫民族和发展中国家争取和维护民族独立、发展民族经济的正义斗争，为维护世界和平和促进人类进步事业而努力。

本宪法以法律的形式确认了中国各族人民奋斗的成果，规定了国家的根本制度和根本任务，是国家的根本法，具有最高的法律效力。全国各族人民、一切国家机关和武装力量、各政党和各社会团体、各企业事业组织，都必须以宪法为根本的活动准则，并且负有维护宪法尊严、保证宪法实施的职责。

第一章　总　纲

第一条　中华人民共和国是工人阶级领导的、以工农联盟为基础的人民民主专政的社会主义国家。

社会主义制度是中华人民共和国的根本制度。中国共产党领导是中国特色社会主义最本质的特征。禁止任何组织或者个人破坏社会主义制度。

第二条 中华人民共和国的一切权力属于人民。

人民行使国家权力的机关是全国人民代表大会和地方各级人民代表大会。

人民依照法律规定，通过各种途径和形式，管理国家事务，管理经济和文化事业，管理社会事务。

第三条 中华人民共和国的国家机构实行民主集中制的原则。

全国人民代表大会和地方各级人民代表大会都由民主选举产生，对人民负责，受人民监督。

国家行政机关、监察机关、审判机关、检察机关都由人民代表大会产生，对它负责，受它监督。

中央和地方的国家机构职权的划分，遵循在中央的统一领导下，充分发挥地方的主动性、积极性的原则。

第四条 中华人民共和国各民族一律平等。国家保障各少数民族的合法的权利和利益，维护和发展各民族的平等团结互助和谐关系。禁止对任何民族的歧视和压迫，禁止破坏民族团结和制造民族分裂的行为。

国家根据各少数民族的特点和需要，帮助各少数民族地区加速经济和文化的发展。

各少数民族聚居的地方实行区域自治，设立自治机关，行使自治权。各民族自治地方都是中华人民共和国不可分离的部分。

各民族都有使用和发展自己的语言文字的自由，都有保持或者改革自己的风俗习惯的自由。

第五条 中华人民共和国实行依法治国，建设社会主义法治国家。

国家维护社会主义法制的统一和尊严。

一切法律、行政法规和地方性法规都不得同宪法相抵触。

一切国家机关和武装力量、各政党和各社会团体、各企业事业组织都必须遵守宪法和法律。一切违反宪法和法律的行为，必须予以追究。

任何组织或者个人都不得有超越宪法和法律的特权。

第六条 中华人民共和国的社会主义经济制度的基础是生产资料的社会主义公有制，即全民所有制和劳动群众集体所有制。社会主义公有制消灭人剥削人的制度，实行各尽所能、按劳分配的原则。

国家在社会主义初级阶段，坚持公有制为主体、多种所有制经济共同发展的基本经济制度，坚持按劳分配为主体、多种分配方式并存的分配制度。

第七条 国有经济，即社会主义全民所有制经济，是国民经济中的主导力量。国家保障国有经济的巩固和发展。

第八条 农村集体经济组织实行家庭承包经营为基础、统分结合的双层经营体制。农村中的生产、供销、信用、消费等各种形式的合作经济，是社会主义劳动群众集体所有制经济。参加农村集体经济组织的劳动者，有权在法律规定的范围内经营自留地、自留山、家庭副业和饲养自留畜。

城镇中的手工业、工业、建筑业、运输业、商业、服务业等行业的各种形式的合作经济，都是社会主义劳动群众集体所有制经济。

国家保护城乡集体经济组织的合法的权利和利益，鼓励、指导和帮助集体经济的发展。

第九条 矿藏、水流、森林、山岭、草原、荒地、滩涂等自然资源，都属于国家所有，即全民所有；由法律规定属于集体所有的森林和山岭、草原、荒地、滩涂除外。

国家保障自然资源的合理利用，保护珍贵的动物和植物。禁止任何组织或者个人用任何手段侵占或者破坏自然资源。

第十条 城市的土地属于国家所有。

农村和城市郊区的土地，除由法律规定属于国家所有的以外，属于集体所有；宅基地和自留地、自留山，也属于集体所有。

国家为了公共利益的需要，可以依照法律规定对土地实行征收或者征用并给予补偿。

任何组织或者个人不得侵占、买卖或者以其他形式非法转让土地。土地的使用权可以依照法律的规定转让。

一切使用土地的组织和个人必须合理地利用土地。

第十一条 在法律规定范围内的个体经济、私营经济等非公有制经济，是社会主义市场经济的重要组成部分。

国家保护个体经济、私营经济等非公有制经济的合法的权利和利益。国家鼓励、支持和引导非公有制经济的发展，并对非公有制经济依法实行监督和管理。

第十二条 社会主义的公共财产神圣不可侵犯。

国家保护社会主义的公共财产。禁止任何组织或者个人用任何手段侵占或者破坏国家的和集体的财产。

第十三条 公民的合法的私有财产不受侵犯。

国家依照法律规定保护公民的私有财产权和继承权。

国家为了公共利益的需要，可以依照法律规定对公民的私有财产实行征收或者征用并给予补偿。

第十四条 国家通过提高劳动者的积极性和技术水平，推广先进的科学技术，完善经济管理体制和企业经营管理制度，实行各种形式的社会主义责任制，改进劳动组织，以不断提高劳动生产率和经济效益，发展社会生产力。

国家厉行节约，反对浪费。

国家合理安排积累和消费，兼顾国家、集体和个人的利益，在发展生产的基础上，逐步改善人民的物质生活和文化生活。

国家建立健全同经济发展水平相适应的社会保障制度。

第十五条 国家实行社会主义市场经济。

国家加强经济立法，完善宏观调控。

国家依法禁止任何组织或者个人扰乱社会经济秩序。

第十六条 国有企业在法律规定的范围内有权自主经营。

国有企业依照法律规定，通过职工代表大会和其他形式，实行民主管理。

第十七条 集体经济组织在遵守有关法律的前提下，有独立进行经济活动的自主权。

集体经济组织实行民主管理，依照法律规定选举和罢免管理人员，决定经营管理的重大问题。

第十八条 中华人民共和国允许外国的企业和其他经济组织或者个人依照中华人民共和国法律的规定在中国投资，同中国的企业或者其他经济组织进行各种形式的经济合作。

在中国境内的外国企业和其他外国经济组织以及中外合资经营的企业，都必须遵守中华人民共和国的法律。它们的合法的权利和利益受中华人民共和国法律的保护。

第十九条 国家发展社会主义的教育事业，提高全国人民的科学文化水平。

国家举办各种学校，普及初等义务教育，发展中等教育、职业教育和高等教育，并且发展学前教育。

国家发展各种教育设施，扫除文盲，对工人、农民、国家工作人员和其他劳动者进行政治、文化、科学、技术、业务的教育，鼓励自学成才。

国家鼓励集体经济组织、国家企业事业组织和其他社会力量依照法律规定举办各种教育事业。

国家推广全国通用的普通话。

第二十条 国家发展自然科学和社会科学事业，普及科学和技术知识，奖励科学研究成果和技术发明创造。

第二十一条 国家发展医疗卫生事业，发展现代医药和我国传统医药，鼓励和支持农村集体经济组织、国家企业事业组织和街道组织举办各种医疗卫生设施，开展群众性的卫生活动，保护人民健康。

国家发展体育事业，开展群众性的体育活动，增强人民体质。

第二十二条 国家发展为人民服务、为社会主义服务的文学艺术事业、新闻广播电视事业、出版发行事业、图书馆博物馆文化馆和其他文化事业，开展群众性的文化活动。

国家保护名胜古迹、珍贵文物和其他重要历史文化遗产。

第二十三条 国家培养为社会主义服务的各种专业人才，扩大知识分子的队伍，创造条件，充分发挥他们在社会主义现代化建设中的作用。

第二十四条 国家通过普及理想教育、道德教育、文化教育、纪律和法制教育，通过在城乡不同范围的群众中制定和执行各种守则、公约，加强社会主义精神文明的建设。

国家倡导社会主义核心价值观，提倡爱祖国、爱人民、爱劳动、爱科学、爱社会主义的公德，在人民中进行爱国主义、集体主义和国际主义、共产主义的教育，进行辩证唯物主义和历史唯物主义的教育，反对资本主义的、封建主义的和其他的腐朽思想。

第二十五条 国家推行计划生育，使人口的增长同经济和社会发展计划相适应。

第二十六条 国家保护和改善生活环境和生态环境，防治污染和其他公害。

国家组织和鼓励植树造林，保护林木。

第二十七条 一切国家机关实行精简的原则，实行工作责任制，实行工作人员的培训和考核制度，不断提高工作质量和工作效率，反对官僚主义。

一切国家机关和国家工作人员必须依靠人民的支持，经常保持同人民的密切联系，倾听人民的意见和建议，接受人民的监督，努力为人民服务。

国家工作人员就职时应当依照法律规定公开进行宪法宣誓。

第二十八条 国家维护社会秩序，镇压叛国和其他危害国家安全的犯罪活动，制裁危害社会治安、破坏社会主义经济和其他犯罪的活动，惩办和改造犯罪分子。

第二十九条 中华人民共和国的武装力量属于人民。它的任务是巩固国防，抵抗侵略，保卫祖国，保卫人民的和平劳动，参加国家建设事业，努力为人民服务。

国家加强武装力量的革命化、现代化、正规化的建设，增强国防力量。

第三十条 中华人民共和国的行政区域划分如下：

（一）全国分为省、自治区、直辖市；

（二）省、自治区分为自治州、县、自治县、市；

（三）县、自治县分为乡、民族乡、镇。

直辖市和较大的市分为区、县。自治州分为县、自治县、市。

自治区、自治州、自治县都是民族自治地方。

第三十一条 国家在必要时得设立特别行政区。在特别行政区内实行的制度按照具体情况由全国人民代表大会以法律规定。

第三十二条 中华人民共和国保护在中国境内的外国人的合法权利和利益，在中国境内的外国人必须遵守中华人民共和国的法律。

中华人民共和国对于因为政治原因要求避难的外国人，可以给予受庇护的权利。

第二章　公民的基本权利和义务

第三十三条 凡具有中华人民共和国国籍的人都是中华人民共和国公民。

中华人民共和国公民在法律面前一律平等。

国家尊重和保障人权。

任何公民享有宪法和法律规定的权利，同时必须履行宪法和法律规定的义务。

第三十四条 中华人民共和国年满十八周岁的公民，不分民族、种族、性别、职业、家庭出身、宗教信仰、教育程度、财产状况、居住期限，都有选举权和被选举权；但是依照法律被剥夺政治权利的人除外。

第三十五条 中华人民共和国公民有言论、出版、集会、结社、游行、示威的自由。

第三十六条 中华人民共和国公民有宗教信仰自由。

任何国家机关、社会团体和个人不得强制公民信仰宗教或者不信仰宗教，不得歧视信仰宗教的公民和不信仰宗教的公民。

国家保护正常的宗教活动。任何人不得利用宗教进行破坏社会秩序、损害公民身体健康、妨碍国家教育制度的活动。

宗教团体和宗教事务不受外国势力的支配。

第三十七条 中华人民共和国公民的人身自由不受侵犯。

任何公民，非经人民检察院批准或者决定或者人民法院决定，并由公安机关执行，不受逮捕。

禁止非法拘禁和以其他方法非法剥夺或者限制公民的人身自由，禁止非法搜查公民的身体。

第三十八条 中华人民共和国公民的人格尊严不受侵犯。禁止用任何方法对公民进行侮辱、诽谤和诬告陷害。

第三十九条 中华人民共和国公民的住宅不受侵犯。禁止非法搜查或者非法侵入公民的住宅。

第四十条 中华人民共和国公民的通信自由和通信秘密受法律的保护。除因国家安全或者追查刑事犯罪的需要，由公安机关或者检察机关依照法律规定的程序对通信进行检查外，任何组织或者个人不得以任何理由侵犯公民的通信自由和通信秘密。

第四十一条 中华人民共和国公民对于任何国家机关和国家工作人员，有提出批评和建议的权利；对于任何国家机关和国家工作人员的违法失职行为，有向有关国家机关提出申诉、控告或者检举的权利，但是不得捏造或者歪曲事实进行诬告陷害。

对于公民的申诉、控告或者检举，有关国家机关必须查清事实，负责处理。任何人不得压制和打击报复。

由于国家机关和国家工作人员侵犯公民权利而受到损失的人，有依照法律规定取得赔偿的权利。

第四十二条 中华人民共和国公民有劳动的权利和义务。

国家通过各种途径，创造劳动就业条件，加强劳动保护，改善劳动条件，并在发展生产的基础上，提高劳动报酬和福利待遇。

劳动是一切有劳动能力的公民的光荣职责。国有企业和城乡集体经济组织的劳动者都应当以国家主人翁的态度对待自己的劳动。国家提倡社会主义劳动竞赛，奖励劳动模范和先进工作者。国家提倡公民从事义务劳动。

国家对就业前的公民进行必要的劳动就业训练。

第四十三条 中华人民共和国劳动者有休息的权利。

国家发展劳动者休息和休养的设施，规定职工的工作时间和休假制度。

第四十四条 国家依照法律规定实行企业事业组织的职工和国家机关工作人员的退休制度。退休人员的生活受到国家和社会的保障。

第四十五条 中华人民共和国公民在年老、疾病或者丧失劳动能力的情况下，有从国家和社会获得物质帮助的权利。国家发展为公民享受这些权利所需要的社会保险、社会救济和医疗卫生事业。

国家和社会保障残废军人的生活，抚恤烈士家属，优待军人家属。

国家和社会帮助安排盲、聋、哑和其他有残疾的公民的劳动、生活和教育。

第四十六条 中华人民共和国公民有受教育的权利和义务。

国家培养青年、少年、儿童在品德、智力、体质等方面全面发展。

第四十七条 中华人民共和国公民有进行科学研究、文学艺术创作和其他文化活动的自由。国家对于从事教育、科学、技术、文学、艺术和其他文化事业的公民的有益于人民的创造性工作，给以鼓励和帮助。

第四十八条 中华人民共和国妇女在政治的、经济的、文化的、社会的和家庭的生活等各方面享有同男子平等的权利。

国家保护妇女的权利和利益，实行男女同工同酬，培养和选拔妇女干部。

第四十九条 婚姻、家庭、母亲和儿童受国家的保护。

夫妻双方有实行计划生育的义务。

父母有抚养教育未成年子女的义务，成年子女有赡养扶助父母的义务。

禁止破坏婚姻自由，禁止虐待老人、妇女和儿童。

第五十条 中华人民共和国保护华侨的正当的权利和利益，保护归侨和侨眷的合法的权利和利益。

第五十一条 中华人民共和国公民在行使自由和权利的时候，不得损害国家的、社会的、集体的利益和其他公民的合法的自由和权利。

第五十二条 中华人民共和国公民有维护国家统一和全国各民族团结的义务。

第五十三条 中华人民共和国公民必须遵守宪法和法律，保守国家秘密，爱护公共财产，遵守劳动纪律，遵守公共秩序，尊重社会公德。

第五十四条 中华人民共和国公民有维护祖国的安全、荣誉和利益的义务，不得有危害祖国的安全、荣誉和利益的行为。

第五十五条 保卫祖国、抵抗侵略是中华人民共和国每一个公民的神圣职责。

依照法律服兵役和参加民兵组织是中华人民共和国公民的光荣义务。

第五十六条 中华人民共和国公民有依照法律纳税的义务。

第三章　国家机构

第一节　全国人民代表大会

第五十七条　中华人民共和国全国人民代表大会是最高国家权力机关。它的常设机关是全国人民代表大会常务委员会。

第五十八条　全国人民代表大会和全国人民代表大会常务委员会行使国家立法权。

第五十九条　全国人民代表大会由省、自治区、直辖市、特别行政区和军队选出的代表组成。各少数民族都应当有适当名额的代表。

全国人民代表大会代表的选举由全国人民代表大会常务委员会主持。

全国人民代表大会代表名额和代表产生办法由法律规定。

第六十条　全国人民代表大会每届任期五年。

全国人民代表大会任期届满的两个月以前，全国人民代表大会常务委员会必须完成下届全国人民代表大会代表的选举。如果遇到不能进行选举的非常情况，由全国人民代表大会常务委员会以全体组成人员的三分之二以上的多数通过，可以推迟选举，延长本届全国人民代表大会的任期。在非常情况结束后一年内，必须完成下届全国人民代表大会代表的选举。

第六十一条　全国人民代表大会会议每年举行一次，由全国人民代表大会常务委员会召集。如果全国人民代表大会常务委员会认为必要，或者有五分之一以上的全国人民代表大会代表提议，可以临时召集全国人民代表大会会议。

全国人民代表大会举行会议的时候，选举主席团主持会议。

第六十二条　全国人民代表大会行使下列职权：

（一）修改宪法；

（二）监督宪法的实施；

（三）制定和修改刑事、民事、国家机构的和其他的基本法律；

（四）选举中华人民共和国主席、副主席；

（五）根据中华人民共和国主席的提名，决定国务院总理的人选；根据国务院总理的提名，决定国务院副总理、国务委员、各部部长、各委员会主任、审计长、秘书长的人选；

（六）选举中央军事委员会主席；根据中央军事委员会主席的提名，决定中央军事委员会其他组成人员的人选；

（七）选举国家监察委员会主任；
（八）选举最高人民法院院长；
（九）选举最高人民检察院检察长；
（十）审查和批准国民经济和社会发展计划和计划执行情况的报告；
（十一）审查和批准国家的预算和预算执行情况的报告；
（十二）改变或者撤销全国人民代表大会常务委员会不适当的决定；
（十三）批准省、自治区和直辖市的建置；
（十四）决定特别行政区的设立及其制度；
（十五）决定战争和和平的问题；
（十六）应当由最高国家权力机关行使的其他职权。

第六十三条　全国人民代表大会有权罢免下列人员：
（一）中华人民共和国主席、副主席；
（二）国务院总理、副总理、国务委员、各部部长、各委员会主任、审计长、秘书长；
（三）中央军事委员会主席和中央军事委员会其他组成人员；
（四）国家监察委员会主任；
（五）最高人民法院院长；
（六）最高人民检察院检察长。

第六十四条　宪法的修改，由全国人民代表大会常务委员会或者五分之一以上的全国人民代表大会代表提议，并由全国人民代表大会以全体代表的三分之二以上的多数通过。

法律和其他议案由全国人民代表大会以全体代表的过半数通过。

第六十五条　全国人民代表大会常务委员会由下列人员组成：
委员长，
副委员长若干人，
秘书长，
委员若干人。

全国人民代表大会常务委员会组成人员中，应当有适当名额的少数民族代表。

全国人民代表大会选举并有权罢免全国人民代表大会常务委员会的组成人员。

全国人民代表大会常务委员会的组成人员不得担任国家行政机关、监察机关、审判机关和检察机关的职务。

第六十六条　全国人民代表大会常务委员会每届任期同全国人民代表大

会每届任期相同，它行使职权到下届全国人民代表大会选出新的常务委员会为止。

委员长、副委员长连续任职不得超过两届。

第六十七条 全国人民代表大会常务委员会行使下列职权：

（一）解释宪法，监督宪法的实施；

（二）制定和修改除应当由全国人民代表大会制定的法律以外的其他法律；

（三）在全国人民代表大会闭会期间，对全国人民代表大会制定的法律进行部分补充和修改，但是不得同该法律的基本原则相抵触；

（四）解释法律；

（五）在全国人民代表大会闭会期间，审查和批准国民经济和社会发展计划、国家预算在执行过程中所必须作的部分调整方案；

（六）监督国务院、中央军事委员会、国家监察委员会、最高人民法院和最高人民检察院的工作；

（七）撤销国务院制定的同宪法、法律相抵触的行政法规、决定和命令；

（八）撤销省、自治区、直辖市国家权力机关制定的同宪法、法律和行政法规相抵触的地方性法规和决议；

（九）在全国人民代表大会闭会期间，根据国务院总理的提名，决定部长、委员会主任、审计长、秘书长的人选；

（十）在全国人民代表大会闭会期间，根据中央军事委员会主席的提名，决定中央军事委员会其他组成人员的人选；

（十一）根据国家监察委员会主任的提请，任免国家监察委员会副主任、委员；

（十二）根据最高人民法院院长的提请，任免最高人民法院副院长、审判员、审判委员会委员和军事法院院长；

（十三）根据最高人民检察院检察长的提请，任免最高人民检察院副检察长、检察员、检察委员会委员和军事检察院检察长，并且批准省、自治区、直辖市的人民检察院检察长的任免；

（十四）决定驻外全权代表的任免；

（十五）决定同外国缔结的条约和重要协定的批准和废除；

（十六）规定军人和外交人员的衔级制度和其他专门衔级制度；

（十七）规定和决定授予国家的勋章和荣誉称号；

（十八）决定特赦；

（十九）在全国人民代表大会闭会期间，如果遇到国家遭受武装侵犯或者必须履行国际间共同防止侵略的条约的情况，决定战争状态的宣布；

（二十）决定全国总动员或者局部动员；

（二十一）决定全国或者个别省、自治区、直辖市进入紧急状态；

（二十二）全国人民代表大会授予的其他职权。

第六十八条 全国人民代表大会常务委员会委员长主持全国人民代表大会常务委员会的工作，召集全国人民代表大会常务委员会会议。副委员长、秘书长协助委员长工作。

委员长、副委员长、秘书长组成委员长会议，处理全国人民代表大会常务委员会的重要日常工作。

第六十九条 全国人民代表大会常务委员会对全国人民代表大会负责并报告工作。

第七十条 全国人民代表大会设立民族委员会、宪法和法律委员会、财政经济委员会、教育科学文化卫生委员会、外事委员会、华侨委员会和其他需要设立的专门委员会。在全国人民代表大会闭会期间，各专门委员会受全国人民代表大会常务委员会的领导。

各专门委员会在全国人民代表大会和全国人民代表大会常务委员会领导下，研究、审议和拟订有关议案。

第七十一条 全国人民代表大会和全国人民代表大会常务委员会认为必要的时候，可以组织关于特定问题的调查委员会，并且根据调查委员会的报告，作出相应的决议。

调查委员会进行调查的时候，一切有关的国家机关、社会团体和公民都有义务向它提供必要的材料。

第七十二条 全国人民代表大会代表和全国人民代表大会常务委员会组成人员，有权依照法律规定的程序分别提出属于全国人民代表大会和全国人民代表大会常务委员会职权范围内的议案。

第七十三条 全国人民代表大会代表在全国人民代表大会开会期间，全国人民代表大会常务委员会组成人员在常务委员会开会期间，有权依照法律规定的程序提出对国务院或者国务院各部、各委员会的质询案。受质询的机关必须负责答复。

第七十四条 全国人民代表大会代表，非经全国人民代表大会会议主席团许可，在全国人民代表大会闭会期间非经全国人民代表大会常务委员会许可，不受逮捕或者刑事审判。

第七十五条 全国人民代表大会代表在全国人民代表大会各种会议上的发言和表决，不受法律追究。

第七十六条 全国人民代表大会代表必须模范地遵守宪法和法律，保守国家秘密，并且在自己参加的生产、工作和社会活动中，协助宪法和法律的实施。

全国人民代表大会代表应当同原选举单位和人民保持密切的联系，听取和反映人民的意见和要求，努力为人民服务。

第七十七条 全国人民代表大会代表受原选举单位的监督。原选举单位有权依照法律规定的程序罢免本单位选出的代表。

第七十八条 全国人民代表大会和全国人民代表大会常务委员会的组织和工作程序由法律规定。

第二节 中华人民共和国主席

第七十九条 中华人民共和国主席、副主席由全国人民代表大会选举。

有选举权和被选举权的年满四十五周岁的中华人民共和国公民可以被选为中华人民共和国主席、副主席。

中华人民共和国主席、副主席每届任期同全国人民代表大会每届任期相同。

第八十条 中华人民共和国主席根据全国人民代表大会的决定和全国人民代表大会常务委员会的决定，公布法律，任免国务院总理、副总理、国务委员、各部部长、各委员会主任、审计长、秘书长，授予国家的勋章和荣誉称号，发布特赦令，宣布进入紧急状态，宣布战争状态，发布动员令。

第八十一条 中华人民共和国主席代表中华人民共和国，进行国事活动，接受外国使节；根据全国人民代表大会常务委员会的决定，派遣和召回驻外全权代表，批准和废除同外国缔结的条约和重要协定。

第八十二条 中华人民共和国副主席协助主席工作。

中华人民共和国副主席受主席的委托，可以代行主席的部分职权。

第八十三条 中华人民共和国主席、副主席行使职权到下届全国人民代表大会选出的主席、副主席就职为止。

第八十四条 中华人民共和国主席缺位的时候，由副主席继任主席的职位。

中华人民共和国副主席缺位的时候，由全国人民代表大会补选。

中华人民共和国主席、副主席都缺位的时候，由全国人民代表大会补选；在补选以前，由全国人民代表大会常务委员会委员长暂时代理主席职位。

第三节　国　务　院

第八十五条　中华人民共和国国务院，即中央人民政府，是最高国家权力机关的执行机关，是最高国家行政机关。

第八十六条　国务院由下列人员组成：

总理，

副总理若干人，

国务委员若干人，

各部部长，

各委员会主任，

审计长，

秘书长。

国务院实行总理负责制。各部、各委员会实行部长、主任负责制。

国务院的组织由法律规定。

第八十七条　国务院每届任期同全国人民代表大会每届任期相同。

总理、副总理、国务委员连续任职不得超过两届。

第八十八条　总理领导国务院的工作。副总理、国务委员协助总理工作。

总理、副总理、国务委员、秘书长组成国务院常务会议。

总理召集和主持国务院常务会议和国务院全体会议。

第八十九条　国务院行使下列职权：

（一）根据宪法和法律，规定行政措施，制定行政法规，发布决定和命令；

（二）向全国人民代表大会或者全国人民代表大会常务委员会提出议案；

（三）规定各部和各委员会的任务和职责，统一领导各部和各委员会的工作，并且领导不属于各部和各委员会的全国性的行政工作；

（四）统一领导全国地方各级国家行政机关的工作，规定中央和省、自治区、直辖市的国家行政机关的职权的具体划分；

（五）编制和执行国民经济和社会发展计划和国家预算；

（六）领导和管理经济工作和城乡建设、生态文明建设；

（七）领导和管理教育、科学、文化、卫生、体育和计划生育工作；

（八）领导和管理民政、公安、司法行政等工作；

（九）管理对外事务，同外国缔结条约和协定；

（十）领导和管理国防建设事业；

（十一）领导和管理民族事务，保障少数民族的平等权利和民族自治地方的自治权利；

（十二）保护华侨的正当的权利和利益，保护归侨和侨眷的合法的权利和利益；

（十三）改变或者撤销各部、各委员会发布的不适当的命令、指示和规章；

（十四）改变或者撤销地方各级国家行政机关的不适当的决定和命令；

（十五）批准省、自治区、直辖市的区域划分，批准自治州、县、自治县、市的建置和区域划分；

（十六）依照法律规定决定省、自治区、直辖市的范围内部分地区进入紧急状态；

（十七）审定行政机构的编制，依照法律规定任免、培训、考核和奖惩行政人员；

（十八）全国人民代表大会和全国人民代表大会常务委员会授予的其他职权。

第九十条 国务院各部部长、各委员会主任负责本部门的工作；召集和主持部务会议或者委员会会议、委务会议，讨论决定本部门工作的重大问题。

各部、各委员会根据法律和国务院的行政法规、决定、命令，在本部门的权限内，发布命令、指示和规章。

第九十一条 国务院设立审计机关，对国务院各部门和地方各级政府的财政收支，对国家的财政金融机构和企业事业组织的财务收支，进行审计监督。

审计机关在国务院总理领导下，依照法律规定独立行使审计监督权，不受其他行政机关、社会团体和个人的干涉。

第九十二条 国务院对全国人民代表大会负责并报告工作；在全国人民代表大会闭会期间，对全国人民代表大会常务委员会负责并报告工作。

第四节　中央军事委员会

第九十三条 中华人民共和国中央军事委员会领导全国武装力量。

中央军事委员会由下列人员组成：

主席，

副主席若干人，

委员若干人。

中央军事委员会实行主席负责制。

中央军事委员会每届任期同全国人民代表大会每届任期相同。

第九十四条 中央军事委员会主席对全国人民代表大会和全国人民代表大会常务委员会负责。

第五节 地方各级人民代表大会和地方各级人民政府

第九十五条 省、直辖市、县、市、市辖区、乡、民族乡、镇设立人民代表大会和人民政府。

地方各级人民代表大会和地方各级人民政府的组织由法律规定。

自治区、自治州、自治县设立自治机关。自治机关的组织和工作根据宪法第三章第五节、第六节规定的基本原则由法律规定。

第九十六条 地方各级人民代表大会是地方国家权力机关。

县级以上的地方各级人民代表大会设立常务委员会。

第九十七条 省、直辖市、设区的市的人民代表大会代表由下一级的人民代表大会选举；县、不设区的市、市辖区、乡、民族乡、镇的人民代表大会代表由选民直接选举。

地方各级人民代表大会代表名额和代表产生办法由法律规定。

第九十八条 地方各级人民代表大会每届任期五年。

第九十九条 地方各级人民代表大会在本行政区域内，保证宪法、法律、行政法规的遵守和执行；依照法律规定的权限，通过和发布决议，审查和决定地方的经济建设、文化建设和公共事业建设的计划。

县级以上的地方各级人民代表大会审查和批准本行政区域内的国民经济和社会发展计划、预算以及它们的执行情况的报告；有权改变或者撤销本级人民代表大会常务委员会不适当的决定。

民族乡的人民代表大会可以依照法律规定的权限采取适合民族特点的具体措施。

第一百条 省、直辖市的人民代表大会和它们的常务委员会，在不同宪法、法律、行政法规相抵触的前提下，可以制定地方性法规，报全国人民代表大会常务委员会备案。

设区的市的人民代表大会和它们的常务委员会，在不同宪法、法律、行政法规和本省、自治区的地方性法规相抵触的前提下，可以依照法律规定制定地方性法规，报本省、自治区人民代表大会常务委员会批准后施行。

第一百零一条 地方各级人民代表大会分别选举并且有权罢免本级人民

政府的省长和副省长、市长和副市长、县长和副县长、区长和副区长、乡长和副乡长、镇长和副镇长。

县级以上的地方各级人民代表大会选举并且有权罢免本级监察委员会主任、本级人民法院院长和本级人民检察院检察长。选出或者罢免人民检察院检察长，须报上级人民检察院检察长提请该级人民代表大会常务委员会批准。

第一百零二条 省、直辖市、设区的市的人民代表大会代表受原选举单位的监督；县、不设区的市、市辖区、乡、民族乡、镇的人民代表大会代表受选民的监督。

地方各级人民代表大会代表的选举单位和选民有权依照法律规定的程序罢免由他们选出的代表。

第一百零三条 县级以上的地方各级人民代表大会常务委员会由主任、副主任若干人和委员若干人组成，对本级人民代表大会负责并报告工作。

县级以上的地方各级人民代表大会选举并有权罢免本级人民代表大会常务委员会的组成人员。

县级以上的地方各级人民代表大会常务委员会的组成人员不得担任国家行政机关、监察机关、审判机关和检察机关的职务。

第一百零四条 县级以上的地方各级人民代表大会常务委员会讨论、决定本行政区域内各方面工作的重大事项；监督本级人民政府、监察委员会、人民法院和人民检察院的工作；撤销本级人民政府的不适当的决定和命令；撤销下一级人民代表大会的不适当的决议；依照法律规定的权限决定国家机关工作人员的任免；在本级人民代表大会闭会期间，罢免和补选上一级人民代表大会的个别代表。

第一百零五条 地方各级人民政府是地方各级国家权力机关的执行机关，是地方各级国家行政机关。

地方各级人民政府实行省长、市长、县长、区长、乡长、镇长负责制。

第一百零六条 地方各级人民政府每届任期同本级人民代表大会每届任期相同。

第一百零七条 县级以上地方各级人民政府依照法律规定的权限，管理本行政区域内的经济、教育、科学、文化、卫生、体育事业、城乡建设事业和财政、民政、公安、民族事务、司法行政、计划生育等行政工作，发布决定和命令，任免、培训、考核和奖惩行政工作人员。

乡、民族乡、镇的人民政府执行本级人民代表大会的决议和上级国家行政机关的决定和命令，管理本行政区域内的行政工作。

省、直辖市的人民政府决定乡、民族乡、镇的建置和区域划分。

第一百零八条 县级以上的地方各级人民政府领导所属各工作部门和下级人民政府的工作，有权改变或者撤销所属各工作部门和下级人民政府的不适当的决定。

第一百零九条 县级以上的地方各级人民政府设立审计机关。地方各级审计机关依照法律规定独立行使审计监督权，对本级人民政府和上一级审计机关负责。

第一百一十条 地方各级人民政府对本级人民代表大会负责并报告工作。县级以上的地方各级人民政府在本级人民代表大会闭会期间，对本级人民代表大会常务委员会负责并报告工作。

地方各级人民政府对上一级国家行政机关负责并报告工作。全国地方各级人民政府都是国务院统一领导下的国家行政机关，都服从国务院。

第一百一十一条 城市和农村按居民居住地区设立的居民委员会或者村民委员会是基层群众性自治组织。居民委员会、村民委员会的主任、副主任和委员由居民选举。居民委员会、村民委员会同基层政权的相互关系由法律规定。

居民委员会、村民委员会设人民调解、治安保卫、公共卫生等委员会，办理本居住地区的公共事务和公益事业，调解民间纠纷，协助维护社会治安，并且向人民政府反映群众的意见、要求和提出建议。

第六节 民族自治地方的自治机关

第一百一十二条 民族自治地方的自治机关是自治区、自治州、自治县的人民代表大会和人民政府。

第一百一十三条 自治区、自治州、自治县的人民代表大会中，除实行区域自治的民族的代表外，其他居住在本行政区域内的民族也应当有适当名额的代表。

自治区、自治州、自治县的人民代表大会常务委员会中应当有实行区域自治的民族的公民担任主任或者副主任。

第一百一十四条 自治区主席、自治州州长、自治县县长由实行区域自治的民族的公民担任。

第一百一十五条 自治区、自治州、自治县的自治机关行使宪法第三章第五节规定的地方国家机关的职权，同时依照宪法、民族区域自治法和其他法律规定的权限行使自治权，根据本地方实际情况贯彻执行国家的法律、政策。

第一百一十六条 民族自治地方的人民代表大会有权依照当地民族的政

治、经济和文化的特点，制定自治条例和单行条例。自治区的自治条例和单行条例，报全国人民代表大会常务委员会批准后生效。自治州、自治县的自治条例和单行条例，报省或者自治区的人民代表大会常务委员会批准后生效，并报全国人民代表大会常务委员会备案。

第一百一十七条 民族自治地方的自治机关有管理地方财政的自治权。凡是依照国家财政体制属于民族自治地方的财政收入，都应当由民族自治地方的自治机关自主地安排使用。

第一百一十八条 民族自治地方的自治机关在国家计划的指导下，自主地安排和管理地方性的经济建设事业。

国家在民族自治地方开发资源、建设企业的时候，应当照顾民族自治地方的利益。

第一百一十九条 民族自治地方的自治机关自主地管理本地方的教育、科学、文化、卫生、体育事业，保护和整理民族的文化遗产，发展和繁荣民族文化。

第一百二十条 民族自治地方的自治机关依照国家的军事制度和当地的实际需要，经国务院批准，可以组织本地方维护社会治安的公安部队。

第一百二十一条 民族自治地方的自治机关在执行职务的时候，依照本民族自治地方自治条例的规定，使用当地通用的一种或者几种语言文字。

第一百二十二条 国家从财政、物资、技术等方面帮助各少数民族加速发展经济建设和文化建设事业。

国家帮助民族自治地方从当地民族中大量培养各级干部、各种专业人才和技术工人。

第七节 监察委员会

第一百二十三条 中华人民共和国各级监察委员会是国家的监察机关。

第一百二十四条 中华人民共和国设立国家监察委员会和地方各级监察委员会。

监察委员会由下列人员组成：

主任，

副主任若干人，

委员若干人。

监察委员会主任每届任期同本级人民代表大会每届任期相同。国家监察委员会主任连续任职不得超过两届。

监察委员会的组织和职权由法律规定。

第一百二十五条　中华人民共和国国家监察委员会是最高监察机关。

国家监察委员会领导地方各级监察委员会的工作，上级监察委员会领导下级监察委员会的工作。

第一百二十六条　国家监察委员会对全国人民代表大会和全国人民代表大会常务委员会负责。地方各级监察委员会对产生它的国家权力机关和上一级监察委员会负责。

第一百二十七条　监察委员会依照法律规定独立行使监察权，不受行政机关、社会团体和个人的干涉。

监察机关办理职务违法和职务犯罪案件，应当与审判机关、检察机关、执法部门互相配合，互相制约。

第八节　人民法院和人民检察院

第一百二十八条　中华人民共和国人民法院是国家的审判机关。

第一百二十九条　中华人民共和国设立最高人民法院、地方各级人民法院和军事法院等专门人民法院。

最高人民法院院长每届任期同全国人民代表大会每届任期相同，连续任职不得超过两届。

人民法院的组织由法律规定。

第一百三十条　人民法院审理案件，除法律规定的特别情况外，一律公开进行。被告人有权获得辩护。

第一百三十一条　人民法院依照法律规定独立行使审判权，不受行政机关、社会团体和个人的干涉。

第一百三十二条　最高人民法院是最高审判机关。

最高人民法院监督地方各级人民法院和专门人民法院的审判工作，上级人民法院监督下级人民法院的审判工作。

第一百三十三条　最高人民法院对全国人民代表大会和全国人民代表大会常务委员会负责。地方各级人民法院对产生它的国家权力机关负责。

第一百三十四条　中华人民共和国人民检察院是国家的法律监督机关。

第一百三十五条　中华人民共和国设立最高人民检察院、地方各级人民检察院和军事检察院等专门人民检察院。

最高人民检察院检察长每届任期同全国人民代表大会每届任期相同，连续任职不得超过两届。

人民检察院的组织由法律规定。

第一百三十六条　人民检察院依照法律规定独立行使检察权，不受行政机关、社会团体和个人的干涉。

第一百三十七条 最高人民检察院是最高检察机关。

最高人民检察院领导地方各级人民检察院和专门人民检察院的工作，上级人民检察院领导下级人民检察院的工作。

第一百三十八条 最高人民检察院对全国人民代表大会和全国人民代表大会常务委员会负责。地方各级人民检察院对产生它的国家权力机关和上级人民检察院负责。

第一百三十九条 各民族公民都有用本民族语言文字进行诉讼的权利。人民法院和人民检察院对于不通晓当地通用的语言文字的诉讼参与人，应当为他们翻译。

在少数民族聚居或者多民族共同居住的地区，应当用当地通用的语言进行审理；起诉书、判决书、布告和其他文书应当根据实际需要使用当地通用的一种或者几种文字。

第一百四十条 人民法院、人民检察院和公安机关办理刑事案件，应当分工负责，互相配合，互相制约，以保证准确有效地执行法律。

第四章 国旗、国歌、国徽、首都

第一百四十一条 中华人民共和国国旗是五星红旗。

中华人民共和国国歌是《义勇军进行曲》。

第一百四十二条 中华人民共和国国徽，中间是五星照耀下的天安门，周围是谷穗和齿轮。

第一百四十三条 中华人民共和国首都是北京。

中华人民共和国监察法

（2018年3月20日第十三届全国人民代表大会第一次会议通过　2018年3月20日中华人民共和国主席令第三号公布　自公布之日起施行）

目　录

第一章　总　　则

第一条　为了深化国家监察体制改革，加强对所有行使公权力的公职人员的监督，实现国家监察全面覆盖，深入开展反腐败工作，推进国家治理体系和治理能力现代化，根据宪法，制定本法。

第二条　坚持中国共产党对国家监察工作的领导，以马克思列宁主义、毛泽东思想、邓小平理论、“三个代表”重要思想、科学发展观、习近平新时代中国特色社会主义思想为指导，构建集中统一、权威高效的中国特色国家监察体制。

第三条　各级监察委员会是行使国家监察职能的专责机关，依照本法对所有行使公权力的公职人员（以下称公职人员）进行监察，调查职务违法和职务犯罪，开展廉政建设和反腐败工作，维护宪法和法律的尊严。

第四条　监察委员会依照法律规定独立行使监察权，不受行政机关、社会团体和个人的干涉。

监察机关办理职务违法和职务犯罪案件，应当与审判机关、检察机关、执法部门互相配合，互相制约。

监察机关在工作中需要协助的，有关机关和单位应当根据监察机关的要求依法予以协助。

第五条　国家监察工作严格遵照宪法和法律，以事实为根据，以法律为准绳；在适用法律上一律平等，保障当事人的合法权益；权责对等，严格监督；惩戒与教育相结合，宽严相济。

第六条　国家监察工作坚持标本兼治、综合治理，强化监督问责，严厉惩治腐败；深化改革、健全法治，有效制约和监督权力；加强法治教育和道德教育，弘扬中华优秀传统文化，构建不敢腐、不能腐、不想腐的长效机制。

第二章　监察机关及其职责

第七条　中华人民共和国国家监察委员会是最高监察机关。

省、自治区、直辖市、自治州、县、自治县、市、市辖区设立监察委员会。

第八条　国家监察委员会由全国人民代表大会产生，负责全国监察工作。

国家监察委员会由主任、副主任若干人、委员若干人组成，主任由全国人民代表大会选举，副主任、委员由国家监察委员会主任提请全国人民代表大会常务委员会任免。

国家监察委员会主任每届任期同全国人民代表大会每届任期相同，连续任职不得超过两届。

国家监察委员会对全国人民代表大会及其常务委员会负责，并接受其监督。

第九条　地方各级监察委员会由本级人民代表大会产生，负责本行政区域内的监察工作。

地方各级监察委员会由主任、副主任若干人、委员若干人组成，主任由本级人民代表大会选举，副主任、委员由监察委员会主任提请本级人民代表大会常务委员会任免。

地方各级监察委员会主任每届任期同本级人民代表大会每届任期相同。

地方各级监察委员会对本级人民代表大会及其常务委员会和上一级监察委员会负责，并接受其监督。

第十条　国家监察委员会领导地方各级监察委员会的工作，上级监察委员会领导下级监察委员会的工作。

第十一条　监察委员会依照本法和有关法律规定履行监督、调查、处置职责：

（一）对公职人员开展廉政教育，对其依法履职、秉公用权、廉洁从政从业以及道德操守情况进行监督检查；

（二）对涉嫌贪污贿赂、滥用职权、玩忽职守、权力寻租、利益输送、徇私舞弊以及浪费国家资财等职务违法和职务犯罪进行调查；

（三）对违法的公职人员依法作出政务处分决定；对履行职责不力、失职失责的领导人员进行问责；对涉嫌职务犯罪的，将调查结果移送人民检察院依法审查、提起公诉；向监察对象所在单位提出监察建议。

第十二条 各级监察委员会可以向本级中国共产党机关、国家机关、法律法规授权或者委托管理公共事务的组织和单位以及所管辖的行政区域、国有企业等派驻或者派出监察机构、监察专员。

监察机构、监察专员对派驻或者派出它的监察委员会负责。

第十三条 派驻或者派出的监察机构、监察专员根据授权，按照管理权限依法对公职人员进行监督，提出监察建议，依法对公职人员进行调查、处置。

第十四条 国家实行监察官制度，依法确定监察官的等级设置、任免、考评和晋升等制度。

第三章 监察范围和管辖

第十五条 监察机关对下列公职人员和有关人员进行监察：

（一）中国共产党机关、人民代表大会及其常务委员会机关、人民政府、监察委员会、人民法院、人民检察院、中国人民政治协商会议各级委员会机关、民主党派机关和工商业联合会机关的公务员，以及参照《中华人民共和国公务员法》管理的人员；

（二）法律、法规授权或者受国家机关依法委托管理公共事务的组织中从事公务的人员；

（三）国有企业管理人员；

（四）公办的教育、科研、文化、医疗卫生、体育等单位中从事管理的人员；

（五）基层群众性自治组织中从事管理的人员；

（六）其他依法履行公职的人员。

第十六条 各级监察机关按照管理权限管辖本辖区内本法第十五条规定的人员所涉监察事项。

上级监察机关可以办理下一级监察机关管辖范围内的监察事项，必要时也可以办理所辖各级监察机关管辖范围内的监察事项。

监察机关之间对监察事项的管辖有争议的，由其共同的上级监察机关确定。

第十七条 上级监察机关可以将其所管辖的监察事项指定下级监察机关管辖，也可以将下级监察机关有管辖权的监察事项指定给其他监察机关管辖。

监察机关认为所管辖的监察事项重大、复杂，需要由上级监察机关管辖的，可以报请上级监察机关管辖。

第四章 监察权限

第十八条 监察机关行使监督、调查职权，有权依法向有关单位和个人了解情况，收集、调取证据。有关单位和个人应当如实提供。

监察机关及其工作人员对监督、调查过程中知悉的国家秘密、商业秘密、个人隐私，应当保密。

任何单位和个人不得伪造、隐匿或者毁灭证据。

第十九条 对可能发生职务违法的监察对象，监察机关按照管理权限，可以直接或者委托有关机关、人员进行谈话或者要求说明情况。

第二十条 在调查过程中，对涉嫌职务违法的被调查人，监察机关可以要求其就涉嫌违法行为作出陈述，必要时向被调查人出具书面通知。

对涉嫌贪污贿赂、失职渎职等职务犯罪的被调查人，监察机关可以进行讯问，要求其如实供述涉嫌犯罪的情况。

第二十一条 在调查过程中，监察机关可以询问证人等人员。

第二十二条 被调查人涉嫌贪污贿赂、失职渎职等严重职务违法或者职务犯罪，监察机关已经掌握其部分违法犯罪事实及证据，仍有重要问题需要进一步调查，并有下列情形之一的，经监察机关依法审批，可以将其留置在特定场所：

（一）涉及案情重大、复杂的；

（二）可能逃跑、自杀的；

（三）可能串供或者伪造、隐匿、毁灭证据的；

（四）可能有其他妨碍调查行为的。

对涉嫌行贿犯罪或者共同职务犯罪的涉案人员，监察机关可以依照前款规定采取留置措施。

留置场所的设置、管理和监督依照国家有关规定执行。

第二十三条 监察机关调查涉嫌贪污贿赂、失职渎职等严重职务违法或者职务犯罪，根据工作需要，可以依照规定查询、冻结涉案单位和个人的存款、汇款、债券、股票、基金份额等财产。有关单位和个人应当配合。

冻结的财产经查明与案件无关的，应当在查明后三日内解除冻结，予以退还。

第二十四条 监察机关可以对涉嫌职务犯罪的被调查人以及可能隐藏被调查人或者犯罪证据的人的身体、物品、住处和其他有关地方进行搜查。在搜查时，应当出示搜查证，并有被搜查人或者其家属等见证人在场。

搜查女性身体，应当由女性工作人员进行。

监察机关进行搜查时，可以根据工作需要提请公安机关配合。公安机关应当依法予以协助。

第二十五条 监察机关在调查过程中，可以调取、查封、扣押用以证明被调查人涉嫌违法犯罪的财物、文件和电子数据等信息。采取调取、查封、扣押措施，应当收集原物原件，会同持有人或者保管人、见证人，当面逐一拍照、登记、编号，开列清单，由在场人员当场核对、签名，并将清单副本交财物、文件的持有人或者保管人。

对调取、查封、扣押的财物、文件，监察机关应当设立专用账户、专门场所，确定专门人员妥善保管，严格履行交接、调取手续，定期对账核实，不得毁损或者用于其他目的。对价值不明物品应当及时鉴定，专门封存保管。

查封、扣押的财物、文件经查明与案件无关的，应当在查明后三日内解除查封、扣押，予以退还。

第二十六条 监察机关在调查过程中，可以直接或者指派、聘请具有专门知识、资格的人员在调查人员主持下进行勘验检查。勘验检查情况应当制作笔录，由参加勘验检查的人员和见证人签名或者盖章。

第二十七条 监察机关在调查过程中，对于案件中的专门性问题，可以指派、聘请有专门知识的人进行鉴定。鉴定人进行鉴定后，应当出具鉴定意见，并且签名。

第二十八条 监察机关调查涉嫌重大贪污贿赂等职务犯罪，根据需要，经过严格的批准手续，可以采取技术调查措施，按照规定交有关机关执行。

批准决定应当明确采取技术调查措施的种类和适用对象，自签发之日起三个月以内有效；对于复杂、疑难案件，期限届满仍有必要继续采取技术调查措施的，经过批准，有效期可以延长，每次不得超过三个月。对于不需要继续采取技术调查措施的，应当及时解除。

第二十九条 依法应当留置的被调查人如果在逃，监察机关可以决定在本行政区域内通缉，由公安机关发布通缉令，追捕归案。通缉范围超出本行政区域的，应当报请有权决定的上级监察机关决定。

第三十条 监察机关为防止被调查人及相关人员逃匿境外，经省级以上监察机关批准，可以对被调查人及相关人员采取限制出境措施，由公安机关依法执行。对于不需要继续采取限制出境措施的，应当及时解除。

第三十一条 涉嫌职务犯罪的被调查人主动认罪认罚，有下列情形之一的，监察机关经领导人员集体研究，并报上一级监察机关批准，可以在移送人民检察院时提出从宽处罚的建议：

（一）自动投案，真诚悔罪悔过的；

（二）积极配合调查工作，如实供述监察机关还未掌握的违法犯罪行为的；

（三）积极退赃，减少损失的；

（四）具有重大立功表现或者案件涉及国家重大利益等情形的。

第三十二条 职务违法犯罪的涉案人员揭发有关被调查人职务违法犯罪行为，查证属实的，或者提供重要线索，有助于调查其他案件的，监察机关经领导人员集体研究，并报上一级监察机关批准，可以在移送人民检察院时提出从宽处罚的建议。

第三十三条 监察机关依照本法规定收集的物证、书证、证人证言、被调查人供述和辩解、视听资料、电子数据等证据材料，在刑事诉讼中可以作为证据使用。

监察机关在收集、固定、审查、运用证据时，应当与刑事审判关于证据的要求和标准相一致。

以非法方法收集的证据应当依法予以排除，不得作为案件处置的依据。

第三十四条 人民法院、人民检察院、公安机关、审计机关等国家机关在工作中发现公职人员涉嫌贪污贿赂、失职渎职等职务违法或者职务犯罪的问题线索，应当移送监察机关，由监察机关依法调查处置。

被调查人既涉嫌严重职务违法或者职务犯罪，又涉嫌其他违法犯罪的，一般应当由监察机关为主调查，其他机关予以协助。

第五章 监察程序

第三十五条 监察机关对于报案或者举报，应当接受并按照有关规定处理。对于不属于本机关管辖的，应当移送主管机关处理。

第三十六条 监察机关应当严格按照程序开展工作，建立问题线索处置、调查、审理各部门相互协调、相互制约的工作机制。

监察机关应当加强对调查、处置工作全过程的监督管理，设立相应的工作部门履行线索管理、监督检查、督促办理、统计分析等管理协调职能。

第三十七条 监察机关对监察对象的问题线索，应当按照有关规定提出处置意见，履行审批手续，进行分类办理。线索处置情况应当定期汇总、通报，定期检查、抽查。

第三十八条 需要采取初步核实方式处置问题线索的，监察机关应当依法履行审批程序，成立核查组。初步核实工作结束后，核查组应当撰写初步核实情况报告，提出处理建议。承办部门应当提出分类处理意见。初步核实情况报告和分类处理意见报监察机关主要负责人审批。

第三十九条 经过初步核实，对监察对象涉嫌职务违法犯罪，需要追究法律责任的，监察机关应当按照规定的权限和程序办理立案手续。

监察机关主要负责人依法批准立案后，应当主持召开专题会议，研究确定调查方案，决定需要采取的调查措施。

立案调查决定应当向被调查人宣布，并通报相关组织。涉嫌严重职务违法或者职务犯罪的，应当通知被调查人家属，并向社会公开发布。

第四十条 监察机关对职务违法和职务犯罪案件，应当进行调查，收集被调查人有无违法犯罪以及情节轻重的证据，查明违法犯罪事实，形成相互印证、完整稳定的证据链。

严禁以威胁、引诱、欺骗及其他非法方式收集证据，严禁侮辱、打骂、虐待、体罚或者变相体罚被调查人和涉案人员。

第四十一条 调查人员采取讯问、询问、留置、搜查、调取、查封、扣押、勘验检查等调查措施，均应当依照规定出示证件，出具书面通知，由二人以上进行，形成笔录、报告等书面材料，并由相关人员签名、盖章。

调查人员进行讯问以及搜查、查封、扣押等重要取证工作，应当对全过程进行录音录像，留存备查。

第四十二条 调查人员应当严格执行调查方案，不得随意扩大调查范围、变更调查对象和事项。

对调查过程中的重要事项，应当集体研究后按程序请示报告。

第四十三条 监察机关采取留置措施，应当由监察机关领导人员集体研究决定。设区的市级以下监察机关采取留置措施，应当报上一级监察机关批准。省级监察机关采取留置措施，应当报国家监察委员会备案。

留置时间不得超过三个月。在特殊情况下，可以延长一次，延长时间不得超过三个月。省级以下监察机关采取留置措施的，延长留置时间应当报上一级监察机关批准。监察机关发现采取留置措施不当的，应当及时解除。

监察机关采取留置措施，可以根据工作需要提请公安机关配合。公安机关应当依法予以协助。

第四十四条 对被调查人采取留置措施后，应当在二十四小时以内，通知被留置人员所在单位和家属，但有可能毁灭、伪造证据，干扰证人作证或者串供等有碍调查情形的除外。有碍调查的情形消失后，应当立即通知被留置人员所在单位和家属。

监察机关应当保障被留置人员的饮食、休息和安全，提供医疗服务。讯问被留置人员应当合理安排讯问时间和时长，讯问笔录由被讯问人阅看后签名。

被留置人员涉嫌犯罪移送司法机关后，被依法判处管制、拘役和有期徒刑的，留置一日折抵管制二日，折抵拘役、有期徒刑一日。

第四十五条 监察机关根据监督、调查结果，依法作出如下处置：

（一）对有职务违法行为但情节较轻的公职人员，按照管理权限，直接或者委托有关机关、人员，进行谈话提醒、批评教育、责令检查，或者予以诫勉；

（二）对违法的公职人员依照法定程序作出警告、记过、记大过、降级、撤职、开除等政务处分决定；

（三）对不履行或者不正确履行职责负有责任的领导人员，按照管理权限对其直接作出问责决定，或者向有权作出问责决定的机关提出问责建议；

（四）对涉嫌职务犯罪的，监察机关经调查认为犯罪事实清楚，证据确实、充分的，制作起诉意见书，连同案卷材料、证据一并移送人民检察院依法审查、提起公诉；

（五）对监察对象所在单位廉政建设和履行职责存在的问题等提出监察建议。

监察机关经调查，对没有证据证明被调查人存在违法犯罪行为的，应当撤销案件，并通知被调查人所在单位。

第四十六条 监察机关经调查，对违法取得的财物，依法予以没收、追缴或者责令退赔；对涉嫌犯罪取得的财物，应当随案移送人民检察院。

第四十七条 对监察机关移送的案件，人民检察院依照《中华人民共和国刑事诉讼法》对被调查人采取强制措施。

人民检察院经审查，认为犯罪事实已经查清，证据确实、充分，依法应当追究刑事责任的，应当作出起诉决定。

人民检察院经审查，认为需要补充核实的，应当退回监察机关补充调查，必要时可以自行补充侦查。对于补充调查的案件，应当在一个月内补充调查完毕。补充调查以二次为限。

人民检察院对于有《中华人民共和国刑事诉讼法》规定的不起诉的情形的，经上一级人民检察院批准，依法作出不起诉的决定。监察机关认为不起诉的决定有错误的，可以向上一级人民检察院提请复议。

第四十八条 监察机关在调查贪污贿赂、失职渎职等职务犯罪案件过程中，被调查人逃匿或者死亡，有必要继续调查的，经省级以上监察机关批准，应当继续调查并作出结论。被调查人逃匿，在通缉一年后不能到案，或者死亡的，由监察机关提请人民检察院依照法定程序，向人民法院提出没收违法所得的申请。

第四十九条 监察对象对监察机关作出的涉及本人的处理决定不服的，可以在收到处理决定之日起一个月内，向作出决定的监察机关申请复审，复审机关应当在一个月内作出复审决定；监察对象对复审决定仍不服的，可以在收到复审决定之日起一个月内，向上一级监察机关申请复核，复核机关应当在二个月内作出复核决定。复审、复核期间，不停止原处理决定的执行。复核机关经审查，认定处理决定有错误的，原处理机关应当及时予以纠正。

第六章　反腐败国际合作

第五十条 国家监察委员会统筹协调与其他国家、地区、国际组织开展的反腐败国际交流、合作，组织反腐败国际条约实施工作。

第五十一条 国家监察委员会组织协调有关方面加强与有关国家、地区、国际组织在反腐败执法、引渡、司法协助、被判刑人的移管、资产追回和信息交流等领域的合作。

第五十二条 国家监察委员会加强对反腐败国际追逃追赃和防逃工作的组织协调，督促有关单位做好相关工作：

（一）对于重大贪污贿赂、失职渎职等职务犯罪案件，被调查人逃匿到国（境）外，掌握证据比较确凿的，通过开展境外追逃合作，追捕归案；

（二）向赃款赃物所在国请求查询、冻结、扣押、没收、追缴、返还涉案资产；

（三）查询、监控涉嫌职务犯罪的公职人员及其相关人员进出国（境）和跨境资金流动情况，在调查案件过程中设置防逃程序。

第七章　对监察机关和监察人员的监督

第五十三条 各级监察委员会应当接受本级人民代表大会及其常务委员会的监督。

各级人民代表大会常务委员会听取和审议本级监察委员会的专项工作报告，组织执法检查。

县级以上各级人民代表大会及其常务委员会举行会议时，人民代表大会代表或者常务委员会组成人员可以依照法律规定的程序，就监察工作中的有关问题提出询问或者质询。

第五十四条 监察机关应当依法公开监察工作信息，接受民主监督、社会监督、舆论监督。

第五十五条 监察机关通过设立内部专门的监督机构等方式，加强对监察人员执行职务和遵守法律情况的监督，建设忠诚、干净、担当的监察队伍。

第五十六条 监察人员必须模范遵守宪法和法律，忠于职守、秉公执法，清正廉洁、保守秘密；必须具有良好的政治素质，熟悉监察业务，具备运用法律、法规、政策和调查取证等能力，自觉接受监督。

第五十七条 对于监察人员打听案情、过问案件、说情干预的，办理监察事项的监察人员应当及时报告。有关情况应当登记备案。

发现办理监察事项的监察人员未经批准接触被调查人、涉案人员及其特定关系人，或者存在交往情形的，知情人应当及时报告。有关情况应当登记备案。

第五十八条 办理监察事项的监察人员有下列情形之一的，应当自行回避，监察对象、检举人及其他有关人员也有权要求其回避：

（一）是监察对象或者检举人的近亲属的；

（二）担任过本案的证人的；

（三）本人或者其近亲属与办理的监察事项有利害关系的；

（四）有可能影响监察事项公正处理的其他情形的。

第五十九条 监察机关涉密人员离岗离职后，应当遵守脱密期管理规定，严格履行保密义务，不得泄露相关秘密。

监察人员辞职、退休三年内，不得从事与监察和司法工作相关联且可能发生利益冲突的职业。

第六十条 监察机关及其工作人员有下列行为之一的，被调查人及其近亲属有权向该机关申诉：

（一）留置法定期限届满，不予以解除的；

（二）查封、扣押、冻结与案件无关的财物的；

（三）应当解除查封、扣押、冻结措施而不解除的；

（四）贪污、挪用、私分、调换以及违反规定使用查封、扣押、冻结的财物的；

（五）其他违反法律法规、侵害被调查人合法权益的行为。

受理申诉的监察机关应当在受理申诉之日起一个月内作出处理决定。申诉人对处理决定不服的，可以在收到处理决定之日起一个月内向上一级监察机关申请复查，上一级监察机关应当在收到复查申请之日起二个月内作出处理决定，情况属实的，及时予以纠正。

第六十一条 对调查工作结束后发现立案依据不充分或者失实，案件处置出现重大失误，监察人员严重违法的，应当追究负有责任的领导人员和直接责任人员的责任。

第八章 法律责任

第六十二条 有关单位拒不执行监察机关作出的处理决定，或者无正当理由拒不采纳监察建议的，由其主管部门、上级机关责令改正，对单位给予通报批评；对负有责任的领导人员和直接责任人员依法给予处理。

第六十三条 有关人员违反本法规定，有下列行为之一的，由其所在单位、主管部门、上级机关或者监察机关责令改正，依法给予处理：

（一）不按要求提供有关材料，拒绝、阻碍调查措施实施等拒不配合监察机关调查的；

（二）提供虚假情况，掩盖事实真相的；

（三）串供或者伪造、隐匿、毁灭证据的；

（四）阻止他人揭发检举、提供证据的；

（五）其他违反本法规定的行为，情节严重的。

第六十四条 监察对象对控告人、检举人、证人或者监察人员进行报复陷害的；控告人、检举人、证人捏造事实诬告陷害监察对象的，依法给予处理。

第六十五条 监察机关及其工作人员有下列行为之一的，对负有责任的领导人员和直接责任人员依法给予处理：

（一）未经批准、授权处置问题线索，发现重大案情隐瞒不报，或者私自留存、处理涉案材料的；

（二）利用职权或者职务上的影响干预调查工作、以案谋私的；

（三）违法窃取、泄露调查工作信息，或者泄露举报事项、举报受理情况以及举报人信息的；

（四）对被调查人或者涉案人员逼供、诱供，或者侮辱、打骂、虐待、体罚或者变相体罚的；

（五）违反规定处置查封、扣押、冻结的财物的；

（六）违反规定发生办案安全事故，或者发生安全事故后隐瞒不报、报告失实、处置不当的；

（七）违反规定采取留置措施的；

（八）违反规定限制他人出境，或者不按规定解除出境限制的；

（九）其他滥用职权、玩忽职守、徇私舞弊的行为。

第六十六条 违反本法规定，构成犯罪的，依法追究刑事责任。

第六十七条 监察机关及其工作人员行使职权，侵犯公民、法人和其他组织的合法权益造成损害的，依法给予国家赔偿。

第九章 附 则

第六十八条 中国人民解放军和中国人民武装警察部队开展监察工作，由中央军事委员会根据本法制定具体规定。

第六十九条 本法自公布之日起施行。《中华人民共和国行政监察法》同时废止。

行政法规

快递暂行条例

（2018年2月7日国务院第198次常务会议通过　2018年3月2日中华人民共和国国务院令第697号公布　自2018年5月1日起施行）

第一章　总　　则

第一条　为促进快递业健康发展，保障快递安全，保护快递用户合法权益，加强对快递业的监督管理，根据《中华人民共和国邮政法》和其他有关法律，制定本条例。

第二条　在中华人民共和国境内从事快递业务经营、接受快递服务以及对快递业实施监督管理，适用本条例。

第三条　地方各级人民政府应当创造良好的快递业营商环境，支持经营快递业务的企业创新商业模式和服务方式，引导经营快递业务的企业加强服务质量管理、健全规章制度、完善安全保障措施，为用户提供迅速、准确、安全、方便的快递服务。

地方各级人民政府应当确保政府相关行为符合公平竞争要求和相关法律法规，维护快递业竞争秩序，不得出台违反公平竞争、可能造成地区封锁和行业垄断的政策措施。

第四条　任何单位或者个人不得利用信件、包裹、印刷品以及其他寄递物品（以下统称快件）从事危害国家安全、社会公共利益或者他人合法权益的活动。

除有关部门依照法律对快件进行检查外，任何单位或者个人不得非法检查他人快件。任何单位或者个人不得私自开拆、隐匿、毁弃、倒卖他人快件。

第五条　国务院邮政管理部门负责对全国快递业实施监督管理。国务院公安、国家安全、海关、工商行政管理、出入境检验检疫等有关部门在各自职责范围内负责相关的快递监督管理工作。

省、自治区、直辖市邮政管理机构和按照国务院规定设立的省级以下邮政管理机构负责对本辖区的快递业实施监督管理。县级以上地方人民政府有关部门在各自职责范围内负责相关的快递监督管理工作。

第六条 国务院邮政管理部门和省、自治区、直辖市邮政管理机构以及省级以下邮政管理机构（以下统称邮政管理部门）应当与公安、国家安全、海关、工商行政管理、出入境检验检疫等有关部门相互配合，建立健全快递安全监管机制，加强对快递业安全运行的监测预警，收集、共享与快递业安全运行有关的信息，依法处理影响快递业安全运行的事件。

第七条 依法成立的快递行业组织应当保护企业合法权益，加强行业自律，促进企业守法、诚信、安全经营，督促企业落实安全生产主体责任，引导企业不断提高快递服务质量和水平。

第八条 国家加强快递业诚信体系建设，建立健全快递业信用记录、信息公开、信用评价制度，依法实施联合惩戒措施，提高快递业信用水平。

第九条 国家鼓励经营快递业务的企业和寄件人使用可降解、可重复利用的环保包装材料，鼓励经营快递业务的企业采取措施回收快件包装材料，实现包装材料的减量化利用和再利用。

第二章　发展保障

第十条 国务院邮政管理部门应当制定快递业发展规划，促进快递业健康发展。

县级以上地方人民政府应当将快递业发展纳入本级国民经济和社会发展规划，在城乡规划和土地利用总体规划中统筹考虑快件大型集散、分拣等基础设施用地的需要。

县级以上地方人民政府建立健全促进快递业健康发展的政策措施，完善相关配套规定，依法保障经营快递业务的企业及其从业人员的合法权益。

第十一条 国家支持和鼓励经营快递业务的企业在农村、偏远地区发展快递服务网络，完善快递末端网点布局。

第十二条 国家鼓励和引导经营快递业务的企业采用先进技术，促进自动化分拣设备、机械化装卸设备、智能末端服务设施、快递电子运单以及快件信息化管理系统等的推广应用。

第十三条 县级以上地方人民政府公安、交通运输等部门和邮政管理部门应当加强协调配合，建立健全快递运输保障机制，依法保障快递服务车辆通行和临时停靠的权利，不得禁止快递服务车辆依法通行。

邮政管理部门会同县级以上地方人民政府公安等部门，依法规范快递服务车辆的管理和使用，对快递专用电动三轮车的行驶时速、装载质量等作出规定，并对快递服务车辆加强统一编号和标识管理。经营快递业务的企业应当对其从业人员加强道路交通安全培训。

快递从业人员应当遵守道路交通安全法律法规的规定，按照操作规范安全、文明驾驶车辆。快递从业人员因执行工作任务造成他人损害的，由快递从业人员所属的经营快递业务的企业依照民事侵权责任相关法律的规定承担侵权责任。

第十四条 企业事业单位、住宅小区管理单位应当根据实际情况，采取与经营快递业务的企业签订合同、设置快件收寄投递专门场所等方式，为开展快递服务提供必要的便利。鼓励多个经营快递业务的企业共享末端服务设施，为用户提供便捷的快递末端服务。

第十五条 国家鼓励快递业与制造业、农业、商贸业等行业建立协同发展机制，推动快递业与电子商务融合发展，加强信息沟通，共享设施和网络资源。

国家引导和推动快递业与铁路、公路、水路、民航等行业的标准对接，支持在大型车站、码头、机场等交通枢纽配套建设快件运输通道和接驳场所。

第十六条 国家鼓励经营快递业务的企业依法开展进出境快递业务，支持在重点口岸建设进出境快件处理中心、在境外依法开办快递服务机构并设置快件处理场所。

海关、出入境检验检疫、邮政管理等部门应当建立协作机制，完善进出境快件管理，推动实现快件便捷通关。

第三章　经营主体

第十七条 经营快递业务，应当依法取得快递业务经营许可。邮政管理部门应当根据《中华人民共和国邮政法》第五十二条、第五十三条规定的条件和程序核定经营许可的业务范围和地域范围，向社会公布取得快递业务经营许可的企业名单，并及时更新。

第十八条 经营快递业务的企业及其分支机构可以根据业务需要开办快递末端网点，并应当自开办之日起20日内向所在地邮政管理部门备案。快递末端网点无需办理营业执照。

第十九条　两个以上经营快递业务的企业可以使用统一的商标、字号或者快递运单经营快递业务。

前款规定的经营快递业务的企业应当签订书面协议明确各自的权利义务，遵守共同的服务约定，在服务质量、安全保障、业务流程等方面实行统一管理，为用户提供统一的快件跟踪查询和投诉处理服务。

用户的合法权益因快件延误、丢失、损毁或者内件短少而受到损害的，用户可以要求该商标、字号或者快递运单所属企业赔偿，也可以要求实际提供快递服务的企业赔偿。

第二十条　经营快递业务的企业应当依法保护其从业人员的合法权益。

经营快递业务的企业应当对其从业人员加强职业操守、服务规范、作业规范、安全生产、车辆安全驾驶等方面的教育和培训。

第四章　快递服务

第二十一条　经营快递业务的企业在寄件人填写快递运单前，应当提醒其阅读快递服务合同条款、遵守禁止寄递和限制寄递物品的有关规定，告知相关保价规则和保险服务项目。

寄件人交寄贵重物品的，应当事先声明；经营快递业务的企业可以要求寄件人对贵重物品予以保价。

第二十二条　寄件人交寄快件，应当如实提供以下事项：

（一）寄件人姓名、地址、联系电话；

（二）收件人姓名（名称）、地址、联系电话；

（三）寄递物品的名称、性质、数量。

除信件和已签订安全协议用户交寄的快件外，经营快递业务的企业收寄快件，应当对寄件人身份进行查验，并登记身份信息，但不得在快递运单上记录除姓名（名称）、地址、联系电话以外的用户身份信息。寄件人拒绝提供身份信息或者提供身份信息不实的，经营快递业务的企业不得收寄。

第二十三条　国家鼓励经营快递业务的企业在节假日期间根据业务量变化实际情况，为用户提供正常的快递服务。

第二十四条　经营快递业务的企业应当规范操作，防止造成快件损毁。

法律法规对食品、药品等特定物品的运输有特殊规定的，寄件人、经营快递业务的企业应当遵守相关规定。

第二十五条　经营快递业务的企业应当将快件投递到约定的收件地址、收件人或者收件人指定的代收人，并告知收件人或者代收人当面验收。收件人或者代收人有权当面验收。

第二十六条 快件无法投递的，经营快递业务的企业应当退回寄件人或者根据寄件人的要求进行处理；属于进出境快件的，经营快递业务的企业应当依法办理海关和检验检疫手续。

快件无法投递又无法退回的，依照下列规定处理：

（一）属于信件，自确认无法退回之日起超过6个月无人认领的，由经营快递业务的企业在所在地邮政管理部门的监督下销毁；

（二）属于信件以外其他快件的，经营快递业务的企业应当登记，并按照国务院邮政管理部门的规定处理；

（三）属于进境快件的，交由海关依法处理；其中有依法应当实施检疫的物品的，由出入境检验检疫部门依法处理。

第二十七条 快件延误、丢失、损毁或者内件短少的，对保价的快件，应当按照经营快递业务的企业与寄件人约定的保价规则确定赔偿责任；对未保价的快件，依照民事法律的有关规定确定赔偿责任。

国家鼓励保险公司开发快件损失赔偿责任险种，鼓励经营快递业务的企业投保。

第二十八条 经营快递业务的企业应当实行快件寄递全程信息化管理，公布联系方式，保证与用户的联络畅通，向用户提供业务咨询、快件查询等服务。用户对快递服务质量不满意的，可以向经营快递业务的企业投诉，经营快递业务的企业应当自接到投诉之日起7日内予以处理并告知用户。

第二十九条 经营快递业务的企业停止经营的，应当提前10日向社会公告，书面告知邮政管理部门，交回快递业务经营许可证，并依法妥善处理尚未投递的快件。

经营快递业务的企业或者其分支机构因不可抗力或者其他特殊原因暂停快递服务的，应当及时向邮政管理部门报告，向社会公告暂停服务的原因和期限，并依法妥善处理尚未投递的快件。

第五章 快递安全

第三十条 寄件人交寄快件和经营快递业务的企业收寄快件应当遵守《中华人民共和国邮政法》第二十四条关于禁止寄递或者限制寄递物品的规定。

禁止寄递物品的目录及管理办法，由国务院邮政管理部门会同国务院有关部门制定并公布。

第三十一条 经营快递业务的企业收寄快件，应当依照《中华人民共和国邮政法》的规定验视内件，并作出验视标识。寄件人拒绝验视的，经营快递业务的企业不得收寄。

经营快递业务的企业受寄件人委托，长期、批量提供快递服务的，应当与寄件人签订安全协议，明确双方的安全保障义务。

第三十二条 经营快递业务的企业可以自行或者委托第三方企业对快件进行安全检查，并对经过安全检查的快件作出安全检查标识。经营快递业务的企业委托第三方企业对快件进行安全检查的，不免除委托方对快件安全承担的责任。

经营快递业务的企业或者接受委托的第三方企业应当使用符合强制性国家标准的安全检查设备，并加强对安全检查人员的背景审查和技术培训；经营快递业务的企业或者接受委托的第三方企业对安全检查人员进行背景审查，公安机关等相关部门应当予以配合。

第三十三条 经营快递业务的企业发现寄件人交寄禁止寄递物品的，应当拒绝收寄；发现已经收寄的快件中有疑似禁止寄递物品的，应当立即停止分拣、运输、投递。对快件中依法应当没收、销毁或者可能涉及违法犯罪的物品，经营快递业务的企业应当立即向有关部门报告并配合调查处理；对其他禁止寄递物品以及限制寄递物品，经营快递业务的企业应当按照法律、行政法规或者国务院和国务院有关主管部门的规定处理。

第三十四条 经营快递业务的企业应当建立快递运单及电子数据管理制度，妥善保管用户信息等电子数据，定期销毁快递运单，采取有效技术手段保证用户信息安全。具体办法由国务院邮政管理部门会同国务院有关部门制定。

经营快递业务的企业及其从业人员不得出售、泄露或者非法提供快递服务过程中知悉的用户信息。发生或者可能发生用户信息泄露的，经营快递业务的企业应当立即采取补救措施，并向所在地邮政管理部门报告。

第三十五条 经营快递业务的企业应当依法建立健全安全生产责任制，确保快递服务安全。

经营快递业务的企业应当依法制定突发事件应急预案，定期开展突发事件应急演练；发生突发事件的，应当按照应急预案及时、妥善处理，并立即向所在地邮政管理部门报告。

第六章　监督检查

第三十六条 邮政管理部门应当加强对快递业的监督检查。监督检查应当以下列事项为重点：

（一）从事快递活动的企业是否依法取得快递业务经营许可；

（二）经营快递业务的企业的安全管理制度是否健全并有效实施；

（三）经营快递业务的企业是否妥善处理用户的投诉、保护用户合法权益。

第三十七条 邮政管理部门应当建立和完善以随机抽查为重点的日常监督检查制度，公布抽查事项目录，明确抽查的依据、频次、方式、内容和程序，随机抽取被检查企业，随机选派检查人员。抽查情况和查处结果应当及时向社会公布。

邮政管理部门应当充分利用计算机网络等先进技术手段，加强对快递业务活动的日常监督检查，提高快递业管理水平。

第三十八条 邮政管理部门依法履行职责，有权采取《中华人民共和国邮政法》第六十一条规定的监督检查措施。邮政管理部门实施现场检查，有权查阅经营快递业务的企业管理快递业务的电子数据。

国家安全机关、公安机关为维护国家安全和侦查犯罪活动的需要依法开展执法活动，经营快递业务的企业应当提供技术支持和协助。

《中华人民共和国邮政法》第十一条规定的处理场所，包括快件处理场地、设施、设备。

第三十九条 邮政管理部门应当向社会公布本部门的联系方式，方便公众举报违法行为。

邮政管理部门接到举报的，应当及时依法调查处理，并为举报人保密。对实名举报的，邮政管理部门应当将处理结果告知举报人。

第七章　法律责任

第四十条 未取得快递业务经营许可从事快递活动的，由邮政管理部门依照《中华人民共和国邮政法》的规定予以处罚。

经营快递业务的企业或者其分支机构有下列行为之一的，由邮政管理部门责令改正，可以处 1 万元以下的罚款；情节严重的，处 1 万元以上 5 万元以下的罚款，并可以责令停业整顿：

（一）开办快递末端网点未向所在地邮政管理部门备案；

（二）停止经营快递业务，未提前 10 日向社会公告，未书面告知邮政管理部门并交回快递业务经营许可证，或者未依法妥善处理尚未投递的快件；

（三）因不可抗力或者其他特殊原因暂停快递服务，未及时向邮政管理部门报告并向社会公告暂停服务的原因和期限，或者未依法妥善处理尚未投递的快件。

第四十一条 两个以上经营快递业务的企业使用统一的商标、字号或者快递运单经营快递业务，未遵守共同的服务约定，在服务质量、安全保障、业务流程等方面未实行统一管理，或者未向用户提供统一的快件跟踪查询和投诉处理服务的，由邮政管理部门责令改正，处1万元以上5万元以下的罚款；情节严重的，处5万元以上10万元以下的罚款，并可以责令停业整顿。

第四十二条 冒领、私自开拆、隐匿、毁弃、倒卖或者非法检查他人快件，尚不构成犯罪的，依法给予治安管理处罚。

经营快递业务的企业有前款规定行为，或者非法扣留快件的，由邮政管理部门责令改正，没收违法所得，并处5万元以上10万元以下的罚款；情节严重的，并处10万元以上20万元以下的罚款，并可以责令停业整顿直至吊销其快递业务经营许可证。

第四十三条 经营快递业务的企业有下列情形之一的，由邮政管理部门依照《中华人民共和国邮政法》、《中华人民共和国反恐怖主义法》的规定予以处罚：

（一）不建立或者不执行收寄验视制度；

（二）违反法律、行政法规以及国务院和国务院有关部门关于禁止寄递或者限制寄递物品的规定；

（三）收寄快件未查验寄件人身份并登记身份信息，或者发现寄件人提供身份信息不实仍予收寄；

（四）未按照规定对快件进行安全检查。

寄件人在快件中夹带禁止寄递的物品，尚不构成犯罪的，依法给予治安管理处罚。

第四十四条 经营快递业务的企业有下列行为之一的，由邮政管理部门责令改正，没收违法所得，并处1万元以上5万元以下的罚款；情节严重的，并处5万元以上10万元以下的罚款，并可以责令停业整顿直至吊销其快递业务经营许可证：

（一）未按照规定建立快递运单及电子数据管理制度；

（二）未定期销毁快递运单；

（三）出售、泄露或者非法提供快递服务过程中知悉的用户信息；

（四）发生或者可能发生用户信息泄露的情况，未立即采取补救措施，或者未向所在地邮政管理部门报告。

第四十五条 经营快递业务的企业及其从业人员在经营活动中有危害国

家安全行为的，依法追究法律责任；对经营快递业务的企业，由邮政管理部门吊销其快递业务经营许可证。

第四十六条 邮政管理部门和其他有关部门的工作人员在监督管理工作中滥用职权、玩忽职守、徇私舞弊的，依法给予处分。

第四十七条 违反本条例规定，构成犯罪的，依法追究刑事责任；造成人身、财产或者其他损害的，依法承担赔偿责任。

第八章 附 则

第四十八条 本条例自2018年5月1日起施行。

国务院关于修改和废止部分行政法规的决定

（2018年3月19日中华人民共和国国务院令第698号公布 自公布之日起施行）

为了依法推进简政放权、放管结合、优化服务改革，国务院对取消行政许可项目及制约新产业、新业态、新模式发展涉及的行政法规进行了清理。经过清理，国务院决定：

一、对18部行政法规的部分条款予以修改。（附件1）

二、对5部行政法规予以废止。（附件2）

本决定自公布之日起施行。

附件：1. 国务院决定修改的行政法规

2. 国务院决定废止的行政法规

附件1

国务院决定修改的行政法规

一、将《中华人民共和国计量法实施细则》第二条修改为：“国家实行法定计量单位制度。法定计量单位的名称、符号按照国务院关于在我国统一实行法定计量单位的有关规定执行。”

删去第十四条、第十五条。

第十六条改为第十四条，修改为：“制造、修理计量器具的企业、事业单位和个体工商户须在固定的场所从事经营，具有符合国家规定的生产设施、检验条件、技术人员等，并满足安全要求。”

删去第十七条。

第二十三条改为第二十条，将其中的“凡没有产品合格印、证和《制造计量器具许可证》标志的计量器具不得销售”修改为“凡没有产品合格印、证标志的计量器具不得销售”。

第四十条改为第三十七条，删去其中的“制造、修理计量器具申请许可证”。

第四十四条改为第四十一条，修改为：“违反《中华人民共和国计量法》第十四条规定，制造、销售和进口非法定计量单位的计量器具的，责令其停止制造、销售和进口，没收计量器具和全部违法所得，可并处相当其违法所得10%至50%的罚款。”

删去第四十七条。

二、将《中华人民共和国河道管理条例》第十五条中的“上级河道主管机关”修改为“县级以上地方人民政府河道主管机关”。

三、删去《中华人民共和国防治海岸工程建设项目污染损害海洋环境管理条例》第十一条。

第十二条改为第十一条，修改为：“海岸工程建设项目竣工验收时，建设项目的环境保护设施经验收合格后，该建设项目方可正式投入生产或者使用。”

四、将《水库大坝安全管理条例》第十六条修改为：“大坝坝顶确需兼做公路的，须经科学论证和县级以上地方人民政府大坝主管部门批准，并采取相应的安全维护措施。”

五、将《城市供水条例》第十九条修改为：“城市自来水供水企业和自建设施对外供水的企业，经工商行政管理机关登记注册后，方可从事经营活动。”

删去第三十二条第一款中的“报城市供水行政主管部门和卫生行政主管部门批准”。

六、将《城市房地产开发经营管理条例》第十七条修改为：“房地产开发项目竣工，依照《建设工程质量管理条例》的规定验收合格后，方可交付使用。”

删去第十八条、第三十六条、第三十七条。

七、删去《中华人民共和国森林法实施条例》第三十四条第一款。

第四十条修改为：“违反本条例规定，收购没有林木采伐许可证或者其他合法来源证明的木材的，由县级以上人民政府林业主管部门没收非法经营的木材和违法所得，并处违法所得2倍以下的罚款。”

八、删去《中华人民共和国人民币管理条例》第二十六条。

第四十四条改为第四十三条，将第一款中的“违反本条例第二十五条、第二十六条、第二十七条第一款第二项和第四项规定的”修改为“违反本条例第二十五条、第二十六条第一款第二项和第四项规定的”。

九、删去《物业管理条例》第二十四条中的“具有相应资质的”。

第三十二条第二款修改为：“国务院建设行政主管部门应当会同有关部门建立守信联合激励和失信联合惩戒机制，加强行业诚信管理。”

删去第五十九条。

第六十条改为第五十九条，删去其中的“情节严重的，由颁发资质证书的部门吊销资质证书”。

第六十一条改为第六十条，删去其中的“物业服务企业挪用专项维修资金，情节严重的，并由颁发资质证书的部门吊销资质证书”。

十、删去《中华人民共和国知识产权海关保护条例》第三十二条。

十一、删去《病原微生物实验室生物安全管理条例》第二十一条第二款。

第二十二条第一款中的“取得从事高致病性病原微生物实验活动资格证书的实验室，”修改为“三级、四级实验室”。

第二十三条第一款中的“取得相应资格证书的实验室”修改为“具备相应条件的实验室”。

第二十六条修改为：“国务院卫生主管部门和兽医主管部门应当定期汇总并互相通报实验室数量和实验室设立、分布情况，以及三级、四级实验室从事高致病性病原微生物实验活动的情况。”

第五十六条修改为：“三级、四级实验室未经批准从事某种高致病性病原微生物或者疑似高致病性病原微生物实验活动的，由县级以上地方人民政府卫生主管部门、兽医主管部门依照各自职责，责令停止有关活动，监督其将用于实验活动的病原微生物销毁或者送交保藏机构，并给予警告；造成传染病传播、流行或者其他严重后果的，由实验室的设立单位对主要负责人、直接负责的主管人员和其他直接责任人员，依法给予撤职、开除的处分；构成犯罪的，依法追究刑事责任。”

第五十八条中的“卫生主管部门或者兽医主管部门对符合法定条件的实验室不颁发从事高致病性病原微生物实验活动的资格证书，或者对出入境检验检疫机构为了检验检疫工作的紧急需要”修改为“卫生主管部门或者兽医主管部门对出入境检验检疫机构为了检验检疫工作的紧急需要”。

第六十一条中的“由原发证部门吊销该实验室从事高致病性病原微生物相关实验活动的资格证书”修改为“责令停止该项实验活动，该实验室2年内不得申请从事高致病性病原微生物实验活动”。

十二、将《中华人民共和国濒危野生动植物进出口管理条例》第十条修改为：“进口或者出口濒危野生动植物及其产品的，申请人应当按照管理权限，向其所在地的省、自治区、直辖市人民政府农业（渔业）主管部门提出申请，或者向国务院林业主管部门提出申请，并提交下列材料：

“（一）进口或者出口合同；

“（二）濒危野生动植物及其产品的名称、种类、数量和用途；

“（三）活体濒危野生动物装运设施的说明资料；

“（四）国务院野生动植物主管部门公示的其他应当提交的材料。

“省、自治区、直辖市人民政府农业（渔业）主管部门应当自收到申请之日起10个工作日内签署意见，并将全部申请材料转报国务院农业（渔业）主管部门。”

十三、删去《防治海洋工程建设项目污染损害海洋环境管理条例》第十条第一款、第十三条中的“委托具有相应环境影响评价资质的单位”。

删去第十五条。

第二十九条改为第二十八条，第一款修改为：“海洋工程需要拆除或者改作他用的，应当在作业前报原核准该工程环境影响报告书的海洋主管部门备案。拆除或者改变用途后可能产生重大环境影响的，应当进行环境影响评价。”

第四十七条改为第四十六条，将第三项中的“批准”修改为“备案”。

十四、删去《土地调查条例》第十三条第二款第二项中的“资质和”。第三款修改为：“国务院国土资源主管部门应当会同国务院有关部门加强对承担土地调查任务单位的监管和服务。”

十五、将《防治船舶污染海洋环境管理条例》第十四条第一款中的“批准”修改为“备案”。

十六、删去《消耗臭氧层物质管理条例》第十一条第一款第三项中的“环境保护主管部门”。

十七、将《中华人民共和国海关事务担保条例》第十条修改为：“按照海关总署的规定经海关认定的高级认证企业可以申请免除担保，并按照海关规定办理有关手续。”

十八、删去《中华人民共和国招标投标法实施条例》第十一条第一款。

删去第十三条第一款中的“其资格许可和”，删去第三款。

此外，对相关行政法规中的条文序号作相应调整。

附件2

国务院决定废止的行政法规

一、中华人民共和国私营企业暂行条例（1988年6月25日国务院发布）

二、中华人民共和国水污染防治法实施细则（2000年3月20日国务院发布）

三、地质勘查资质管理条例（2008年3月3日国务院公布）

四、种畜禽管理条例（1994年4月15日国务院发布　根据2011年1月8日《国务院关于废止和修改部分行政法规的决定》修订）

五、劳动教养试行办法（1982年1月21日国务院批准）

国务院文件

国务院办公厅关于印发
国务院2018年立法工作计划的通知

（2018年3月2日　国办发〔2018〕14号）

《国务院2018年立法工作计划》已经党中央、国务院同意，现印发给你们，请认真贯彻执行。

（本文有删减）

国务院2018年立法工作计划

2018年是贯彻党的十九大精神的开局之年，是改革开放40周年，是决胜全面建成小康社会、实施“十三五”规划承上启下的关键一年。国务院立法工作的总体要求是：**在以习近平同志为核心的党中央坚强领导下，高举中国特色社会主义伟大旗帜，全面贯彻党的十九大精神，以习近平新时代中国特色社会主义思想为指导，加强党对政府立法工作的领导，坚持稳中求进工作总基调，围绕统筹推进“五位一体”总体布局和协调推进“四个全面”战略布局，深入推进科学立法、民主立法、依法立法，着力提高立法质量和效率，以良法促进发展、保障善治，加快建设法治政府，为决胜全面建成小康社会、开启全面建设社会主义现代化国家新征程提供坚实法治保障。**

一、全面贯彻党的十九大精神，围绕统筹推进“五位一体”总体布局和协调推进“四个全面”战略布局安排政府立法项目

——为贯彻新发展理念，建设现代化经济体系，提请全国人大常委会审议**专利法修订草案**（知识产权局起草）、**税收征收管理法修订草案**（税务总局、财政部起草）、**车辆购置税法草案**（财政部、税务总局起草）、**外国投资法草案**（商务部、发展改革委起草），制定**政府投资条例**（发展改革委起草）、**基础设施和公共服务领域政府和社会资本合作条例**（法制办、发展改革委、财政部起草）、**私募投资基金管理暂行条例**（证监会起草）、**非存款类放贷组织条例**（人民银行起草）、**处置非法集资条例**（银监会起草）、**人力资源市场条例**（人力资源社会保障部起草）、**反走私工作条例**（海关总署起草），修订**专利代理条例**（知识产权局起草）、**企业所得税法实施条例**（财政部、税务总局起草）、**全国经济普查条例**（统计局起草）、**中央储备粮管理条例**（发展改革委、粮食局起草）。

——为健全人民当家作主制度体系，发展社会主义民主政治，加强政府自身建设，提请全国人大常委会审议**档案法修订草案**（档案局起草），制定**重大行政决策程序暂行条例**（法制办起草）、**社会组织登记管理条例**（民政部起草）、**行政区划管理条例**（民政部起草）、**国家土地督察工作条例**（国土资源部起草）、**缔结条约管理办法**（外交部起草），修订**政府信息公开条例**（国务院办公厅、法制办起草）、**预算法实施条例**（财政部起草）。

——为坚定文化自信，推动社会主义文化繁荣兴盛，提请全国人大常委会审议**著作权法修订草案**（版权局起草），制定**全民阅读促进条例**（新闻出版广电总局起草）、**未成年人网络保护条例**（网信办起草），修订**民办教育促进法实施条例**（教育部起草）、**奥林匹克标志保护条例**（体育总局、工商总局起草）。

——为提高保障和改善民生水平，加强和创新社会治理，提请全国人大常委会审议**安全生产法修订草案**（安全监管总局起草）、**海上交通安全法修订草案**（交通运输部起草）、**社区矫正法草案**（司法部起草）、**治安管理处罚法修订草案**（公安部起草），制定**住房销售管理条例**（住房城乡建设部起草）、**住房租赁条例**（住房城乡建设部起草）、**城镇住房保障条例**（住房城乡建设部起草）、**消费者权益保护法实施条例**（工商总局起草）、**医疗纠纷预防和处理条例**（卫生计生委起草）、**人类遗传资源管理条例**（科技部起草）、**安全生产法实施条例**（安全监管总局起草）、**生产安全事故应急条例**（安全监管总局起草）、**建设工程抗震管理条例**（住房城乡建设部起草）、**城市公共交通管理条例**（交通运输部起草）、**公共安全视频图像信息系统管理条例**（公安部起草），修订**住房公积金管理条例**（住房城乡建设部起草）、**食品安全法实施条例**（食品药品监管总局起草）、**失业保险条例**（人力资源社会保障部起草）、**化妆品监督管理条例**（食品药品监管总局起草）、**铁路交通事故应急救援和调查处理条例**（交通运输部、铁路局起草）。

——为加快生态文明体制改革，建设美丽中国，提请全国人大常委会审议**耕地占用税法草案**（财政部、税务总局起草）、**资源税法草案**（财政部、税务总局起草）、**土地管理法修订草案**（国土资源部起草），制定**地下水管理条例**（水利部起草），修订**海洋石油勘探开发环境保护管理条例**（海洋局起草）、**报废汽车回收管理办法**（商务部起草）。

——为全面推进国防和军队现代化，有效维护国家安全，提请全国人大常委会审议**原子能法草案**（国防科工局起草）、**出口管制法草案**（商务部起草）、**密码法草案**（密码局起草），制定**外商投资国家安全审查条例**（发展改革委起草）。深化国防和军队改革需要制定、修订的行政法规，适时提请国务院、中央军委审议。

——为配合中国特色大国外交，为国际合作与交流提供法治保障，开展有关国际条约审核工作。

抓紧办好推进简政放权、放管结合、优化服务改革等领域的立法项目。对于不适应全面深化改革和经济社会发展要求的行政法规，及时修改、废止。配合全国人大及其常委会审议有关法律案。对于其他正在研究但未列入立法工作计划的立法项目，由有关部门继续研究论证。

对于党中央和国务院交办的其他立法项目，抓紧办理，尽快完成起草和审查任务。

二、以习近平新时代中国特色社会主义思想为指导，加强和改进新时代政府立法工作

中国特色社会主义进入新时代，政府立法工作也进入了新时代，必须不断提升站位和格局，坚定不移把习近平新时代中国特色社会主义思想作为根本遵循，坚决贯彻落实党中央和国务院重大决策部署，努力回应新时代对政府立法工作提出的新任务新部署新要求。

把习近平新时代中国特色社会主义思想贯穿到政府立法工作全过程和各方面。政府立法是国家顶层制度建设中十分重要的一环，是治国理政的重大政治活动，必须旗帜鲜明讲政治，牢固树立政治意识、大局意识、核心意识、看齐意识，自觉在习近平新时代中国特色社会主义思想指导下找准立法方向、确定立法原则、把握立法精神、明确立法思路、设计主要制度。要进一步增强道路自信、理论自信、制度自信、文化自信，坚定不移走中国特色社会主义法治道路，确保立法始终是为了坚持和发展中国特色社会主义，始终是为了坚持和巩固社会主义制度和中国共产党的领导，确保法律制度的原则和精神与习近平新时代中国特色社会主义思想保持高度一致。要主动适应我国社会主要矛盾的深刻变化，积极回应人民群众日益增长的美好生活需要，统筹法律、行政法规立改废释，运用法治思维和法治方式推动更加平衡、充分的高质量发展。要把习近平新时代中国特色社会主义思想在改革发展稳定、内政外交国防、治党治国治军各领域和各方面的基本要求，切实转化为系统完备、科学规范、运行有效的法律制度，为习近平新时代中国特色社会主义思想在各领域和各方面贯彻落实提供坚实法治保障。

坚持党对政府立法工作的领导。党的领导是政府立法最根本的保证。政府立法工作要自觉维护以习近平同志为核心的党中央权威和集中统一领导，把党中央确定的重大立法项目，中央政治局常委会列入工作要点的立法项目，中央全面深化改革领导小组列入工作要点的立法项目，全国人大常委会拟审议、由国务院提出法律议案的立法项目，国务院确定的重点立法项目，作为政府立法工作的重中之重，保证高质高效完成。要严格贯彻落实党的路线方针政策和决策部署，善于把党的主张转化为国家法律制度，有力维护党的领导，确保党总揽全局、协调各方。要把社会主义核心价值观的要求体现到法律法规规章之中，转化为具有刚性约束力的法律规定。要认真贯彻执行党中央关于加强党领导立法工作的意见，严格落实请示报告制度，制定政治方面法律的配套法规规章，以及涉及重大体制和重大政策调整的重要法律法规规章，要按照规定及时报告。

深入推进科学立法、民主立法、依法立法。政府立法工作要根据新时代推进党和国家各项工作的战略部署和目标任务，深入调查研究新时代呈现出的新情况新特点新问题，努力把握新时代中国特色社会主义的内在规律，不断增强法律制度的科学性、针对性、有效性。要坚持以人民为中心，贯彻群众路线，积极回应人民群众在民主、法治、公平、正义、安全、环境等方面日益增长的需求，进一步健全立法项目征集和论证制度、法律法规规章草案公开征求意见制度、委托第三方起草制度、重大利益调整论证咨询制度、立法后评估制度，努力凝聚各方共识、反映人民意愿、维护群众利益，不断增强人民群众参与政府立法的积极性主动性和获得感。要严格依法立法，遵守宪法、立法法和其他上位法的规定和精神，认真实施新修订的行政法规制定程序条例和规章制定程序条例，保证政府立法权限合法、程序合法、实体合法。

大力加强法规规章备案审查。开展法规规章备案审查是坚定维护以习近平同志为核心的党中央权威和集中统一领导，维护国家法制统一和政令畅通的重要方式。要完善备案审查机制，组织开展集中审查和专家协助审查，切实做到有件必备、有备必审、有错必究。要着重对法规规章存在的超越法定权限、突破法律行政法规有关规定等突出问题进行审查，坚决防止和纠正有令不行、有禁不止。要强化社会监督，对审查发现的严重违反中央决策部署、严重违反上位法规定的问题予以曝光。要及时适应全面深化改革各项举措步伐，继续做好全面深化改革以及“放管服”改革涉及的法规规章和规范性文件清理工作。

三、切实抓好立法工作计划的执行

国务院各部门要把立法工作计划的执行作为一项重要任务，加强组织领导、完善工作机制、精细流程管理、严格时限要求、强化责任落实，不断提高政府立法工作质量和效率，切实保障重点立法项目高质高效推进，更好适应促进经济社会发展和巩固全面深化改革成果的需要。起草部门要对法律行政法规送审稿拟规定的主要制度广泛听取意见、深入研究论证，涉及部门职责分工、行政许可、财政支持、税收优惠政策的规定要征得机构编制、财政、税务等相关部门同意。全面深化改革各项举措需要修改法律、行政法规的，有关部门要及时向国务院报送法律、行政法规送审稿，并对改革举措、立法背景等作出说明。起草部门向国务院报送送审稿前，应当与国务院法制办做好沟通。国务院法制办要及时跟踪了解立法工作计划执行情况，加强组织协调和督促指导。对审查阶段有关部门分歧较大的草案，国务院法制办要充分利用各种协调机制研究突出问题、协调主要争议、争取达成共识；经过反复协调仍不能达成一致意见的，国务院法制办、起草部门应当将争议的主要问题、有关部门的意见以及国务院法制办的意见及时报国务院领导同志协调，或者报国务院决定。

县级以上人民政府法制机构和国务院各部门法制机构要紧紧围绕党委、政府和本部门中心工作，在政府立法和法治政府建设中充分发挥统筹规划、综合协调、审查把关、督察指导、政策研究、情况交流等作用，当好党委、政府和本部门在法治方面的参谋、助手和顾问。与新时代政府立法和法治政府建设的新使命新任务新要求相比，政府法制机构和队伍现有能力不适应、不匹配的问题还比较突出，各地区、各部门应当着力解决政府法制机构设置、人员编制、力量配备、队伍建设、经费保障等方面的突出问题。政府法制工作者要自觉强化使命意识、担当精神，不断提高思想政治素养、法律专业素质、调查研究能力、统筹协调水平、狠抓落实本领。国务院法制办要加强对各地区、各部门政府法制机构的指导和支持，强化通盘统筹、各方联动，着力打造一支政治强、作风硬、业务精的政府法制工作队伍，推动政府法制机构以更加昂扬奋发的精神面貌、更加忠诚有力的履职担当，在新时代展现新气象、实现新作为、取得新成效。

法律的权威在于实施，法律的生命力也在于实施。扎实抓好法治政府建设重大举措，既对严格执行法律、维护法律权威有重大作用，也对促进政府职能转变、维护政府公信力执行力、增强人民群众幸福感获得感有重大作用。2018 年，各地区、各部门要以更加强烈的使命感、紧迫感、责任感，以抓铁有痕、踏石留印的作风和干劲，切实抓好法治政府建设各项重点工作。要不断加大法治政府建设与责任落实督察的工作力度，压紧压实各地区、各部门主要负责人法治政府建设第一责任人职责，带动形成从主要负责人到其他领导干部直至全体行政机关工作人员人人有责、人人负责的闭环管理。要全面推行规范性文件合法性审核制度，把牢“红头文件”制发法制关口。要在总结前期试点经验基础上，在各地区、各部门全面推开行政执法公示、执法全过程记录、重大执法决定法制审核“三项制度”。要坚持集中行政复议职责改革方向，大力推进行政复议体制改革。国务院法制办要及时总结法治政府建设典型经验和有效做法，探索开展法治政府建设示范创建活动，激励和带动各地区、各部门把法治政府建设加快向前推进。

国务院办公厅关于保障城市轨道交通安全运行的意见

（2018 年 3 月 7 日　国办发〔2018〕13 号）

城市轨道交通是城市公共交通系统的骨干，是城市综合交通体系的重要组成部分，其安全运行对保障人民群众生命财产安全、维护社会安全稳定具有重要意义。在各有关方面共同努力下，我国城市轨道交通运行态势总体平稳，但随着近年来运营里程迅速增加、线网规模不断扩大，城市轨道交通安全运行压力日趋加大。为切实保障城市轨道交通安全运行，经国务院同意，现提出以下意见。

一、总体要求

（一）指导思想。

全面贯彻党的十九大精神，坚持以习近平新时代中国特色社会主义思想为指导，认真落实党中央、国务院决策部署，牢固树立和贯彻落实新发展理念，以切实保障城市轨道交通安全运行为目标，完善体制机制，健全法规标准，创新管理制度，强化技术支撑，夯实安全基础，提升服务品质，增强安全防范治理能力，为广大人民群众提供安全、可靠、便捷、舒适、经济的出行服务。

（二）基本原则。

以人为本，安全第一。坚持以人民为中心的发展思想，把人民生命财产安全放在首位，不断提高城市轨道交通安全水平和服务品质。

统筹协调，改革创新。加强城市轨道交通规划、建设、运营协调衔接，加快技术创新应用，构建运营管理和公共安全防范技术体系，提升风险管控能力。

预防为先，防处并举。构建风险分级管控和隐患排查治理双重预防制度，加强应急演练和救援力量建设，完善应急预案体系，提升应急处置能力。

属地管理，综合治理。城市人民政府对辖区内城市轨道交通安全运行负总责，充分发挥自主权和创造性，结合本地实际构建多方参与的综合治理体系。

二、构建综合治理体系

（三）健全管理体制机制。

交通运输部负责指导城市轨道交通运营，拟订运营管理政策法规和标准规范并监督实施，承担运营安全监管职责，负责运营突发事件应对工作的指导协调和监督管理；指导地方交通运输部门监督指导城市轨道交通运营单位（以下简称运营单位）做好反恐防范、安检、治安防范和消防安全管理相关工作，根据应急预案调动行业装备物资为突发事件应对提供交通运输保障。公安部负责会同交通运输部等部门拟订城市轨道交通反恐防暴、内部治安保卫、消防安全等政策法规及标准规范并监督实施；指导地方公安机关做好城市轨道交通区域的巡逻查控工作，依法查处有关违法违规行为，加强对危及城市轨道交通安全的涉恐等情报信息的搜集、分析、研判和通报、预警工作，监督指导运营单位做好进站安检、治安防范、消防安全管理和突发事件处置工作。国家发展改革委、住房城乡建设部、安全监管总局等有关部门，按照职责分工履行有关安全工作职责。

省级人民政府指导本辖区城市轨道交通安全运行，负责辖区内运营突发事件应对工作的指导协调和监督管理。城市人民政府按照属地管理原则，对辖区内城市轨道交通安全运行负总责，建立衔接高效、运行顺畅的管理体制和运行机制，统筹协调相关方面共同做好安全运行管理工作。对跨城市运营的城市轨道交通线路，有关城市人民政府应建立跨区域运营突发事件应急合作机制。运营单位承担安全生产主体责任，落实反恐防暴、内部治安保卫、消防安全等有关法规规定的责任和措施。

（四）完善法规标准体系。

加强城市轨道交通立法工作，根据实际需要及时制修订城市轨道交通法规规章。强化技术标准规范对安全和服务的保障和引领作用，以保障建设质量和安全运行为重点，进一步修订完善城市轨道交通工程建设标准体系；以运营安全和服务质量为重点，建立健全城市轨道交通运营标准体系；以防范处置和设备配置为重点，建立健全城市轨道交通反恐防暴、内部治安保卫、消防安全等标准体系。

三、有序统筹规划建设运营

（五）科学编制规划。

城市轨道交通发展要与城市经济社会发展阶段、发展水平、发展方向相匹配、相协调。城市轨道交通线网规划要科学确定线网布局、规模和用地控制要求，与综合交通体系规划有机衔接，主要内容纳入城市总体规划。城市轨道交通建设规划要树立“规划建设为运营、运营服务为乘客”的理念，将安全和服务要求贯穿于规划、建设、运营全过程，并结合城市发展需求、财政状况等实际，准确把握城市轨道交通发展规模和发展速度，合理确定制式和建设时序，量力而行、有序发展。

（六）做好相关环节衔接。

城市轨道交通规划涉及公共安全方面的设施设备和场地、用房等，要与城市轨道交通工程同步规划、同步设计、同步施工、同步验收、同步投入使用，并加强运行维护管理。在工程可行性研究和初步设计文件中设置运营服务专篇和公共安全专篇，发展改革、规划等部门在审批时要以书面形式听取同级交通运输部门、公安机关意见。城市轨道交通工程项目原则上要在可行性研究报告编制前确定运营单位。加强城市轨道交通建设与运营的交接管理，完善交接内容和程序。城市轨道交通建设工程竣工验收不合格的，不得开展运营前安全评估，未通过运营前安全评估的，不得投入运营。城市轨道交通工程项目要按照相关规定划定保护区，运营期间在保护区范围内进行有关作业要按程序征求运营单位同意后方可办理相关许可手续。

四、加强运营安全管理

（七）夯实运营安全管理基础。

建立健全运营安全风险分级管控和隐患排查治理双重预防制度，对运营全过程、全区域、各管理层级实施安全监控。建立城市轨道交通运营安全第三方评估制度。制定城市轨道交通运营安全事故报告和调查处理办法。建立健全行业运营服务指标体系和统计分析制度、服务质量考评制度，加强服务质量监管。依法推进运营单位安全生产标准化。运营单位要依法做好运营安全各项工作，严格落实安全生产责任制。

（八）强化关键设施设备管理。

制定城市轨道交通关键设施设备运营准入技术条件，加快推动车辆、信号、通信、自动售检票等关键设施设备产品定型，加强列车运行控制等关键系统信息安全保护。建立健全设施设备维修技术规范和检测评估、维修保养制度。建立关键设施设备全生命周期数据行业共享机制和设施设备运行质量公开及追溯机制，加强全面质量监管。

（九）提升从业人员素质。

深入开展行业运营人力资源跟踪研究，评估行业人才发展水平。鼓励各类院校设置城市轨道交通相关专业或者专业方向，扩大人才培养规模。完善从业人员培训考核管理制度，建立健全城市轨道交通职业分类和职业标准体系、职业技能鉴定机制，完善列车驾驶员职业准入制度，规范和强化行车值班员、行车调度员等重点岗位职业水平评价，建立从业人员服务质量不良记录名单制度，规范行业内人才流动。

五、强化公共安全防范

（十）加强日常巡检防控。

运营单位要制定安全防范和消防安全管理制度、明确人员岗位职责、落实安全管理措施，保障相关经费投入，及时配备、更新防范和处置设施设备。有关部门要加强涉恐情报信息搜集工作，运营单位要按照规定及时报告发现的恐怖活动嫌疑或恐怖活动嫌疑人员。地方反恐怖工作领导机构以及公安机关等要对有关情报信息进行筛查、研判、核查、监控，认为有发生恐怖事件危险的要及时通报和预警，有关部门和单位根据要求做好安全防范和应对处置工作。

（十一）规范安全检查工作。

依法对进入城市轨道交通场站的人员、物品进行安全检查。从事城市轨道交通安全检查的单位、人员要按照有关标准、规范和约定实施安全检查，发现违禁品、管制物品和涉嫌违法犯罪人员，要妥善处置并立即向公安机关报告。鼓励推广应用智能、快速的安检新技术、新产品，逐步建立与城市轨道交通客流特点相适应的安检新模式。制定安全检查设备和监控设备设置标准、人员配备标准及操作规范。

（十二）加强社会共建共治。

城市轨道交通所在地城市及以上地方人民政府要构建公安、交通运输、综治等部门以及运营单位、社会力量多方参与的城市轨道交通公共安全协同防范体系和应急响应机制，加强政府部门、运营单位与街道、社区之间的协调联动，推广“警企共建”、“街企共建”等专群结合的综治模式。积极招募志愿者，鼓励城市轨道交通“常乘客”参与公共安全防范与应急处置工作，提高公众安全防范能力，实现群防群治、协同共治。通过多种形式广泛宣传普及城市轨道交通相关法规和知识，加强公众公共安全防范及突发事件应对培训教育，引导公众增强安全意识和防护能力。

六、提升应急处置能力

（十三）完善应急预案体系。

城市轨道交通所在地城市及以上地方人民政府要将城市轨道交通纳入政府应急管理体系，结合本地实际制定完善应对各类突发事件的专项应急预案、部门应急预案，督促运营单位制定完善具体预案。建立突发事件应急处置机制，成立应急指挥机构，明确相关部门和单位的职责分工、工作机制和处置要求。运营单位要建立完备的应急预案体系，编制应急预案操作手册，明确应对处置各类突发事件的现场操作规范、工作流程等，并立足实战加强站区一线人员培训，定期组织开展应急合成演练。

（十四）加强应急救援力量建设。

城市轨道交通所在地城市及以上地方人民政府和有关部门、运营单位要配备满足需要的应急设施设备和应急物资，根据需要建立专职或志愿消防队、微型消防站，提高自防自救能力。建立健全专业应急救援队伍，加强应急培训，提高应急救援能力。建设国家级城市轨道交通应急演练中心，开展培训和实战场景演练。鼓励和支持企业、科研院所及社会有关方面加强专业救援装备研究开发。

（十五）强化现场处置应对。

建立协调联动、快速反应、科学处置的工作机制，强化运营单位对突发事件第一时间处置应对的能力，最大程度减少突发事件可能导致的人员伤亡和财产损失。公安、交通运输等部门以及运营单位、街道、社区要密切协同联动。有关部门和运营单位的工作人员要按照各自岗位职责要求，通过广播系统、乘客信息系统和专人引导等方式，引导乘客快速疏散。充分发挥志愿者在安全防范和应急处置中的积极作用，提高乘客自救互救能力。

七、完善保障措施

（十六）加大综合政策扶持力度。

城市轨道交通所在地城市人民政府要加大城市轨道交通财政扶持力度，统筹考虑城市轨道交通可持续安全运营需求，建立与运营安全和服务质量挂钩的财政补贴机制，科学确定财政补贴额度。保障公共安全防范所需资金并纳入公共财政体系，确保设施设备维护维修、更新改造资金到位。在保障运营安全的前提下，支持对城市轨道交通设施用地的地上、地下空间实施土地综合开发，创新节约集约用地模式，以综合开发收益支持运营和基础设施建设，确保城市轨道交通运行安全可持续。

国务院各有关部门、各省级人民政府要根据各自职责，加强对城市轨道交通运行安全监管的指导，强化督促检查。城市轨道交通所在地城市人民政府要加强组织领导，根据本意见提出的任务和要求，进一步细化贯彻落实政策措施，明确责任分工和时间进度要求，确保各项工作落实到位。

国务院办公厅关于促进全域旅游发展的指导意见

（2018 年 3 月 9 日　国办发〔2018〕15 号）

旅游是发展经济、增加就业和满足人民日益增长的美好生活需要的有效手段，旅游业是提高人民生活水平的重要产业。近年来，我国旅游经济快速增长，产业格局日趋完善，市场规模品质同步提升，旅游业已成为国民经济的战略性支柱产业。但是，随着大众旅游时代到来，我国旅游有效供给不足、市场秩序不规范、体制机制不完善等问题日益凸显。发展全域旅游，将一定区域作为完整旅游目的地，以旅游业为优势产业，统一规划布局、优化公共服务、推进产业融合、加强综合管理、实施系统营销，有利于不断提升旅游业现代化、集约化、品质化、国际化水平，更好满足旅游消费需求。为指导各地促进全域旅游发展，经国务院同意，现提出以下意见。

一、总体要求

（一）指导思想。

全面贯彻党的十九大精神，以习近平新时代中国特色社会主义思想为指导，认真落实党中央、国务院决策部署，统筹推进“五位一体”总体布局和协调推进“四个全面”战略布局，牢固树立和贯彻落实新发展理念，加快旅游供给侧结构性改革，着力推动旅游业从门票经济向产业经济转变，从粗放低效方式向精细高效方式转变，从封闭的旅游自循环向开放的“旅游+”转变，从企业单打独享向社会共建共享转变，从景区内部管理向全面依法治理转变，从部门行为向政府统筹推进转变，从单一景点景区建设向综合目的地服务转变。

（二）基本原则。

统筹协调，融合发展。把促进全域旅游发展作为推动经济社会发展的重要抓手，从区域发展全局出发，统一规划，整合资源，凝聚全域旅游发展新合力。大力推进“旅游+”，促进产业融合、产城融合，全面增强旅游发展新功能，使发展成果惠及各方，构建全域旅游共建共享新格局。

因地制宜，绿色发展。注重产品、设施与项目的特色，不搞一个模式，防止千城一面、千村一面、千景一面，推行各具特色、差异化推进的全域旅游发展新方式。牢固树立绿水青山就是金山银山理念，坚持保护优先，合理有序开发，防止破坏环境，摒弃盲目开发，实现经济效益、社会效益、生态效益相互促进、共同提升。

改革创新，示范引导。突出目标导向和问题导向，努力破除制约旅游发展的瓶颈与障碍，不断完善全域旅游发展的体制机制、政策措施、产业体系。开展全域旅游示范区创建工作，打造全域旅游发展典型，形成可借鉴可推广的经验，树立全域旅游发展新标杆。

（三）主要目标。

旅游发展全域化。推进全域统筹规划、全域合理布局、全域服务提升、全域系统营销，构建良好自然生态环境、人文社会环境和放心旅游消费环境，实现全域宜居宜业宜游。

旅游供给品质化。加大旅游产业融合开放力度，提升科技水平、文化内涵、绿色含量，增加创意产品、体验产品、定制产品，发展融合新业态，提供更多精细化、差异化旅游产品和更加舒心、放心的旅游服务，增加有效供给。

旅游治理规范化。加强组织领导，增强全社会参与意识，建立各部门联动、全社会参与的旅游综合协调机制。坚持依法治旅，创新管理机制，提升治理效能，形成综合产业综合抓的局面。

旅游效益最大化。把旅游业作为经济社会发展的重要支撑，发挥旅游“一业兴百业”的带动作用，促进传统产业提档升级，孵化一批新产业、新业态，不断提高旅游对经济和就业的综合贡献水平。

二、推进融合发展，创新产品供给

（四）推动旅游与城镇化、工业化和商贸业融合发展。建设美丽宜居村庄、旅游小镇、风情县城以及城市绿道、慢行系统，支持旅游综合体、主题功能区、中央游憩区等建设。依托风景名胜区、历史文化名城名镇名村、特色景观旅游名镇、传统村落，探索名胜名城名镇名村“四名一体”全域旅游发展模式。利用工业园区、工业展示区、工业历史遗迹等开展工业旅游，发展旅游用品、户外休闲用品和旅游装备制造业。积极发展商务会展旅游，完善城市商业区旅游服务功能，开发具有自主知识产权和鲜明地方特色的时尚性、实用性、便携性旅游商品，增加旅游购物收入。

（五）推动旅游与农业、林业、水利融合发展。大力发展观光农业、休闲农业，培育田园艺术景观、阳台农艺等创意农业，鼓励发展具备旅游功能的定制农业、会展农业、众筹农业、家庭农场、家庭牧场等新型农业业态，打造一二三产业融合发展的美丽休闲乡村。积极建设森林公园、湿地公园、沙漠公园、海洋公园，发展“森林人家”、“森林小镇”。科学合理利用水域和水利工程，发展观光、游憩、休闲度假等水利旅游。

（六）推动旅游与交通、环保、国土、海洋、气象融合发展。加快建设自驾车房车旅游营地，推广精品自驾游线路，打造旅游风景道和铁路遗产、大型交通工程等特色交通旅游产品，积极发展邮轮游艇旅游、低空旅游。开发建设生态旅游区、天然氧吧、地质公园、矿山公园、气象公园以及山地旅游、海洋海岛旅游等产品，大力开发避暑避寒旅游产品，推动建设一批避暑避寒度假目的地。

（七）推动旅游与科技、教育、文化、卫生、体育融合发展。充分利用科技工程、科普场馆、科研设施等发展科技旅游。以弘扬社会主义核心价值观为主线发展红色旅游，积极开发爱国主义和革命传统教育、国情教育等研学旅游产品。科学利用传统村落、文物遗迹及博物馆、纪念馆、美术馆、艺术馆、世界文化遗产、非物质文化遗产展示馆等文化场所开展文化、文物旅游，推动剧场、演艺、游乐、动漫等产业与旅游业融合开展文化体验旅游。加快开发高端医疗、中医药特色、康复疗养、休闲养生等健康旅游。大力发展冰雪运动、山地户外运动、水上运动、汽车摩托车运动、航空运动、健身气功养生等体育旅游，将城市大型商场、有条件景区、开发区闲置空间、体育场馆、运动休闲特色小镇、连片美丽乡村打造成体育旅游综合体。

（八）提升旅游产品品质。深入挖掘历史文化、地域特色文化、民族民俗文化、传统农耕文化等，实施中国传统工艺振兴计划，提升传统工艺产品品质和旅游产品文化含量。积极利用新能源、新材料和新科技装备，提高旅游产品科技含量。推广资源循环利用、生态修复、无害化处理等生态技术，加强环境综合治理，提高旅游开发生态含量。

（九）培育壮大市场主体。大力推进旅游领域大众创业、万众创新，开展旅游创客行动，建设旅游创客示范基地，加强政策引导和专业培训，促进旅游领域创业和就业。鼓励各类市场主体通过资源整合、改革重组、收购兼并、线上线下融合等投资旅游业，促进旅游投资主体多元化。培育和引进有竞争力的旅游骨干企业和大型旅游集团，促进规模化、品牌化、网络化经营。落实中小旅游企业扶持政策，引导其向专业、精品、特色、创新方向发展，形成以旅游骨干企业为龙头、大中小旅游企业协调发展的格局。

三、加强旅游服务，提升满意指数

（十）以标准化提升服务品质。完善服务标准，加强涉旅行业从业人员培训，规范服务礼仪与服务流程，增强服务意识与服务能力，塑造规范专业、热情主动的旅游服务形象。

（十一）以品牌化提高满意度。按照个性化需求，实施旅游服务质量标杆引领计划和服务承诺制度，建立优质旅游服务商名录，推出优质旅游服务品牌，开展以游客评价为主的旅游目的地评价，不断提高游客满意度。

（十二）推进服务智能化。涉旅场所实现免费 WiFi、通信信号、视频监控全覆盖，主要旅游消费场所实现在线预订、网上支付，主要旅游区实现智能导游、电子讲解、实时信息推送，开发建设咨询、导览、导游、导购、导航和分享评价等智能化旅游服务系统。

（十三）推行旅游志愿服务。建立旅游志愿服务工作站，制定管理激励制度，开展志愿服务公益行动，提供文明引导、游览讲解、信息咨询和应急救援等服务，打造旅游志愿服务品牌。

（十四）提升导游服务质量。加强导游队伍建设和权益保护，指导督促用人单位依法与导游签订劳动合同，落实导游薪酬和社会保险制度，明确用人单位与导游的权利义务，构建和谐稳定的劳动关系，为持续提升导游服务质量奠定坚实基础。全面开展导游培训，组织导游服务技能竞赛，建设导游服务网络平台，切实提高导游服务水平。

四、加强基础配套，提升公共服务

（十五）扎实推进“厕所革命”。加强规划引导、科学布局和配套设施建设，提高城乡公厕管理维护水平，因地制宜推进农村“厕所革命”。加大中央预算内资金、旅游发展基金和地方各级政府投资对“厕所革命”的支持力度，加强厕所技术攻关和科技支撑，全面开展文明用厕宣传教育。在重要旅游活动场所设置第三卫生间，做到主要旅游景区、旅游线路以及客运列车、车站等场所厕所数量充足、干净卫生、实用免费、管理有效。

（十六）构建畅达便捷交通网络。完善综合交通运输体系，加快新建或改建支线机场和通用机场，优化旅游旺季以及通重点客源地与目的地的航班配置。改善公路通达条件，提高旅游景区可进入性，推进干线公路与重要景区连接，强化旅游客运、城市公交对旅游景区、景点的服务保障，推进城市绿道、骑行专线、登山步道、慢行系统、交通驿站等旅游休闲设施建设，打造具有通达、游憩、体验、运动、健身、文化、教育等复合功能的主题旅游线路。鼓励在国省干线公路和通景区公路沿线增设观景台、自驾车房车营地和公路服务区等设施，推动高速公路服务区向集交通、旅游、生态等服务于一体的复合型服务场所转型升级。

（十七）完善集散咨询服务体系。继续建设提升景区服务中心，加快建设全域旅游集散中心，在商业街区、交通枢纽、景点景区等游客集聚区设立旅游咨询服务中心，有效提供景区、线路、交通、气象、海洋、安全、医疗急救等信息与服务。

（十八）规范完善旅游引导标识系统。建立位置科学、布局合理、指向清晰的旅游引导标识体系，重点涉旅场所规范使用符合国家标准的公共信息图形符号。

五、加强环境保护，推进共建共享

（十九）加强资源环境保护。强化对自然生态、田园风光、传统村落、历史文化、民族文化等资源的保护，依法保护名胜名城名镇名村的真实性和完整性，严格规划建设管控，保持传统村镇原有肌理，延续传统空间格局，注重文化挖掘和传承，构筑具有地域特征、民族特色的城乡建筑风貌。倡导绿色旅游消费，实施旅游能效提升计划，降低资源消耗，推广使用节水节能产品和技术，推进节水节能型景区、酒店和旅游村镇建设。

（二十）推进全域环境整治。积极开展主要旅游线路沿线风貌集中整治，在路边、水边、山边、村边开展净化、绿化、美化行动，在重点旅游村镇实行改厨、改厕、改客房、整理院落和垃圾污水无害化、生态化处理，全面优化旅游环境。

（二十一）强化旅游安全保障。组织开展旅游风险评估，加强旅游安全制度建设，按照职责分工强化各有关部门安全监管责任。强化安全警示、宣传、引导，完善各项应急预案，定期组织开展应急培训和应急演练，建立政府救助与商业救援相结合的旅游救援体系。加强景点景区最大承载量警示、重点时段游客量调控和应急管理工作，提高景区灾害风险管理能力，强化对客运索道、大型游乐设施、玻璃栈道等设施设备和旅游客运、旅游道路、旅游节庆活动等重点领域及环节的监管，落实旅行社、饭店、景区安全规范。完善旅游保险产品，扩大旅游保险覆盖面，提高保险理赔服务水平。

（二十二）大力推进旅游扶贫和旅游富民。大力实施乡村旅游扶贫富民工程，通过资源整合积极发展旅游产业，健全完善“景区带村、能人带户”的旅游扶贫模式。通过民宿改造提升、安排就业、定点采购、输送客源、培训指导以及建立农副土特产品销售区、乡村旅游后备箱基地等方式，增加贫困村集体收入和建档立卡贫困人口人均收入。加强对深度贫困地区旅游资源普查，完善旅游扶贫规划，指导和帮助深度贫困地区设计、推广跨区域自驾游等精品旅游线路，提高旅游扶贫的精准性，真正让贫困地区、贫困人口受益。

（二十三）营造良好社会环境。树立“处处都是旅游环境，人人都是旅游形象”理念，面向目的地居民开展旅游知识宣传教育，强化居民旅游参与意识、形象意识和责任意识。加强旅游惠民便民服务，推动博物馆、纪念馆、全国爱国主义教育示范基地、美术馆、公共图书馆、文化馆、科技馆等免费开放。加强对老年人、残疾人等特殊群体的旅游服务。

六、实施系统营销，塑造品牌形象

（二十四）制定营销规划。把营销工作纳入全域旅游发展大局，坚持以需求为导向，树立系统营销和全面营销理念，明确市场开发和营销战略，加强市场推广部门与生产供给部门的协调沟通，实现产品开发与市场开发无缝对接。制定客源市场开发规划和工作计划，切实做好入境旅游营销。

（二十五）丰富营销内容。进一步提高景点景区、饭店宾馆等旅游宣传推广水平，深入挖掘和展示地区特色，做好商贸活动、科技产业、文化节庆、体育赛事、特色企业、知名院校、城乡社区、乡风民俗、优良生态等旅游宣传推介，提升旅游整体吸引力。

（二十六）实施品牌战略。着力塑造特色鲜明的旅游目的地形象，打造主题突出、传播广泛、社会认可度高的旅游目的地品牌，建立多层次、全产业链的品牌体系，提升区域内各类旅游品牌影响力。

（二十七）完善营销机制。建立政府、行业、媒体、公众等共同参与的整体营销机制，整合利用各类宣传营销资源和渠道，建立推广联盟等合作平台，形成上下结合、横向联动、多方参与的全域旅游营销格局。

（二十八）创新营销方式。有效运用高层营销、网络营销、公众营销、节庆营销等多种方式，借助大数据分析加强市场调研，充分运用现代新媒体、新技术和新手段，提高营销精准度。

七、加强规划工作，实施科学发展

（二十九）加强旅游规划统筹协调。将旅游发展作为重要内容纳入经济社会发展规划和城乡建设、土地利用、海洋主体功能区和海洋功能区划、基础设施建设、生态环境保护等相关规划中，由当地人民政府编制旅游发展规划并依法开展环境影响评价。

（三十）完善旅游规划体系。编制旅游产品指导目录，制定旅游公共服务、营销推广、市场治理、人力资源开发等专项规划或行动方案，形成层次分明、相互衔接、规范有效的规划体系。

（三十一）做好旅游规划实施工作。全域旅游发展总体规划、重要专项规划及重点项目规划应制定实施分工方案与细则，建立规划评估与实施督导机制，提升旅游规划实施效果。

八、创新体制机制，完善治理体系

（三十二）推进旅游管理体制改革。加强旅游业发展统筹协调和部门联动，各级旅游部门要切实承担起旅游资源整合与开发、旅游规划与产业促进、旅游监督管理与综合执法、旅游营销推广与形象提升、旅游公共服务与资金管理、旅游数据统计与综合考核等职责。发挥旅游行业协会自律作用，完善旅游监管服务平台，健全旅游诚信体系。

（三十三）加强旅游综合执法。建立健全旅游部门与相关部门联合执法机制，强化涉旅领域执法检查。加强旅游执法领域行政执法与刑事执法衔接，促进旅游部门与有关监管部门协调配合，形成工作合力。加强旅游质监执法工作，组织开展旅游执法人员培训，提高旅游执法专业化和人性化水平。

（三十四）创新旅游协调参与机制。强化全域旅游组织领导，加强部门联动，建立健全旅游联席会议、旅游投融资、旅游标准化建设和考核激励等工作机制。

（三十五）加强旅游投诉举报处理。建立统一受理旅游投诉举报机制，积极运用“12301”智慧旅游服务平台、“12345”政府服务热线以及手机APP、微信公众号、咨询中心等多种手段，形成线上线下联动、高效便捷畅通的旅游投诉举报受理、处理、反馈机制，做到及时公正，规范有效。

（三十六）推进文明旅游。加强文明旅游宣传引导，全面推行文明旅游公约，树立文明旅游典型，建立旅游不文明行为记录制度和部门间信息通报机制，促进文明旅游工作制度化、常态化。

九、强化政策支持，认真组织实施

（三十七）加大财政金融支持力度。通过现有资金渠道，加大旅游基础设施和公共服务设施建设投入力度，鼓励地方统筹相关资金支持全域旅游发展。创新旅游投融资机制，鼓励有条件的地方设立旅游产业促进基金并实行市场化运作，充分依托已有平台促进旅游资源资产交易，促进旅游资源市场化配置，加强监管、防范风险，积极引导私募股权、创业投资基金等投资各类旅游项目。

（三十八）强化旅游用地用海保障。将旅游发展所需用地纳入土地利用总体规划、城乡规划统筹安排，年度土地利用计划适当向旅游领域倾斜，适度扩大旅游产业用地供给，优先保障旅游重点项目和乡村旅游扶贫项目用地。鼓励通过开展城乡建设用地增减挂钩和工矿废弃地复垦利用试点的方式建设旅游项目。农村集体经济组织可依法使用建设用地自办或以土地使用权入股、联营等方式开办旅游企业。城乡居民可以利用自有住宅依法从事民宿等旅游经营。在不改变用地主体、规划条件的前提下，市场主体利用旧厂房、仓库提供符合全域旅游发展需要的旅游休闲服务的，可执行在五年内继续按原用途和土地权利类型使用土地的过渡期政策。在符合管控要求的前提下，合理有序安排旅游产业用海需求。

（三十九）加强旅游人才保障。实施“人才强旅、科教兴旅”战略，将旅游人才队伍建设纳入重点人才支持计划。大力发展旅游职业教育，深化校企合作，加快培养适应全域旅游发展要求的技术技能人才，有条件的县市应积极推进涉旅行业全员培训。鼓励规划、建筑、设计、艺术等各类专业人才通过到基层挂职等方式帮扶指导旅游发展。

（四十）加强旅游专业支持。推进旅游基础理论、应用研究和学科体系建设，优化专业设置。推动旅游科研单位、旅游规划单位与国土、交通、住建等相关规划研究机构服务全域旅游建设。强化全域旅游宣传教育，营造全社会支持旅游业发展的环境氛围。增强科学技术对旅游产业发展的支撑作用，加快推进旅游业现代化、信息化建设。

各地区、各部门要充分认识发展全域旅游的重大意义，统一思想、勇于创新，积极作为、狠抓落实，确保全域旅游发展工作取得实效。国务院旅游行政部门要组织开展好全域旅游示范区创建工作，会同有关部门对全域旅游发展情况进行监督检查和跟踪评估，重要情况及时报告国务院。

国务院办公厅关于印发跨省域补充耕地国家统筹管理办法和城乡建设用地增减挂钩节余指标跨省域调剂管理办法的通知

（2018年3月10日　国办发〔2018〕16号）

《跨省域补充耕地国家统筹管理办法》和《城乡建设用地增减挂钩节余指标跨省域调剂管理办法》已经国务院同意，现印发给你们，请认真贯彻执行。

跨省域补充耕地国家统筹管理办法

第一章　总　　则

第一条　为规范有序实施跨省域补充耕地国家统筹，严守耕地红线，根据《中华人民共和国土地管理法》和《中共中央　国务院关于加强耕地保护和改进占补平衡的意见》、《中共中央　国务院关于实施乡村振兴战略的意见》有关规定，制定本办法。

第二条　本办法所称跨省域补充耕地国家统筹，是指耕地后备资源严重匮乏的直辖市，占用耕地、新开垦耕地不足以补充所占耕地，或者资源环境条件严重约束、补充耕地能力严重不足的省，由于实施重大建设项目造成补充耕地缺口，经国务院批准，在耕地后备资源丰富省份落实补充耕地任务的行为。

第三条　跨省域补充耕地国家统筹应遵循以下原则：

（一）保护优先，严控占用。坚持耕地保护优先，强化土地利用规划计划管控，严格土地用途管制，从严控制建设占用耕地，促进土地节约集约利用。

（二）明确范围，确定规模。坚持耕地占补平衡县域自行平衡为主、省域内调剂为辅、国家适度统筹为补充，明确补充耕地国家统筹实施范围，合理控制补充耕地国家统筹实施规模。

（三）补足补优，严守红线。坚持耕地数量、质量、生态“三位一体”保护，以土地利用总体规划及相关规划为依据，以土地整治和高标准农田建设新增耕地为主要来源，先建成再调剂，确保统筹补充耕地数量不减少、质量不降低。

（四）加强统筹，调节收益。运用经济手段约束耕地占用，发挥经济发达地区和资源丰富地区资金资源互补优势，建立收益调节分配机制，助推脱贫攻坚和乡村振兴。

第四条　国土资源部负责跨省域补充耕地国家统筹管理，会同财政部、国家发展改革委、农业部等相关部门制定具体实施办法，进行监督考核；财政部会同国土资源部等相关部门负责制定资金使用管理办法；有关省级人民政府负责具体实施，筹措补充耕地资金或落实补充耕地任务。

第二章 申请补充耕地国家统筹

第五条 根据各地资源环境承载状况、耕地后备资源条件、土地整治和高标准农田建设新增耕地潜力等，分类实施补充耕地国家统筹。

（一）耕地后备资源严重匮乏的直辖市，由于城市发展和基础设施建设等占用耕地、新开垦耕地不足以补充所占耕地的，可申请国家统筹补充。

（二）资源环境条件严重约束、补充耕地能力严重不足的省，由于实施重大建设项目造成补充耕地缺口的，可申请国家统筹补充。重大建设项目原则上限于交通、能源、水利、军事国防等领域。

第六条 补充耕地国家统筹申请、批准按以下程序办理：

（一）由省、直辖市人民政府向国务院提出补充耕地国家统筹申请。其中，有关省根据实施重大建设项目需要和补充耕地能力，提出需国家统筹补充的耕地数量、水田规模和粮食产能，原则上每年申请一次，如有特殊需要可分次申请；直辖市根据建设占用耕地需要和补充耕地能力，提出需国家统筹补充的耕地数量、水田规模和粮食产能，每年申请一次。

（二）国土资源部组织对补充耕地国家统筹申请的评估论证，汇总有关情况并提出意见，会同财政部按程序报国务院批准。国土资源部、财政部在国务院批准之日起 30 个工作日内函复有关省、直辖市人民政府，明确国务院批准的国家统筹规模以及相应的跨省域补充耕地资金总额。

第七条 有关省、直辖市人民政府收到复函后，即可在国务院批准的国家统筹规模范围内，依照法定权限组织相应的建设用地报批。

建设用地报批时，用地单位应按规定标准足额缴纳耕地开垦费，补充耕地方案应说明耕地开垦费缴纳和使用国家统筹规模情况。

建设用地属于省级人民政府及以下审批权限的，使用国家统筹规模情况须随建设用地审批结果一并报国土资源部备案。

第八条 经国务院批准补充耕地由国家统筹的省、直辖市，应缴纳跨省域补充耕地资金。以占用的耕地类型确定基准价，以损失的耕地粮食产能确定产能价，以基准价和产能价之和乘以省份调节系数确定跨省域补充耕地资金收取标准。对国家重大公益性建设项目，可按规定适当降低收取标准。

（一）基准价每亩 10 万元，其中水田每亩 20 万元。

（二）产能价根据农用地分等定级成果对应的标准粮食产能确定，每亩每百公斤 2 万元。

（三）根据区域经济发展水平，将省份调节系数分为五档。

一档地区：北京、上海，调节系数为2；

二档地区：天津、江苏、浙江、广东，调节系数为1.5；

三档地区：辽宁、福建、山东，调节系数为1；

四档地区：河北、山西、吉林、黑龙江、安徽、江西、河南、湖北、湖南、海南，调节系数为0.8；

五档地区：重庆、四川、贵州、云南、陕西、甘肃、青海，调节系数为0.5。

第九条 跨省域补充耕地资金总额纳入省级财政向中央财政的一般公共预算转移性支出，在中央财政和地方财政年终结算时上解中央财政。

第十条 跨省域补充耕地资金，全部用于巩固脱贫攻坚成果和支持实施乡村振兴战略。其中，一部分安排给承担国家统筹补充耕地任务的省份，优先用于高标准农田建设等补充耕地任务；其余部分由中央财政统一安排使用。

第三章 落实国家统筹补充耕地

第十一条 根据国务院批准的补充耕地国家统筹规模，在耕地后备资源丰富的省份，按照耕地数量、水田规模相等和粮食产能相当的原则落实补充耕地。

第十二条 在耕地保护责任目标考核期内，不申请补充耕地国家统筹的省份，可由省级人民政府向国务院申请承担国家统筹补充耕地任务。申请承担补充耕地任务的新增耕地，应为已验收并在全国农村土地整治监测监管系统中上图入库的土地整治和高标准农田建设项目新增耕地。

第十三条 国土资源部根据全国农村土地整治监测监管系统信息，对申请承担国家统筹补充耕地任务的新增耕地进行复核，如有必要，会同相关部门进行实地检查。国土资源部会同财政部等相关部门按照自然资源条件相对较好，优先考虑革命老区、民族地区、边疆地区、贫困地区和耕地保护成效突出地区的原则确定省份，认定可用于国家统筹补充耕地的新增耕地数量、水田规模和粮食产能。开展土地整治工程技术创新新增耕地，可作为专项支持，安排承担国家统筹补充耕地任务。

国土资源部会同财政部等相关部门确定承担国家统筹补充耕地任务省份和认定结果，按程序报国务院同意后，由国土资源部函告有关省份。经认定为承担国家统筹补充耕地任务的新增耕地，不得用于所在省份耕地占补平衡。

第十四条 根据认定的承担国家统筹补充耕地规模和相关经费标准，中央财政将国家统筹补充耕地经费预算下达承担国家统筹补充耕地任务的省份。有关省份收到国家统筹补充耕地经费后，按规定用途安排使用。

第十五条 国家统筹补充耕地经费标准根据补充耕地类型和粮食产能确定。补充耕地每亩 5 万元（其中水田每亩 10 万元），补充耕地标准粮食产能每亩每百公斤 1 万元，两项合计确定国家统筹补充耕地经费标准。

第四章 监管考核

第十六条 国土资源部建立跨省域补充耕地国家统筹信息管理平台，将补充耕地国家统筹规模申请与批准、建设项目占用、补充耕地落实等情况纳入平台管理。

第十七条 有关省级人民政府负责检查核实承担国家统筹补充耕地任务的新增耕地，确保数量真实、质量可靠；监督国家统筹补充耕地经费安排使用情况，严格新增耕地后期管护，发现存在问题要及时予以纠正。

国土资源部利用国土资源遥感监测“一张图”和综合监管平台等手段对国家统筹新增耕地进行监管。

第十八条 补充耕地国家统筹情况纳入有关省级人民政府耕地保护责任目标考核内容，按程序报国务院。

国土资源部做好国家统筹涉及省份耕地变化情况台账管理，在新一轮土地利用总体规划编制或实施期内适时按程序调整有关省份规划耕地保有量。

第十九条 国家土地督察机构在监督检查省级人民政府落实耕地保护主体责任情况时，结合督察工作将有关省份的国家统筹补充耕地实施情况纳入督察内容。

第五章 附 则

第二十条 财政部会同国土资源部根据补充耕地国家统筹实施情况适时调整跨省域补充耕地资金收取标准和国家统筹补充耕地经费标准。

第二十一条 本办法由国土资源部、财政部负责解释。

第二十二条 本办法自印发之日起施行，有效期至 2022 年 12 月 31 日。

城乡建设用地增减挂钩节余指标跨省域调剂管理办法

第一章　总　则

第一条　为规范开展深度贫困地区城乡建设用地增减挂钩节余指标跨省域调剂，根据《中华人民共和国土地管理法》和《中共中央　国务院关于实施乡村振兴战略的意见》、《中共中央办公厅　国务院办公厅印发〈关于支持深度贫困地区脱贫攻坚的实施意见〉的通知》有关规定，制定本办法。

第二条　本办法所称城乡建设用地增减挂钩节余指标跨省域调剂，是指"三区三州"及其他深度贫困县城乡建设用地增减挂钩节余指标（以下简称节余指标）由国家统筹跨省域调剂使用。

第三条　节余指标跨省域调剂应遵循以下原则：

（一）区域统筹，精准扶贫。聚焦深度贫困地区脱贫攻坚任务，调动各方力量提供资金支持，实现合作共赢。国家下达调剂任务，确定调剂价格标准，统一资金收取和支出；各有关省（区、市）统筹组织本地区跨省域调剂有关工作，并做好与省域内城乡建设用地增减挂钩工作的协调。

（二）生态优先，绿色发展。落实最严格的耕地保护制度、节约用地制度和生态环境保护制度，严格执行耕地占补平衡制度，加强土地利用总体规划和年度计划统筹管控，实施建设用地总量、强度双控，优化配置区域城乡土地资源，维护土地市场秩序，保持土地产权关系稳定。

（三）尽力而为，量力而行。帮扶地区要把决胜全面小康、实现共同富裕摆在更加突出的位置，落实好帮扶责任。深度贫困地区要把握地域差异，注重保护历史文化和自然风貌，因地制宜实施复垦；充分尊重农民意愿，切实保障农民土地合法权益和农村建设用地需求，防止盲目推进。

第四条　国土资源部会同财政部、国家发展改革委、农业部等相关部门制定节余指标跨省域调剂实施办法，确定调剂规模、激励措施和监管要求。财政部会同国土资源部等相关部门制定资金使用管理办法，统一资金收取和支出。有关省级人民政府负责节余指标跨省域调剂的组织实施；省级国土资源、财政主管部门分别制定实施细则，平衡调剂节余指标和资金。市、县级人民政府为节余指标跨省域调剂责任主体；市、县级国土资源主管部门负责具体实施。

第二章　调剂计划安排

第五条　国土资源部根据有关省（区、市）土地利用和贫困人口等情况，经综合测算后报国务院确定跨省域调剂节余指标任务。主要帮扶省份应当全额落实调入节余指标任务，鼓励多买多用。鼓励其他有条件的省份根据自身实际提供帮扶。

经国务院同意，国土资源部将跨省域调剂节余指标任务下达有关省（区、市）。有关省（区、市）可结合本地区情况，将跨省域调入、调出节余指标任务明确到市、县。

第六条　按照增减挂钩政策规定，深度贫困地区所在地省级国土资源主管部门组织编制和审批拆旧复垦安置方案，帮扶省份省级国土资源主管部门组织编制和审批建新方案，通过城乡建设用地增减挂钩在线监管系统报国土资源部备案。

省级人民政府将需要调剂的节余指标和资金总额函告国土资源部，原则上每年不超过两次。国土资源部根据备案情况核销跨省域调剂节余指标任务，核定复垦和占用农用地面积、耕地面积和耕地质量，以及规划耕地保有量和建设用地规模调整数量，并将核销结果抄送财政部。

第七条　帮扶省份要严格控制城镇建设用地扩张，人均城镇建设用地水平较低、规划建设用地规模确有不足的，可以使用跨省域调剂节余指标少量增加规划建设用地规模，并在新一轮土地利用总体规划编制时予以调整。增加的规划建设用地规模原则上不得用于特大城市和超大城市的中心城区。

国土资源部在核销各省（区、市）跨省域调剂节余指标任务时，对涉及的有关省份规划耕地保有量、建设用地规模调整以及耕地质量变化情况实行台账管理；列入台账的，在省级人民政府耕地保护责任目标考核等监督检查中予以认定，在新一轮土地利用总体规划编制时统筹解决。

第三章　资金收取和支出

第八条　财政部根据国土资源部核定的调剂资金总额，收取有关省（区、市）调剂资金；省级财政主管部门根据省级国土资源主管部门核定的调剂资金额度，收取有关市、县调剂资金。收取的帮扶省份跨省域调入节余指标资金，纳入省级财政向中央财政的一般公共预算转移性支出，在中央财政和地方财政年终结算时上解中央财政。

第九条 财政部根据国土资源部核定的调剂资金总额，向深度贫困地区所在省份下达70%调剂资金指标，由省级财政主管部门根据省级国土资源主管部门确认的调剂资金金额向深度贫困地区拨付。待完成拆旧复垦安置，经省级国土资源主管部门验收并经国土资源部确认后，财政部向深度贫困地区所在省份下达剩余30%调剂资金指标，由省级财政主管部门向深度贫困地区拨付。

调剂资金支出列入中央财政对地方财政一般性转移支付，全部用于巩固脱贫攻坚成果和支持实施乡村振兴战略，优先和重点保障产生节余指标深度贫困地区的安置补偿、拆旧复垦、基础设施和公共服务设施建设、生态修复、耕地保护、高标准农田建设、农业农村发展建设以及购买易地扶贫搬迁服务等。

第十条 国家统一制定跨省域调剂节余指标价格标准。节余指标调出价格根据复垦土地的类型和质量确定，复垦为一般耕地或其他农用地的每亩30万元，复垦为高标准农田的每亩40万元。节余指标调入价格根据地区差异相应确定，北京、上海每亩70万元，天津、江苏、浙江、广东每亩50万元，福建、山东等其他省份每亩30万元；附加规划建设用地规模的，每亩再增加50万元。

根据跨省域调剂节余指标实施情况，按程序适时调整上述标准。

第四章 节余指标调剂实施

第十一条 深度贫困地区根据国家核定的调剂节余指标，按照增减挂钩政策规定，以不破坏生态环境和历史文化风貌为前提，按照宜耕则耕、宜林则林、宜草则草的原则复垦，切实做好搬迁群众安置。

第十二条 帮扶省份根据国家核定的调剂节余指标，按照经批准的建新方案使用跨省域调剂节余指标进行建设。

第十三条 深度贫困地区实际拆旧复垦耕地面积和质量低于国家核定要求的，以及帮扶地区实际建新占用耕地面积和质量超出国家核定要求的，应通过补改结合、提质改造等措施满足国家核定要求。

第五章 监督管理

第十四条 国土资源部和省级国土资源主管部门分别建立节余指标调剂监管平台。拆旧复垦安置方案、建新方案应实时备案，确保拆旧复垦安置和建新精准落地，做到上图入库、数量真实、质量可靠。监管平台自动生成电子监管码，对节余指标调剂进行动态监管。省级国土资源主管部门审批的拆旧复垦安置方案、建新方案，需标注使用跨省域调剂节余指标。

第十五条 省级国土资源主管部门充分利用国土资源遥感监测“一张图”和综合监管平台等手段，对拆旧复垦农用地和耕地等进行核查。国土资源部和省级国土资源主管部门通过监管平台和实地抽查，对跨省域调剂节余指标工作开展日常监测监管。国家土地督察机构对跨省域调剂节余指标实施情况进行监督检查，检查报告抄送财政部。发现弄虚作假、违背群众意愿强行实施的，国土资源部会同财政部停止拨付并扣减调剂资金。

第六章 附 则

第十六条 本办法由国土资源部、财政部负责解释。

第十七条 本办法自印发之日起施行，有效期至2020年12月31日。

国务院关于印发积极牵头组织国际大科学计划和大科学工程方案的通知

（2018年3月14日 国发〔2018〕5号）

现将《积极牵头组织国际大科学计划和大科学工程方案》印发给你们，请认真贯彻执行。

积极牵头组织国际大科学计划和大科学工程方案

积极提出并牵头组织国际大科学计划和大科学工程是党中央、国务院作出的重大决策部署。为做好组织实施工作，制定本方案。

一、重要意义

国际大科学计划和大科学工程（以下简称大科学计划）是人类开拓知识前沿、探索未知世界和解决重大全球性问题的重要手段，是一个国家综合实力和科技创新竞争力的重要体现。牵头组织大科学计划作为建设创新型国家和世界科技强国的重要标志，对于我国增强科技创新实力、提升国际话语权具有积极深远意义。

（一）牵头组织大科学计划是解决全球关键科学问题的有力工具。大科学计划以实现重大科学问题的原创性突破为目标，是基础研究在科学前沿领域的全方位拓展，对于推动世界科技创新与进步、应对人类社会面临的共同挑战具有重要支撑作用。牵头组织大科学计划有利于发挥我国主导作用，为解决世界性重大科学难题贡献中国智慧、提出中国方案、发出中国声音，提供全球公共产品，为世界文明发展作出积极贡献。

（二）牵头组织大科学计划是聚集全球优势科技资源的高端平台。牵头组织大科学计划，有利于面向全球吸引和集聚高端人才，培养和造就一批国际同行认可的领军科学家、高水平学科带头人、学术骨干、工程师和管理人员，形成具有国际水平的管理团队和良好机制，打造高端科研试验和协同创新平台，带动我国科技创新由跟跑为主向并跑和领跑为主转变。

（三）牵头组织大科学计划是构建全球创新治理体系的重要内容。开展大科学计划在优化全球科技资源布局、完善创新治理体系中扮演重要角色，已成为国际科技创新合作的重要议题。牵头组织大科学计划作为科技外交的重要途径，有利于建立以合作共赢为核心的新型国际关系和构建全球伙伴关系网络，对落实国家整体外交战略发挥积极作用。

二、总体要求

（一）指导思想。

全面贯彻党的十九大精神，以习近平新时代中国特色社会主义思想为指导，落实全国科技创新大会精神，统筹推进“五位一体”总体布局和协调推进“四个全面”战略布局，牢固树立和贯彻落实创新、协调、绿色、开放、共享的发展理念，按照《国家创新驱动发展战略纲要》总体要求和外交总体布局，坚持中方主导、前瞻布局、分步推进、量力而行的整体思路，以全球视野谋划科技开放合作，深入落实“一带一路”倡议，遵循共商共建共享原则，积极牵头组织实施大科学计划，着力提升战略前沿领域创新能力和国际影响力，打造创新能力开放合作新平台，推进构建全球创新治理新格局和人类命运共同体，为建设创新型国家和世界科技强国提供有力支撑，为中国特色大国外交作出重要贡献。

（二）基本原则。

国际尖端，科学前沿。适应大科学计划基础性、战略性和前瞻性特点，聚焦国际科技界普遍关注、对人类社会发展和科技进步影响深远的研究领域，选择能够在国际上引起广泛共鸣的项目，力求攻克重大科学问题。

战略导向，提升能力。落实建设世界科技强国“三步走”战略，服务于科技创新和经济社会发展整体战略需要，集聚国内外优秀科技力量，形成一批具有国际影响力的标志性科研成果，全面提升我国科技创新实力。

中方主导，合作共赢。发挥我国在大科学计划核心专家确定、研究问题提出、技术路线选择、科技资源配置、设施选址等问题上的主导作用，尊重各国及各方的优势特长，坚持多国多机构共同参与、优势互补，采取共同出资、实物贡献、成立基金等方式，共享知识产权，实现互利共赢。

创新机制，分步推进。借鉴国际先进经验，注重在大科学计划发起、组织、建设、运行和管理等方面进行系统创新，完善科技资源合作及共享机制，吸引部门、地方共同参加，加强科技界与产业界协作，试点先行，充分论证，根据实施条件成熟一个、启动一个。

（三）主要目标。

总体目标：通过牵头组织大科学计划，在世界科技前沿和驱动经济社会发展的关键领域，形成具有全球影响力的大科学计划布局，开展高水平科学研究，培养引进顶尖科技人才，增强凝聚国际共识和合作创新能力，提升我国科技创新和高端制造水平，推动科技创新合作再上新台阶，努力成为国际重大科技议题和规则的倡导者、推动者和制定者，提升在全球科技创新领域的核心竞争力和话语权。

近期目标：到2020年，培育3－5个项目，研究遴选并启动1－2个我国牵头组织的大科学计划，初步形成牵头组织大科学计划的机制做法，为后续工作探索积累有益经验。

中期目标：到2035年，培育6－10个项目，启动培育成熟项目，形成我国牵头组织的大科学计划初期布局，提升在全球若干科技领域的影响力。

远期目标：到本世纪中叶，培育若干项目，启动培育成熟项目，我国原始科技创新能力显著提高，在国际科技创新治理体系中发挥重要作用，持续为全球重大科技议题作出贡献。

三、重点任务

（一）制定战略规划，确定优先领域。

根据《国家创新驱动发展战略纲要》等部署，结合当前战略前沿领域发展趋势，立足我国现有基础条件，综合考虑潜在风险，组织编制牵头组织大科学计划规划，围绕物质科学、宇宙演化、生命起源、地球系统、环境和气候变化、健康、能源、材料、空间、天文、农业、信息以及多学科交叉领域的优先方向、潜在项目、建设重点、组织机制等，制定发展路线图，明确阶段性战略目标、资金来源、建设方式、运行管理等，科学有序推进各项任务实施。

（二）做好项目的遴选论证、培育倡议和启动实施。

立足我国优势特色领域，根据实施条件成熟度和人力财力保障等情况，遴选具有合作潜力的若干项目进行重点培育，发出相关国际倡议，开展磋商与谈判，视情确定启动实施项目。要加强与国家重大研究布局的统筹协调，做好与“科技创新 2030 - 重大项目”等的衔接，充分利用国家实验室、综合性国家科学中心、国家重大科技基础设施等基础条件和已有优势，实现资源开放共享和人员深入交流。

（三）建立符合项目特点的管理机制。

依托具有国际影响力的国家实验室、科研机构、高等院校、科技社团，通过科研机构间合作或政府间合作等模式，整合各方资源，组建成立专门科研机构、股份公司或政府间国际组织进行大科学计划项目的规划、建设和运营。积极争取把新组建的政府间国际组织总部设在中国。每个大科学计划可成立项目理事会和专家咨询委员会，对项目实施作出决策部署和提供专业化咨询建议。

（四）积极参与他国发起的大科学计划。

继续参与他国发起或多国共同发起的大科学计划，积极承担项目任务，深度参与运行管理，积累组织管理经验，形成与我国牵头组织的大科学计划互为补充、相互支撑、有效联动的良好格局。积极参加重要国际组织的大科学计划相关活动，主动参与大科学计划相关国际规则的起草制定。

四、组织实施保障

（一）加强组织领导和协调管理。

在国家科技计划（专项、基金等）管理部际联席会议机制下，召开牵头组织大科学计划专题会议，由科技部、国家发展改革委、教育部、工业和信息化部、财政部、农业部、国家卫生计生委、国家知识产权局、中科院、工程院、自然科学基金会、国家国防科工局、中央军委装备发展部、中央军委科学技术委员会和中国科协等部门和单位参加，统筹和审议大科学计划的战略规划、发展方向、领域布局、重点任务、项目启动、运行管理机制、知识产权管理和开放共享政策等。

成立由科技界、工程界、产业界等高层次专家组成的大科学计划专家咨询委员会，对大科学计划的优先领域、战略规划、项目论证等进行咨询评审，为国家决策提供参考。战略规划和项目设置等重大事项，经国家科技体制改革和创新体系建设领导小组审议后，按程序报国务院，特别重大事项报党中央。

（二）建立多元化投入和管理机制。

完善财政投入机制，充分利用现有资源和资金渠道，更好发挥财政资金在我国牵头组织大科学计划过程中的引导作用，吸引地方、企业、外国及国际组织的投入。根据实际需求，测算和编制项目经费概算，鼓励社会资本参与，建立多元化投入机制。充分借鉴国际经验，通过有偿使用、知识产权共享等多种方式，吸引国内外政府、科研机构、高等院校、科技社团、企业及国际组织等参与支持大科学计划的建设、运营及管理。

（三）加强高水平专业人才队伍建设。

实施更加积极开放的高层次人才引进政策，依托国家重大人才工程培养和引进大科学计划所需人才，建立支持相关人员参与大科学计划的激励机制。探索建立与国际接轨的全球人才招聘制度，公开招聘世界一流科学家、国际顶尖工程技术人才。加强我国牵头组织大科学计划多层次专业人才队伍建设，构建可持续发展的人才梯队。

（四）建立大科学计划监督评估机制。

建立健全监督评估与动态调整机制，定期对大科学计划的执行情况与成效进行跟踪检查，并将监督评估结果作为项目目标、技术路线、研究任务、预算、进度等调整的重要依据。监督评估结果和调整建议及时报国务院。

国务院办公厅关于印发《知识产权对外转让有关工作办法（试行）》的通知

（2018 年 3 月 18 日　国办发〔2018〕19 号）

《知识产权对外转让有关工作办法（试行）》已经国务院同意，现印发给你们，请认真贯彻执行。

知识产权对外转让有关工作办法（试行）

为贯彻落实总体国家安全观，完善国家安全制度体系，维护国家安全和重大公共利益，规范知识产权对外转让秩序，依据国家安全、对外贸易、知识产权等相关法律法规，制定本办法。

一、审查范围

（一）技术出口、外国投资者并购境内企业等活动中涉及本办法规定的专利权、集成电路布图设计专有权、计算机软件著作权、植物新品种权等知识产权对外转让的，需要按照本办法进行审查。所述知识产权包括其申请权。

（二）本办法所述知识产权对外转让，是指中国单位或者个人将其境内知识产权转让给外国企业、个人或者其他组织，包括权利人的变更、知识产权实际控制人的变更和知识产权的独占实施许可。

二、审查内容

（一）知识产权对外转让对我国国家安全的影响。

（二）知识产权对外转让对我国重要领域核心关键技术创新发展能力的影响。

三、审查机制

（一）技术出口中涉及的知识产权对外转让审查。

1．在技术出口活动中，出口技术为我国政府明确的禁止出口限制出口技术目录中限制出口的技术时，涉及专利权、集成电路布图设计专有权、计算机软件著作权等知识产权的，应当进行审查。

2．地方贸易主管部门收到技术出口经营者提交的中国限制出口技术申请书后，涉及专利权、集成电路布图设计专有权等知识产权对外转让的，应将相关材料转至地方知识产权管理部门。地方知识产权管理部门收到相关材料后，应对拟转让的知识产权进行审查并出具书面意见书，反馈至地方贸易主管部门，同时报国务院知识产权主管部门备案。

3．地方贸易主管部门应当依据地方知识产权管理部门出具的书面意见书，并按照《中华人民共和国技术进出口管理条例》等有关规定作出审查决定。

4．涉及计算机软件著作权对外转让的，由地方贸易主管部门和科技主管部门按照《中华人民共和国技术进出口管理条例》、《计算机软件保护条例》等有关规定进行审查。对外转让的计算机软件著作权已经在计算机软件登记机构登记的，地方贸易主管部门应当将审查结果及时通知计算机软件登记机构。经审查不得转让的，计算机软件登记机构在接到通知后，不得办理权属变更登记手续。

5．涉及植物新品种权对外转让的，由农业主管部门和林业主管部门根据《中华人民共和国植物新品种保护条例》等有关规定，按照职责进行审查，重点审查内容为拟转让的植物新品种权对我国农业安全特别是粮食安全和种业安全的影响。

（二）外国投资者并购境内企业安全审查中涉及的知识产权对外转让审查。

1. 外国投资安全审查机构在对外国投资者并购境内企业进行安全审查时，对属于并购安全审查范围并且涉及知识产权对外转让的，应当根据拟转让知识产权的类别，将有关材料转至相关主管部门征求意见。涉及专利权、集成电路布图设计专有权的，由国务院知识产权主管部门负责；涉及计算机软件著作权的，由国家版权主管部门负责；涉及植物新品种权的，由国务院农业主管部门和林业主管部门按职责分别负责。

2. 相关主管部门应及时进行审查并出具书面意见书，反馈至外国投资安全审查机构。外国投资安全审查机构应当参考相关主管部门出具的书面意见书，按照有关规定作出审查决定。

四、其他事项

（一）相关主管部门应当制定审查细则，明确审查材料、审查流程、审查时限、工作责任等。

（二）在知识产权对外转让审查最终决定作出后，涉及知识产权权属变更的，转让双方应当按照相关法律法规办理变更手续。

（三）相关主管部门工作人员应当保守知识产权对外转让双方的商业秘密。

（四）知识产权对外转让涉及国防安全的，按照国家有关规定办理，不适用本办法。

（五）本办法自印发之日起试行。

国务院关于机构设置的通知

（2018 年 3 月 22 日　国发〔2018〕6 号）

根据党的十九届三中全会审议通过的《深化党和国家机构改革方案》、第十三届全国人民代表大会第一次会议审议批准的国务院机构改革方案和国务院第一次常务会议审议通过的国务院直属特设机构、直属机构、办事机构、直属事业单位设置方案，现将国务院机构设置通知如下：

一、中华人民共和国国务院办公厅

二、国务院组成部门

中华人民共和国外交部

中华人民共和国国防部

中华人民共和国国家发展和改革委员会

中华人民共和国教育部

中华人民共和国科学技术部

中华人民共和国工业和信息化部

中华人民共和国国家民族事务委员会

中华人民共和国公安部

中华人民共和国国家安全部

中华人民共和国民政部

中华人民共和国司法部

中华人民共和国财政部

中华人民共和国人力资源和社会保障部

中华人民共和国自然资源部

中华人民共和国生态环境部

中华人民共和国住房和城乡建设部

中华人民共和国交通运输部

中华人民共和国水利部

中华人民共和国农业农村部

中华人民共和国商务部

中华人民共和国文化和旅游部

中华人民共和国国家卫生健康委员会

中华人民共和国退役军人事务部

中华人民共和国应急管理部

中国人民银行

中华人民共和国审计署

教育部对外保留国家语言文字工作委员会牌子。科学技术部对外保留国家外国专家局牌子。工业和信息化部对外保留国家航天局、国家原子能机构牌子。自然资源部对外保留国家海洋局牌子。生态环境部对外保留国家核安全局牌子。

三、国务院直属特设机构

国务院国有资产监督管理委员会

四、国务院直属机构

中华人民共和国海关总署

国家税务总局

国家市场监督管理总局
国家广播电视总局
国家体育总局
国家统计局
国家国际发展合作署
国家医疗保障局
国务院参事室
国家机关事务管理局

国家市场监督管理总局对外保留国家认证认可监督管理委员会、国家标准化管理委员会牌子。国家新闻出版署（国家版权局）在中央宣传部加挂牌子，由中央宣传部承担相关职责。国家宗教事务局在中央统战部加挂牌子，由中央统战部承担相关职责。

五、国务院办事机构

国务院港澳事务办公室
国务院研究室

国务院侨务办公室在中央统战部加挂牌子，由中央统战部承担相关职责。国务院台湾事务办公室与中共中央台湾工作办公室、国家互联网信息办公室与中央网络安全和信息化委员会办公室，一个机构两块牌子，列入中共中央直属机构序列。国务院新闻办公室在中央宣传部加挂牌子。

六、国务院直属事业单位

新华通讯社
中国科学院
中国社会科学院
中国工程院
国务院发展研究中心
中央广播电视总台
中国气象局
中国银行保险监督管理委员会
中国证券监督管理委员会

国家行政学院与中央党校，一个机构两块牌子，作为党中央直属事业单位。

国务院关于部委管理的国家局设置的通知

（2018 年 3 月 22 日　国发〔2018〕7 号）

各省、自治区、直辖市人民政府，国务院各部委、各直属机构：

根据党的十九届三中全会审议通过的《深化党和国家机构改革方案》、国务院第一次常务会议审议通过的国务院部委管理的国家局设置方案，现将部委管理的国家局设置通知如下：

国家信访局，由国务院办公厅管理。

国家粮食和物资储备局，由国家发展和改革委员会管理。

国家能源局，由国家发展和改革委员会管理。

国家国防科技工业局，由工业和信息化部管理。

国家烟草专卖局，由工业和信息化部管理。

国家移民管理局，由公安部管理。

国家林业和草原局，由自然资源部管理。

国家铁路局，由交通运输部管理。

中国民用航空局，由交通运输部管理。

国家邮政局，由交通运输部管理。

国家文物局，由文化和旅游部管理。

国家中医药管理局，由国家卫生健康委员会管理。

国家煤矿安全监察局，由应急管理部管理。

国家外汇管理局，由中国人民银行管理。

国家药品监督管理局，由国家市场监督管理总局管理。

国家知识产权局，由国家市场监督管理总局管理。

国家移民管理局加挂中华人民共和国出入境管理局牌子。国家林业和草原局加挂国家公园管理局牌子。国家公务员局在中央组织部加挂牌子，由中央组织部承担相关职责。国家档案局与中央档案馆、国家保密局与中央保密委员会办公室、国家密码管理局与中央密码工作领导小组办公室，一个机构两块牌子，列入中共中央直属机关的下属机构序列。

国务院部门规章

国家版权局关于废止部分规章、规范性文件的决定

（2017 年 12 月 11 日国家版权局令第 13 号公布　自公布之日起施行　国法备字［2018000559］）

为贯彻落实国务院简政放权、放管结合、优化服务改革措施，国家版权局对有关规章和规范性文件进行了清理。经过清理，并商国家工商行政管理总局同意，根据《规章制定程序条例》的相关规定，现决定废止以下 1 件规章。同时，废止以下 1 件规范性文件。

一、废止的规章

1.《国外著作权认证机构在中国设立常驻代表机构管理办法》（国权联〔1996〕35 号）

二、废止的规范性文件

1.《关于加强对国外著作权认证机构中国常驻代表机构进行管理的意见》（国权〔2000〕24 号）

开展林木转基因工程活动审批管理办法

（2018 年 1 月 29 日国家林业局令第 49 号公布　自 2018 年 3 月 1 日起施行　国法备字［2018000497］）

第一条　为了规范林木转基因工程活动审批行为，根据《中华人民共和国行政许可法》、《国务院对确需保留的行政审批项目设定行政许可的决定》（国务院令第 412 号），制定本办法。

第二条　实施林木转基因工程活动的行政许可，应当遵守本办法。

第三条　本办法所称林木转基因工程活动，包括转基因林木的研究、试

验、生产、经营和进出口活动。

本办法所称转基因林木，是指利用基因工程技术改变基因组构成，用于林业生产或者林产品加工的森林植物，主要包括：

（一）转基因森林植物；

（二）转基因森林植物产品；

（三）转基因森林植物的直接加工品；

（四）含有转基因森林植物及其产品成分的其他相关产品。

第四条 国家林业局负责全国林木转基因工程活动安全监督管理工作；县级以上地方人民政府林业主管部门在上级林业主管部门的指导下负责本行政区域林木转基因工程活动安全监督管理工作。

第五条 国家林业局成立林业生物基因安全委员会，为林木转基因工程活动的安全评价和监督管理提供科学咨询。

第六条 开展林木转基因工程活动，应当符合林木转基因工程活动安全技术标准和技术规范，具备相适应的安全设施和措施，确保林木转基因工程活动的安全。

林木转基因工程活动安全的技术标准和技术规范由国家林业局制定。

第七条 转基因林木的安全等级按照其对人类、动植物、微生物和生态环境可能造成的危险程度，分为以下三级：

Ⅰ级：未发现危险；

Ⅱ级：具有低度危险；

Ⅲ级：具有高度危险。

第八条 从事转基因林木研究和试验的单位，应当具备下列条件：

（一）有从事转基因林木研究和试验的专业技术人员；

（二）具备与研究和试验相适应的仪器设备和设施条件。

从事转基因林木研究和试验的单位应当制定本单位转基因林木安全管理制度，并成立转基因林木安全管理组织，负责本单位转基因林木研究和试验的安全工作。

第九条 从事安全等级为Ⅲ级的转基因林木研究的，研究单位应当在研究开始前向国家林业局提出申请，并提交下列材料：

（一）申请书；

（二）转基因林木的安全等级和确定安全等级的依据；

（三）与安全等级相适应的安全设施、安全管理和防范措施等情况的说明材料。

第十条 转基因林木试验，一般分为中间试验、环境释放和生产性试验

3 个阶段。中间试验，是指在控制系统内或者控制条件下进行的小规模的试验。环境释放，是指在自然条件下采取相应安全措施所进行的中规模的试验。生产性试验，是指在生产和应用前进行的较大规模的试验。

转基因林木的环境释放和生产性试验可以同步进行。

第十一条 转基因林木研究结束后，需要转入中间试验的，试验单位应当向国家林业局提出申请，并提交下列材料：

（一）申请书；

（二）研究总结报告（含分子鉴定、目标性状检测报告）；

（三）转基因林木的安全等级和确定安全等级的依据；

（四）相应的安全研究内容、安全管理和防范措施等情况的说明材料；

（五）土地所有权人或者使用权人同意使用土地进行试验的证明材料。

第十二条 转基因林木中间试验结束后，需要进行环境释放，或者同步进行环境释放和生产性试验的，以及在环境释放结束后需要转入生产性试验的，试验单位应当向国家林业局提出申请，并提交下列材料：

（一）申请书；

（二）转基因林木的安全等级和确定安全等级的依据；

（三）相应的安全研究内容、安全管理和防范措施等情况的说明材料；

（四）上一试验阶段总结报告（含试验情况、对生态环境等的影响）；

（五）土地所有权人或者使用权人同意使用土地进行试验的证明材料。

第十三条 申请安全等级为Ⅲ级的转基因林木研究，或者申请进行转基因林木试验，符合下列条件的，应当予以批准：

（一）具有可靠的安全性评价；

（二）具有符合安全等级要求的安全控制措施；

（三）符合本办法第八条规定的条件；

（四）符合国家有关法律、法规的规定。

批准开展转基因林木研究和试验的，应当对研究和试验的条件、步骤等作出具体规定。

第十四条 生产性试验结束后，需要申请转基因林木安全证书的，试验单位应当向国家林业局提出申请，并提交下列材料：

（一）申请书；

（二）转基因林木的安全等级和确定安全等级的依据；

（三）生产性试验阶段的总结报告（含试验情况、对生态环境的影响等）；

（四）国家林业局公告规定的其他有关材料。

国家林业局应当组织林业生物基因安全委员会对转基因林木进行安全性评价。安全性评价合格的，经国家林业局综合考虑技术、经济、社会等因素后，发放转基因林木安全证书。

第十五条 转基因林木安全证书应当载明证书编号、单位名称、转基因林木名称、外源基因、安全等级、规模范围、安全措施、安全责任人、有效期等内容。

第十六条 用于生产、经营的转基因林木，应当取得转基因林木安全证书。

生产、经营转基因林木的单位和个人，应当按照转基因林木安全证书的要求从事生产、经营活动，并应当遵守《中华人民共和国种子法》、《中华人民共和国植物新品种保护条例》、《植物检疫条例》等相关法律法规的规定。

销售转基因林木种子的，应当用明显的文字标注，并提示使用时的安全控制措施。

第十七条 拟从境外引进转基因林木用于研究、试验、生产或者经营的，应当向国家林业局提出申请，并提交下列材料：

（一）申请书；

（二）进口转基因林木安全管理登记表；

（三）拟引进的转基因林木在境外已经进行相应研究、试验、生产或者经营的证明文件；

（四）引进过程中拟采取的安全管理和防范措施，以及本单位转基因林木安全管理制度。

拟引进转基因林木用于生产、经营的，还应当提交输出国家或者地区经过科学试验未发现其对人类、动植物、微生物和生态环境有害的资料。

国家林业局应当组织林业生物基因安全委员会对拟从境外引进的转基因林木进行安全性评价后，作出行政许可决定。

第十八条 从境外引进的转基因林木用于研究、试验、生产、经营，应当依照本办法的规定执行。

第十九条 向境外出口转基因林产品，确需提供有关转基因林木证明的，国家林业局可以提供相关转基因林木的审批信息。

第二十条 国家林业局收到开展林木转基因工程活动的有关申请后，对申请材料齐全、符合法定形式的，应当受理并出具《国家林业局行政许可受理通知书》；对不予受理的，应当告知申请人并说明理由，出具《国家林业局行政许可不予受理通知书》；对申请材料不齐或者不符合法定形式的，应当在5日内一次性告知申请人需要补正的全部内容，出具《国家林业局行政许可补正材料通知书》。

第二十一条 国家林业局作出行政许可决定，需要组织专家评审论证或者委托检测机构对转基因林木进行检测的，应当自受理之日起 10 日内，出具《国家林业局行政许可需要听证、招标、拍卖、检验、检测、检疫、鉴定和专家评审通知书》，将专家评审论证和检测所需时间告知申请人。

专家评审论证和检测所需时间不计算在作出行政许可决定的期限内。

第二十二条 国家林业局应当自受理之日起 20 日内作出是否准予行政许可的决定，出具《国家林业局准予行政许可决定书》或者《国家林业局不予行政许可决定书》，并告知申请人。

第二十三条 在法定期限内不能作出行政许可决定的，经国家林业局主管负责人批准，国家林业局应当在法定期限届满前 5 个工作日办理《国家林业局行政许可延期通知书》，并告知申请人。

第二十四条 开展林木转基因工程活动的行政许可工作，应当按照有关规定公示、公告。

第二十五条 国家林业局应当组织县级以上地方人民政府林业主管部门对被许可人开展林木转基因工程活动的情况进行监督检查，并不定期组织专家进行安全监测。

国家林业局应当将开展林木转基因工程活动有关审批文件抄送相关省级人民政府林业主管部门，明确监督重点。县级以上地方人民政府林业主管部门应当按照要求开展监督工作，报告监督结果。

有关单位和个人对林业主管部门的监督检查，应当予以支持、配合，不得拒绝、阻碍监督检查人员依法执行职务。

第二十六条 被许可人以欺骗、贿赂等不正当手段取得批准的，国家林业局应当依法撤销其开展林木转基因工程活动的行政许可，并予以公示、公告。

作出撤销行政许可决定的，国家林业局应当以书面形式通知被许可人，并告知其享有依法申请行政复议或者提起行政诉讼的权利。

第二十七条 违反本办法规定，开展林木转基因工程活动的，县级以上人民政府林业主管部门应当责令整改、给予警告，有违法所得的，可以并处违法所得 1 倍以上 3 倍以下且不超过 3 万元的罚款；没有违法所得的，属于非经营活动的，可以并处 1 千元以下罚款，属于经营活动的，可以并处 1 万元以下罚款。

第二十八条 违反本办法规定开展林木转基因工程活动、拒不整改的，或者发现林木转基因工程活动对人类、动植物和生态环境存在危险时，国家林业局应当责令停止相关活动，撤销相关许可决定，注销转基因林木安全证书，销毁有关存在危险的转基因林木。

第二十九条 国家林业局的有关工作人员在实施开展林木转基因工程活动审批的行政许可中，滥用职权、徇私舞弊的，依法给予处分；情节严重，构成犯罪的，依法追究刑事责任。

第三十条 申请书等相关材料的格式，由国家林业局制定。

第三十一条 本办法自2018年3月1日起施行。

中国银监会关于废止部分规章的决定

（2018年1月30日中国银行业监督管理委员会令2018年第2号公布　自公布之日起施行　国法备字［2018000545］）

为贯彻落实中共中央、国务院关于简政放权、放管结合、优化服务改革措施要求，进一步提高银行业服务实体经济能力，中国银监会决定废止以下两部规章：

一、《关于调整银行市场准入管理方式和程序的决定》（中国银行业监督管理委员会令2003年第1号）

二、《融资性担保公司董事、监事、高级管理人员任职资格管理暂行办法》（中国银行业监督管理委员会令2010年第6号）

本决定自公布之日起施行。

司法行政机关信访工作办法

（2018年2月9日司法部令第139号公布　自2018年4月1日起施行　国法备字［2018000498］）

第一章　总　则

第一条 为规范司法行政机关信访工作，依法保障信访人的合法权益，维护信访工作秩序，根据《信访条例》和国家有关规定，结合司法行政工作实际，制定本办法。

第二条 本办法所称信访，是指公民、法人和其他非法人组织采取书信、电子邮件、传真、电话、走访等形式，向司法行政机关反映情况，提出建议、意见或者投诉请求，依法由司法行政机关处理的活动。

本办法所称信访人，是指采用前款规定的形式，向司法行政机关反映情况，提出建议、意见或者投诉请求的公民、法人和其他非法人组织。

第三条 司法行政机关应当成立司法行政机关信访工作领导小组，建立统一领导、分工协作、各负其责、齐抓共管的信访工作格局，及时有效化解矛盾纠纷。

第四条 司法行政机关信访工作应当遵循下列原则：

（一）公开便民、公平合理；

（二）属地管理、分级负责，谁主管、谁负责；

（三）实行诉讼、仲裁、行政复议、国家赔偿、法律服务执业投诉与信访相分离；

（四）依法、及时、就地解决问题与疏导教育相结合。

第五条 司法行政机关应当建立健全联系群众制度，负责人应当通过阅批重要来信、接待重要来访、定期听取信访工作汇报等方式，听取群众意愿，了解社情民意，研究解决信访工作中的突出问题。

第六条 司法行政机关应当科学、民主决策，依法履行职责，建立健全矛盾纠纷预防和化解机制，开展重大决策社会稳定风险评估，从源头预防导致信访事项的矛盾和纠纷。

第七条 司法行政机关应当建立信访事项办理与人民调解、行政调解、法律援助的衔接机制，协调有关部门，组织人民调解组织、法律援助机构或者相关专家学者、社会志愿者等共同参与，为符合条件的信访人提供法律援助，依法调解、化解信访事项。

第八条 司法行政机关应当建立律师参与信访工作机制，通过政府购买服务、公益加补助等方式，组织律师参与接待群众来访，办理复杂疑难信访事项。

第九条 司法行政机关应当建立信访工作责任制，将信访工作绩效纳入公务员考核体系，对信访工作中的失职、渎职行为，依法追究相关人员的责任，对做出优异成绩的单位或者个人给予奖励。

第二章　信访工作机构和人员

第十条 司法行政机关应当按照有利工作、方便信访人的原则，确定负责信访工作的机构，配备与信访工作需要相适应的信访工作人员。

第十一条 司法行政机关应当确定政治坚定、业务精通、作风优良，具有相应法律知识、政策水平和群众工作经验的人员从事信访工作。

司法行政机关应当建立健全信访工作人员培训、交流机制，提高信访工作人员的工作能力和水平。

第十二条 司法行政机关信访工作机构应当配备必要的安全防护设施、装备，提高信访工作人员的安全防护意识，建立健全突发事件应对处置机制。

第十三条 司法行政机关信访工作机构应当履行下列职责：

（一）登记信访事项，受理属于本机关职责范围的信访事项；

（二）向本机关有关内设机构或者所属单位、下级司法行政机关转办、交办信访事项；

（三）承办上级机关和本级人民政府转办、交办的信访事项；

（四）向信访人宣传有关法律、法规、规章和政策，解答信访咨询；

（五）协调、督促检查信访事项的办理；

（六）研究、分析信访工作情况，定期编写信访工作信息，提出完善制度或者改进工作的建议，向本机关报告；

（七）总结交流信访工作经验，指导下级司法行政机关信访工作机构工作；

（八）向本机关和上一级司法行政机关定期报送信访情况分析统计报告。

第三章 信访渠道

第十四条 司法行政机关应当在信访接待场所、门户网站或者通过其他方式向社会公开信访工作机构的网络信访工作平台、通信地址、电子邮箱、咨询投诉电话、信访接待的时间和地点，本机关信访事项受理范围和办理程序，以及查询信访事项办理进展和结果的方式等相关事项。

第十五条 司法行政机关应当建立负责人信访接待、处理信访事项制度，由司法行政机关负责人直接协调办理信访事项。

司法行政机关负责人或者其指定的人员，可以就信访人反映突出的问题到信访人居住地与信访人面谈沟通。

第十六条 司法行政机关应当充分利用政务信息网络资源，建立网络信访工作平台，运用信访信息系统，为信访人通过网络提出信访事项、查询信访事项办理情况提供便利，提高信访工作信息化水平。

第四章 信访事项的提出和受理

第十七条 信访人向司法行政机关提出信访事项，一般应当采用书信、电子邮件、传真等书面形式。信访人提出投诉请求的，还应当载明信访人的姓名（名称）、性别、身份证号码、联系方式、住址和请求、事实、理由。

对采用口头形式提出的投诉请求，司法行政机关应当记录信访人的姓名（名称）、性别、身份证号码、联系方式、住址和请求、事实、理由。

第十八条 信访人采用走访形式提出信访事项的，应当持本人有效身份证件到司法行政机关设立或者指定的接待场所提出。

多人采用走访形式提出共同的信访事项的，应当推选代表，代表人数不得超过5人。

第十九条 司法行政机关信访工作机构收到信访事项后，应当进行登记。登记内容包括：登记号、登记人、信访人姓名（名称）、性别、身份证号码、住址、收到信访事项的日期、信访事项摘要、联系方式等。

司法行政机关其他内设机构收到信访人提出的信访事项，应当及时转交本机关信访工作机构。

司法行政机关信访工作人员应当告知信访人提出信访事项需要采取的形式以及多人走访的相关要求等重点事项，做好耐心细致的沟通解释工作。

第二十条 司法行政机关信访工作的受理范围根据本机关的职责范围确定。

司法行政机关信访工作机构收到信访事项，在15日内按照下列方式处理：

（一）属于本级司法行政机关工作职责范围的信访事项，应当直接受理，并根据所反映问题的性质、内容确定办理机构。对于反映司法行政机关及其工作人员违法违纪行为的信访事项，转交有关纪检监察机关或者部门；

（二）信访事项涉及下级司法行政机关的，应当转送下级司法行政机关办理。对其中的重要信访事项，可以向下级司法行政机关进行交办，要求其在规定的期限内反馈结果，并提交办结报告；

（三）属于本级司法行政机关所属单位办理的信访事项，应当转送相关单位办理或者向相关单位进行交办；

（四）已经或者依法应当通过诉讼、仲裁、行政复议、国家赔偿、法律服务执业投诉等法定途径解决的信访事项，应当告知信访人按照有关规定向有关机关、单位提出；

（五）依法不属于司法行政机关职责范围的事项，应当告知信访人向有权处理的机关提出。

第二十一条 司法行政机关信访工作机构能够当场受理信访事项的，应当当场受理并出具受理通知；不能当场受理的，应当自收到信访事项之日起15日内决定是否受理，并书面告知信访人，但重复信访、信访人的姓名（名称）、住址和联系方式不清楚的除外。

第五章 信访事项的办理和督办

第二十二条 司法行政机关及其工作人员办理信访事项，应当恪尽职守、秉公办事，查明事实、分清责任，宣传法治、教育疏导，及时妥善办理，不得推诿、敷衍、拖延；不得将信访人的检举、揭发材料以及有关情况透露或者转给被检举、揭发的人员或者单位。

第二十三条 司法行政机关应当认真研究信访人提出的建议和意见，对于有利于改进工作的，应当积极采纳。

第二十四条 司法行政机关办理信访事项，应当听取信访人陈述事实和理由；可以要求信访人、有关组织和人员说明情况，提供有关证明材料；需要进一步核实有关情况的，可以依法向其他组织和人员调查。

参与信访工作的律师，可以依法对与信访事项有关的情况进行调查核实。

对重大、复杂、疑难信访事项，司法行政机关信访工作机构可以按照有关规定，举行听证。

第二十五条 司法行政机关对经调查核实的信访事项，应当依法分别作出以下处理，并书面答复信访人：

（一）请求事实清楚，符合或者部分符合法律、法规、规章及其他有关规定的，予以支持或者部分支持；

（二）请求合理但缺乏法律、法规、规章及其他有关规定依据的，向信访人做好解释工作；

（三）请求缺乏事实根据或者不符合法律、法规、规章及其他有关规定的，不予支持。

司法行政机关作出支持信访请求意见的，应当督促有关机关或者单位执行。

书面答复应当载明具体请求、事实认定情况、处理意见和依据以及不服处理意见的救济途径和期限。同时，一般应当采用电话沟通的方式作出必要的解释和说明。

第二十六条 司法行政机关办理信访事项应当自受理之日起60日内办结；情况复杂的，经本机关负责人批准，可以适当延长办理期限，但延长期限最多不超过30日，并告知信访人延期理由。

第二十七条 信访人对司法行政机关作出的信访事项处理意见不服的，可以自收到书面答复之日起30日内请求原办理司法行政机关的本级人民政府或者其上一级司法行政机关复查。

负责复查的司法行政机关应当自收到复查请求之日起30日内复查完毕，提出复查意见，书面答复信访人。

信访人对省级司法行政机关处理意见不服的，应当向省级人民政府提出复查请求。

第二十八条 信访人对司法行政机关复查意见不服的，可以自收到书面答复之日起30日内向作出复查意见的司法行政机关的本级人民政府或者其上一级司法行政机关请求复核。

负责复核的司法行政机关应当自收到复核请求之日起30日内复核完毕，提出复核意见，书面答复信访人。

信访人对省级司法行政机关复查意见不服的，应当向省级人民政府提出复核请求。

第二十九条 信访事项的处理意见、复查意见作出后，信访人在规定期限内未提出复查、复核申请的，或者信访人对复核意见不服，仍以同一事实和理由提出投诉请求的，司法行政机关不再受理，并告知信访人。信访人就同一信访事项提出新的事实和理由的，司法行政机关应当受理。

第三十条 原处理意见、复查意见认定事实清楚、证据确凿、适用依据正确、程序合法、结论适当的，负责复查、复核的司法行政机关应当予以维持，并书面答复信访人。

原处理意见、复查意见有下列情形之一的，负责复查、复核的司法行政机关应当予以撤销或者变更：

（一）主要事实不清、证据不足的；

（二）适用依据错误的；

（三）违反法定程序的；

（四）超越或者滥用职权的；

（五）结论明显不当的。

予以撤销的，应当责令原作出处理意见、负责复查的司法行政机关在指定期限内重新作出处理意见、复查意见。

第三十一条 对信访人不服司法行政机关作出的已经生效的结论，其救济权利已经充分行使、放弃行使或者已经丧失，反映的问题已经依法公正办理，信访人仍以同一事实和理由反复到司法行政机关信访的信访事项，司法行政机关可以按照有关规定予以审查终结，并告知信访人。

第三十二条 司法行政机关信访事项终结主要包括以下情形：

（一）信访人不服司法行政机关信访处理决定，其反映的问题已经按信访程序逐级办理、复查、复核完毕并答复，或者其拒不逐级提出信访复查、复核请求，且已超过规定时限的；

（二）信访人反映的问题已经依法按照程序办理，信访人同意接受处理意见后又反悔，且提不出新的事实和理由的；

（三）信访事项在办理过程中存在实体或者程序上的瑕疵，依法已经得到纠正，信访人的合法权益已经得到维护的。

对已经终结的信访事项，司法行政机关不再受理、转办、交办、统计、通报，但应当做好解释、疏导工作。

第三十三条 司法行政机关对简单明了的初次信访事项，可以简化程序，缩短时限，方便快捷地受理、办理，及时就地解决信访问题。

初次信访事项有下列情形之一的，可以适用简易办理程序：

（一）事实清楚、责任明确、争议不大、易于解决的；

（二）提出咨询或者意见建议，可以即时反馈的；

（三）涉及群众日常生产生活、时效性强，应当即时办理的；

（四）司法行政机关已有明确承诺或者结论，能够即时履行的；

（五）其他可以适用简易办理程序的。

第三十四条 适用简易办理程序的信访事项，可以即时受理并办结的，应当即时受理并办结；不能即时受理的，应当自收到之日起 3 个工作日内决定是否受理，并告知信访人；决定受理的，应当自受理之日起 10 日内办结。

适用简易办理程序的信访事项，除信访人要求出具纸质告知书和意见书的以外，可以通过网络系统、手机短信等方式告知和答复信访人。

司法行政机关信访工作机构在办理过程中，发现不宜适用简易办理程序的，应当经本机关负责人批准，按照普通信访程序办理，并告知信访人；办理期限自信访事项受理之日起计算。

第三十五条 本机关有关内设机构、所属单位和下级司法行政机关有下列情形之一的，司法行政机关信访工作机构应当及时督办，并提出改进建议：

（一）应当受理而未受理信访事项的；

（二）未按照规定程序办理信访事项的；

（三）未按照规定报告交办信访事项办理结果的；

（四）办理信访事项推诿、敷衍、拖延、造假的；

（五）不执行信访事项处理意见的；

（六）其他需要督办的情形。

收到改进建议的单位应当在30日内书面反馈情况；未采纳改进建议的，应当说明理由。

第六章　法律责任

第三十六条　因下列情形之一导致信访事项发生，造成严重后果的，对直接负责的主管人员和其他直接责任人员，依法给予行政处分；构成犯罪的，依法追究刑事责任：

（一）超越或者滥用职权，侵害信访人合法权益的；

（二）司法行政机关应当作为而不作为，侵害信访人合法权益的；

（三）适用法律、法规错误或者违反法定程序，侵害信访人合法权益的；

（四）拒不执行有权处理的行政机关作出的支持信访请求意见的。

第三十七条　司法行政机关在受理、办理信访事项过程中，有下列情形之一的，由其上级司法行政机关责令改正；造成严重后果的，对直接负责的主管人员和其他直接责任人员，依法给予行政处分：

（一）对收到的信访事项未按规定登记的；

（二）对属于其法定职权范围的信访事项不予受理的；

（三）未在规定期限内书面告知信访人是否受理信访事项的；

（四）推诿、敷衍、拖延信访事项办理或者未在规定期限内办结信访事项的；

（五）对事实清楚，符合法律、法规、规章或者其他有关规定的投诉请求未予支持的。

第三十八条　司法行政机关工作人员在办理信访事项过程中，有下列情形之一的，依法给予行政处分；构成犯罪的，依法追究刑事责任：

（一）将信访人的检举、揭发材料或者有关情况透露、转给被检举、揭发的人员或者单位的；

（二）对可能造成社会影响的重大、紧急信访事项和信访信息，隐瞒、谎报、缓报，或者授意他人隐瞒、谎报、缓报，造成严重后果的；

（三）作风粗暴，激化矛盾并造成严重后果的；

（四）打击报复信访人的。

第三十九条 信访人不遵守信访秩序，在信访过程中采取过激行为的，司法行政机关应当进行劝阻、批评或者教育；经劝阻、批评或者教育无效的，应当告知公安机关依法处置；构成犯罪的，依法追究刑事责任。

第七章 附 则

第四十条 对外国人、无国籍人、外国组织向司法行政机关提出的信访事项的办理，参照本办法执行。

第四十一条 本办法由司法部负责解释。

第四十二条 本办法自2018年4月1日起施行。1991年1月24日司法部公布的《司法行政机关信访工作办法（试行）》（司法部令第14号）同时废止。

出境入境航空器载运人员信息预报预检实施办法

（2018年2月12日公安部、交通运输部令第147号公布 自2018年8月1日起施行 国法备字［2018000513］）

第一条 为了规范出境入境航空器载运人员信息预报预检工作，维护国家安全、公共安全，便利航空器及其载运人员出境入境，根据《中华人民共和国出境入境管理法》《中华人民共和国反恐怖主义法》《中华人民共和国出境入境边防检查条例》等法律法规，制定本办法。

第二条 出境入境航空器负责人或者其出境入境业务代理单位（以下简称航空器负责人或者代理单位），应当按照本办法完整、准确、及时地预报出境入境航空器拟载运的旅客、机组人员信息，包括旅客订座记录、登机旅客信息和登机机组人员信息。

第三条 航空器负责人或者代理单位应当按照公安部出入境管理机构和国务院民用航空主管部门商定的格式，通过专用网络将预报信息发送至指定的地址。

预报信息由出入境边防检查机关和国务院民用航空主管部门共享。

第四条 航空器负责人或者代理单位应当在航空器起飞前72小时、24

小时、2 小时、1 小时和起飞后 30 分钟内分别报送旅客订座记录。

旅客订座记录采用国际标准电子报文格式，内容包括旅客姓名、国籍、性别、出生日期、出境入境证件号码、出境入境证件有效期截止日期、航段、团体情况、联系地址、出票情况等。

第五条 航空器负责人或者代理单位应当在办理旅客值机手续时，逐一报送拟登机的旅客信息，并在飞机关闭舱门准备起飞前报送所有已登机旅客和机组人员信息。

登机旅客和机组人员信息的内容包括：姓名、国籍、性别、出生日期、出境入境证件号码、出境入境证件有效期截止日期、人员类别。

第六条 出入境边防检查机关负责对航空器负责人或者代理单位报送的登机旅客信息进行预先核查，即时向航空器负责人或者代理单位反馈预检指令。

对于出入境边防检查机关反馈不准登机的旅客，航空器负责人或者代理单位应当不准其登机。

第七条 航空器负责人或者代理单位按照规定预报信息的，出入境边防检查机关和国务院民用航空主管部门应当对该航空器及其载运的旅客、机组人员出境入境提供便利。

第八条 航空器负责人或者代理单位未按本办法第四条、第五条规定预报信息的，出入境边防检查机关依据《中华人民共和国出境入境管理法》第八十三条第一款第二项的规定，对航空器负责人按以下标准罚款，对单个航班罚款总额不超过五万元：

（一）未按规定时限报送旅客订座记录的，按每漏报一次处五千元罚款；

（二）未按规定时限报送登机人员信息的，处一万元以上三万元以下罚款；

（三）报送登机人员信息不准确的，单个航班不准确数量不超过十人的，处一万元罚款；单个航班不准确数量超过十人的，每多错报一人，增处一千元罚款；

（四）漏报或多报登机人员信息的，每漏报或多报一人处五千元罚款；

（五）未报送登机人员信息的，处五万元罚款。

航空器负责人或者代理单位未能按规定预报信息，有证据证明因网络故障等客观原因造成的，不予处罚；情节特别轻微的，可以不予处罚，但应当责令其改正。

第九条 违反本办法第六条第二款规定，对出入境边防检查机关反馈不准登机的旅客，航空器负责人或者代理单位仍允许其登机并载运其出境入境的，出入境边防检查机关根据《中华人民共和国出境入境管理法》第八十三条第二款的规定，处每载运一人一万元罚款。

第十条 航空器负责人或者代理单位未按照本办法规定报送出境入境航空器载运的旅客、机组人员信息的，出入境边防检查机关可以推迟或者阻止该航空器负责人或者代理单位运营管理的航空器出境入境；国务院民用航空主管部门可将有关情况记入守法信用信息记录，并按照有关规定进行公示。

第十一条 本办法下列用语的含义：

航空器负责人，是指出境入境航空器运营人、所有人、机长等对航空器出境入境活动负责的单位、人员。

出境入境证件号码，是指旅客或机组人员持用的有效护照或者中华人民共和国法律、行政法规规定的有效出入境证件号码。

人员类别，是指旅客或者机组人员。

第十二条 本办法自2018年8月1日起施行。《国际航班载运人员信息预报实施办法》（公安部第99号令）同时废止。

中国银监会关于修改《中国银监会外资银行行政许可事项实施办法》的决定

（2018年2月13日中国银行业监督管理委员会令2018年第3号公布　自公布之日起施行　国法备字［2018000546］）

为进一步扩大银行业对外开放，持续推进简政放权工作，提高外资银行在华营商便利度，增强外资银行风险抵御能力，中国银监会决定对《中国银监会外资银行行政许可事项实施办法》（中国银监会令2015年第4号）进行如下修改：

一、删去第五十条至第五十二条。

二、将第五十三条改为第五十条，修改为：“拟设立支行的申请人应在支行筹建3日前向拟设地银监局或者经授权的银监会派出机构提交筹建报告并领取开业申请表，开始筹建工作。”

三、将第五十四条改为第五十一条，增加一款，作为第一款：“拟设立支行的申请人应在提交筹建报告之日起9个月内完成筹建工作。”

增加一款，作为第五款：“申请人逾期未提交开业申请的，应及时向拟设地银监局或者经授权的银监会派出机构报告。”

四、在第二章第六节后增加一节，作为第七节：

“第七节　投资设立、入股境内银行业金融机构

“第五十九条　外商独资银行、中外合资银行申请投资设立、入股境内银行业金融机构的，应当符合以下条件：

“（一）具有良好的公司治理结构；

“（二）风险管理和内部控制健全有效；

“（三）具有良好的并表管理能力；

“（四）主要审慎监管指标符合监管要求；

“（五）权益性投资余额原则上不超过其净资产的50%（合并会计报表口径）；

“（六）具有完善、合规的信息科技系统和信息安全体系，具有标准化的数据管理体系，具备保障业务连续有效安全运行的技术与措施；

“（七）最近2年无严重违法违规行为和因内部管理问题导致的重大案件，但为落实普惠金融政策等，投资设立、入股境内银行业金融机构的情形除外；

“（八）最近3个会计年度连续盈利；

“（九）监管评级良好；

“（十）银监会规章规定的其他审慎性条件。

“第六十条　外商独资银行、中外合资银行申请投资设立、入股境内银行业金融机构由银监会受理、审查并决定。银监会自受理之日起6个月内作出批准或不批准的书面决定。

“前款所指投资设立、入股境内银行业金融机构事项，如需另经银监会或银监局批准设立，或者需银监会或银监局进行股东资格审核，则相关许可事项由银监会或银监局在批准设立或进行股东资格审核时对外商独资银行、中外合资银行设立、入股行为进行合并审查并作出决定。

“第六十一条　申请投资设立、入股境内银行业金融机构，申请人应当向银监会提交下列对外股权投资申请资料（一式两份）：

“（一）申请书，内容至少包括：被投资方基本情况、投资方进行股权投资的必要性和可行性、股权投资及后续整合方案、发展计划、存在的风险及应对措施等；

“（二）申请人股东同意投资境内银行业金融机构的决议；

“（三）被投资方股东（大）会同意吸收商业银行投资的决议；

“（四）股权投资协议；

“（五）可行性研究报告，内容至少包括：被投资方基本情况，投资方

进行股权投资的必要性和可行性以及股权投资前后资本充足率、流动性、盈利性等经营状况的分析和对比，交易结构和后续安排，整合方案，发展计划，存在的风险及应对措施等；

“（六）申请人最近3年经审计的财务报告和业务发展情况报告；

“（七）被投资方最近3年经审计的财务报告和业务发展情况报告；

“（八）被投资方基本情况和合作股东的基本情况；

“（九）申请人与被投资的境内银行业金融机构关于风险隔离制度、并表管理制度及关联交易实施细则等情况；

“（十）申请人综合化经营战略及执行情况；

“（十一）申请人最近2年严重违法违规行为和因内部管理问题导致的重大案件情况；

“（十二）银监会按照审慎性原则规定的其他文件。

“第六十二条　外商独资银行、中外合资银行作为发起人或战略投资者投资设立、入股境内银行业金融机构，参照关于境外金融机构作为发起人或战略投资者投资设立、入股境内银行业金融机构的相关规定。

“本节所称银行业金融机构，是指在中华人民共和国境内设立的商业银行、农村合作银行、农村信用合作社等吸收公众存款的金融机构以及政策性银行。

“在中华人民共和国境内设立的金融资产管理公司、信托公司、企业集团财务公司、金融租赁公司、汽车金融公司、货币经纪公司、消费金融公司以及经银监会批准设立的其他金融机构，适用本节对银行业金融机构的规定。”

五、删去第九十五条、第九十六条。

六、将第一百一十二条改为第一百一十一条，第（四）项修改为：“拨备覆盖率达标，贷款损失准备计提充足。”

七、将第一百一十四条改为第一百一十三条，删去第（十一）项，将第（十二）项改为第（十一）项。

八、删去第一百二十六条至第一百三十四条。

九、将第一百四十三条改为第一百三十三条，修改为：“具有高级管理人员任职资格且未连续中断任职1年以上的拟任人在同质同类外资银行间平级调动职务（平级兼任）或改任（兼任）较低职务的，不需重新申请核准任职资格。拟任人应当在任职后5日内向银监会或任职机构所在地银监会派出机构备案。”

此外，对条文顺序作相应调整。

《中国银监会外资银行行政许可事项实施办法》根据本决定作相应修改，重新公布。

中国银监会外资银行行政许可事项实施办法

（中国银监会令 2015 年第 4 号公布　根据 2018 年 2 月 13 日《中国银监会关于修改〈中国银监会外资银行行政许可事项实施办法〉的决定》修订）

第一章　总　　则

第一条　为规范银监会及其派出机构实施外资银行行政许可行为，明确行政许可事项、条件、程序和期限，保护申请人合法权益，根据《中华人民共和国银行业监督管理法》《中华人民共和国商业银行法》《中华人民共和国行政许可法》《中华人民共和国外资银行管理条例》等法律、行政法规及国务院有关决定，制定本办法。

第二条　本办法所称外资银行包括：外商独资银行、中外合资银行、外国银行分行和外国银行代表处。外商独资银行、中外合资银行、外国银行分行统称外资银行营业性机构。外国银行代表处是指受银监会监管的银行类代表处。

第三条　银监会及其派出机构依照本办法和《中国银行业监督管理委员会行政许可实施程序规定》，对外资银行实施行政许可。

第四条　外资银行下列事项应当经银监会及其派出机构行政许可：机构设立、机构变更、机构终止、业务范围、董事和高级管理人员任职资格，以及法律、行政法规规定和国务院决定的其他行政许可事项。

第五条　本办法所称审慎性条件，至少包括下列内容：

（一）具有良好的行业声誉和社会形象；

（二）具有良好的持续经营业绩，资产质量良好；

（三）管理层具有良好的专业素质和管理能力；

（四）具有健全的风险管理体系，能够有效控制各类风险；

（五）具有健全的内部控制制度和有效的管理信息系统；

（六）按照审慎会计原则编制财务会计报告，且会计师事务所对财务会计报告持无保留意见；

（七）无重大违法违规记录和因内部管理问题导致的重大案件；

（八）具有有效的人力资源管理制度，拥有高素质的专业人才；

（九）具有对中国境内机构活动进行管理、支持的经验和能力；

（十）具备有效的资本约束与资本补充机制；

（十一）具有健全的公司治理结构；

（十二）法律、行政法规和银监会规定的其他审慎性条件。

本条第（九）项、第（十）项、第（十一）项仅适用于外商独资银行及其股东、中外合资银行及其股东以及外国银行。

第六条 外资银行名称应当包括中文名称和外文名称。外国银行分行和外国银行代表处的中文名称应当标明该外国银行的国籍及责任形式。国籍以外国银行注册地为准，如外国银行名称已体现国籍，可不重复。如外国银行的责任形式为无限责任，可在中文名称中省略责任形式部分。香港、澳门、台湾地区的银行在内地/大陆设立的分支机构的中文名称只须标明责任形式。

第七条 本办法要求提交的资料，除年报外，凡用外文书写的，应当附有中文译本。以中文和英文以外文字印制的年报应当附有中文或者英文译本。

本办法所称年报应当经审计，并附申请人所在国家或者地区认可的会计师事务所出具的审计意见书。

第八条 本办法要求提交的资料，如要求由授权签字人签署，应当一并提交该授权签字人的授权书。

本办法要求提交的营业执照复印件、经营金融业务许可文件复印件、授权书、外国银行对其在中国境内分行承担税务和债务责任的保证书，应当经所在国家或者地区认可的机构公证，并且经中国驻该国使馆、领馆认证，但中国工商行政管理机关出具的营业执照复印件无须公证、中国境内公证机构出具的公证材料无须认证。

银监会视情况需要，可以要求申请人报送的其他申请资料经所在国家或者地区认可的机构公证，并且经中国驻该国使馆、领馆认证。

第二章　机构设立

第一节　外商独资银行、中外合资银行设立

第九条 拟设立的外商独资银行、中外合资银行应当具备下列条件：

（一）具有符合《中华人民共和国公司法》、《中华人民共和国商业银行法》和《中华人民共和国外资银行管理条例》规定的章程；

（二）注册资本应当为实缴资本，最低限额为10亿元人民币或者等值的自由兑换货币；

（三）具有符合任职资格条件的董事、高级管理人员和熟悉银行业务的合格从业人员；

（四）具有健全的组织机构和管理制度；

（五）具有与业务经营相适应的营业场所、安全防范措施和其他设施；

（六）具有与业务经营相适应的信息科技架构，具有支撑业务经营的必要、安全且合规的信息科技系统，具备保障信息科技系统有效安全运行的技术与措施。

第十条 拟设外商独资银行、中外合资银行的股东，应当具备下列条件：

（一）具有持续盈利能力，信誉良好，无重大违法违规记录；

（二）具备有效的反洗钱制度，但中方非金融机构股东除外；

（三）外方股东具有从事国际金融活动的经验，受到所在国家或者地区金融监管当局的有效监管，并且其申请经所在国家或者地区金融监管当局同意；

（四）本办法第五条规定的审慎性条件。

拟设外商独资银行的股东、中外合资银行的外方股东所在国家或者地区应当经济状况良好，具有完善的金融监督管理制度，并且其金融监管当局已经与银监会建立良好的监督管理合作机制。

第十一条 拟设外商独资银行的股东应当为金融机构，除应当具备本办法第十条规定的条件外，其中唯一或者控股股东还应当具备下列条件：

（一）为商业银行；

（二）提出设立申请前1年年末总资产不少于100亿美元，香港、澳门地区的银行提出设立申请前1年年末总资产不少于60亿美元；

（三）资本充足率符合所在国家或者地区金融监管当局以及银监会的规定。

第十二条 拟设中外合资银行的股东除应当具备本办法第十条规定的条件外，外方股东及中方唯一或者主要股东应当为金融机构，且外方唯一或者主要股东还应当具备下列条件：

（一）为商业银行；

（二）提出设立申请前1年年末总资产不少于100亿美元，香港、澳门地区的银行提出设立申请前1年年末总资产不少于60亿美元；

（三）资本充足率符合所在国家或者地区金融监管当局以及银监会的

规定。

第十三条 本办法第十二条所称主要股东，是指持有拟设中外合资银行资本总额或者股份总额50%以上，或者不持有资本总额或者股份总额50%以上但有下列情形之一的商业银行：

（一）持有拟设中外合资银行半数以上的表决权；

（二）有权控制拟设中外合资银行的财务和经营政策；

（三）有权任免拟设中外合资银行董事会或者类似权力机构的多数成员；

（四）在拟设中外合资银行董事会或者类似权力机构有半数以上投票权。

拟设中外合资银行的主要股东应当将拟设中外合资银行纳入并表范围。

第十四条 有下列情形之一的，不得作为拟设外商独资银行、中外合资银行的股东：

（一）公司治理结构与机制存在明显缺陷；

（二）股权关系复杂或者透明度低；

（三）关联企业众多，关联交易频繁或者异常；

（四）核心业务不突出或者经营范围涉及行业过多；

（五）现金流量波动受经济环境影响较大；

（六）资产负债率、财务杠杆率高于行业平均水平；

（七）代他人持有外商独资银行、中外合资银行股权；

（八）其他对拟设银行产生重大不利影响的情形。

第十五条 设立外商独资银行、中外合资银行分为筹建和开业两个阶段。

第十六条 筹建外商独资银行、中外合资银行的申请，由拟设机构所在地银监局受理和初审，银监会审查和决定。

申请筹建外商独资银行、中外合资银行，申请人应当向拟设机构所在地银监局提交申请资料，同时抄送拟设机构所在地银监会派出机构。

拟设机构所在地银监局应当自受理之日起20日内将申请资料连同审核意见报送银监会。银监会应当自收到完整申请资料之日起6个月内，作出批准或者不批准筹建的决定，并书面通知申请人。决定不批准的，应当说明理由。特殊情况下，银监会可以适当延长审查期限，并书面通知申请人，但延长期限不得超过3个月。

第十七条 申请筹建外商独资银行、中外合资银行，申请人应当向拟设机构所在地银监局提交下列申请资料（一式两份），同时抄送拟设机构所在地银监会派出机构（一份）：

（一）各股东董事长或者行长（首席执行官、总经理）联合签署的致银监会主席的筹建申请书，内容包括拟设机构的名称、所在地、注册资本、申请经营的业务种类、各股东名称和出资比例等；

（二）可行性研究报告，内容至少包括申请人的基本情况、对拟设机构的市场前景分析、业务发展规划、组织管理结构、开业后 3 年的资产负债规模和盈亏预测，与业务经营相关的信息系统、数据中心及网络建设初步规划；

（三）拟设机构的章程草案；

（四）拟设机构各股东签署的合资经营合同，但单一股东的外商独资银行除外；

（五）拟设机构各股东的章程；

（六）拟设机构各股东及其所在集团的组织结构图、主要股东名单、海外分支机构和关联企业名单；

（七）拟设机构各股东最近 3 年的年报；

（八）拟设机构各股东的反洗钱制度，中方股东为非金融机构的，可不提供反洗钱制度；

（九）拟设机构各股东签署的在中国境内长期持续经营并对拟设机构实施有效管理的承诺函；

（十）拟设机构外方股东所在国家或者地区金融监管当局核发的营业执照或者经营金融业务许可文件的复印件及对其申请的意见书；

（十一）初次设立外商独资银行、中外合资银行的，应当报送外方股东所在国家或者地区金融体系情况和有关金融监管法规的摘要；

（十二）银监会要求的其他资料。

第十八条 申请人应当自收到筹建批准文件之日起 15 日内到拟设机构所在地银监会派出机构领取开业申请表，开始筹建工作。筹建期为自获准筹建之日起 6 个月。

申请人未在 6 个月内完成筹建工作，应当在筹建期届满前 1 个月向拟设机构所在地银监会派出机构报告。筹建延期的最长期限为 3 个月。

申请人应当在前款规定的期限届满前提交开业申请，逾期未提交的，筹建批准文件失效。

第十九条 拟设外商独资银行、中外合资银行完成筹建工作后，应当向拟设机构所在地银监局申请验收。经验收合格的，可以申请开业。外商独资银行、中外合资银行开业的申请，由拟设机构所在地银监局受理、审查和决定。

拟设外商独资银行、中外合资银行申请开业，应当向拟设机构所在地银监局提交申请资料，同时抄送拟设机构所在地银监会派出机构。拟设机构所在地银监局应当自受理之日起 2 个月内，作出批准或者不批准开业的决定，并书面通知申请人，同时抄报银监会。决定不批准的，应当说明理由。

第二十条 拟设外商独资银行、中外合资银行申请开业，应当将开业验收合格意见书连同下列申请资料报送拟设机构所在地银监局（一式两份），同时抄送拟设机构所在地银监会派出机构（一份）：

（一）筹备组负责人签署的致银监会主席的开业申请书，内容包括拟设机构的名称、住所、注册资本、业务范围、各股东及其持股比例、拟任董事长和行长（首席执行官、总经理）的姓名等；与拟设外商独资银行、中外合资银行在同一城市设有代表处的，应当同时申请关闭代表处；

（二）开业申请表；

（三）拟任董事长、行长（首席执行官、总经理）任职资格核准所需的相关资料；

（四）开业前审计报告和法定验资机构出具的验资证明；

（五）拟设机构组织结构图、各岗位职责描述、内部授权和汇报路线；

（六）拟设机构人员名单、简历和培训记录；

（七）拟设机构的章程草案以及在中国境内依法设立的律师事务所出具的对章程草案的法律意见书；

（八）营业场所的安全、消防设施的合格证明或者相关证明复印件；

（九）营业场所的所有权证明、使用权证明或者租赁合同的复印件；

（十）银监会要求的其他资料。

第二十一条 外商独资银行、中外合资银行应当在收到开业批准文件并领取金融许可证后，到工商行政管理机关办理登记，领取营业执照。

外商独资银行、中外合资银行应当自领取营业执照之日起 6 个月内开业。未能按期开业的，应当在开业期限届满前 1 个月向外商独资银行或者中外合资银行所在地银监会派出机构报告。开业延期的最长期限为 3 个月。

外商独资银行、中外合资银行未在前款规定期限内开业的，开业批准文件失效，由开业决定机关注销开业许可，收回其金融许可证，并予以公告。

第二节 外国银行分行改制为外商独资银行

第二十二条 外国银行申请将其在中国境内分行改制为由其单独出资的外商独资银行，应当符合本办法有关设立外商独资银行的条件，承诺在中国境内长期持续经营并且具备对拟设外商独资银行实施有效管理的能力。

第二十三条 外国银行将其在中国境内分行改制为由其单独出资的外商

独资银行，分为改制筹建和开业两个阶段。

第二十四条 外国银行将其在中国境内分行改制为由其单独出资的外商独资银行的申请，由拟设机构所在地银监局受理和初审，银监会审查和决定。

申请改制筹建外商独资银行，申请人应当向拟设机构所在地银监局提交改制筹建申请资料，同时抄送该外国银行在中国境内所有分行所在地银监会派出机构。

拟设机构所在地银监局应当自受理之日起 20 日内将申请资料连同审核意见报送银监会。银监会应当自收到完整申请资料之日起 6 个月内，作出批准或者不批准改制筹建的决定，并书面通知申请人。决定不批准的，应当说明理由。特殊情况下，银监会可以适当延长审查期限，并书面通知申请人，但延长期限不得超过 3 个月。

第二十五条 申请改制筹建外商独资银行，申请人应当向拟设机构所在地银监局提交下列改制筹建申请资料（一式两份），同时抄送该外国银行在中国境内所有分行所在地银监会派出机构（各一份）：

（一）申请人董事长或者行长（首席执行官、总经理）签署的致银监会主席的申请书，内容包括拟设外商独资银行及其分支机构的名称、所在地、注册资本或者营运资金、申请经营的业务种类等；如同时申请增加注册资本，应当标明拟增加的注册资本金额及币种；

（二）可行性研究报告及机构改制计划，内容至少包括申请人的基本情况、对拟设机构的市场前景分析、业务发展规划、组织管理结构、开业后 3 年的资产负债规模和盈亏预测，与业务经营相关的信息系统、数据中心及网络建设初步规划；

（三）拟设机构的章程草案；

（四）申请人关于将中国境内分行改制为由其单独出资的外商独资银行的董事会决议；

（五）申请人董事长或者行长（首席执行官、总经理）签署的同意由拟设外商独资银行承继原在中国境内分行债权、债务及税务的意见函以及对改制前原中国境内分行的债权、债务及税务承担连带责任的承诺函；

（六）申请人董事长或者行长（首席执行官、总经理）签署的在中国境内长期持续经营并对拟设外商独资银行实施有效管理的承诺函，内容包括允许拟设外商独资银行使用其商誉、对拟设外商独资银行提供资本、管理和技术支持等；

（七）申请人提出申请前 2 年在中国境内所有分行经审计的合并财务会

计报告；

（八）申请人所在国家或者地区金融监管当局对其中国境内分行改制的意见书；

（九）申请人最近3年年报；

（十）银监会要求的其他资料。

第二十六条 申请人应当自收到改制筹建批准文件之日起15日内到拟设外商独资银行所在地银监会派出机构领取开业申请表，开始筹建工作。筹建期为自获准改制筹建之日起6个月。

申请人未在6个月内完成改制筹建工作，应当在筹建期届满前1个月向拟设外商独资银行所在地银监会派出机构报告，并抄报原外国银行分行所在地银监会派出机构。筹建延期的最长期限为3个月。

申请人应当在前款规定的期限届满前提交开业申请，逾期未提交的，改制筹建批准文件失效。

第二十七条 拟设外商独资银行完成筹建工作后，应当向拟设机构所在地银监局申请验收。经验收合格的，可以申请开业。开业申请由拟设机构所在地银监局受理和初审，银监会审查和决定。

由外国银行在中国境内分行改制的外商独资银行申请开业，应当向拟设机构所在地银监局提交申请资料，同时抄送原外国银行分行所在地银监会派出机构。

拟设机构所在地银监局应当自受理之日起20日内将申请资料连同审核意见报送银监会。银监会应当自收到完整申请资料之日起2个月内，作出批准或者不批准开业的决定，并书面通知申请人。决定不批准的，应当说明理由。

第二十八条 由外国银行在中国境内分行改制的外商独资银行申请开业，应当将开业验收合格意见书连同下列申请资料报送拟设机构所在地银监局（一式两份），同时抄送原外国银行分行所在地银监会派出机构（各一份）：

（一）筹备组负责人签署的致银监会主席的开业申请书，内容包括拟设外商独资银行及其分支机构名称、住所或者营业地址、注册资本及其分支机构的营运资金、申请经营的业务种类、拟任董事长、行长（首席执行官、总经理）及分支行行长的姓名等；

（二）拟转入拟设外商独资银行的资产、负债和所有者权益的清单，拟设外商独资银行的模拟资产负债表、损益表、贷款质量五级分类情况表、贷款损失准备数额；

（三）改制完成情况的说明；

（四）律师事务所出具的关于合同转让法律意见书，对于不具备转让条件的合同，应当对银行制定的紧急预案提出法律意见；

（五）开业前审计报告和法定验资机构出具的验资证明；

（六）拟设外商独资银行的章程草案以及在中国境内依法设立的律师事务所出具的对章程草案的法律意见书；

（七）拟设外商独资银行组织结构图、各岗位职责描述、内部授权和汇报路线；

（八）拟设外商独资银行人员名单、简历和培训记录；

（九）拟任外商独资银行董事长、行长（首席执行官、总经理）以及外商独资银行分行行长、管理型支行行长任职资格核准所需的相关资料；

（十）银监会要求的其他资料。

第二十九条 外国银行将其在中国境内分行改制为由其单独出资的外商独资银行，应当在收到开业批准文件后交回原外国银行分行的金融许可证，领取新的金融许可证，到工商行政管理机关办理登记，领取营业执照。原外国银行分行应当依法向工商行政管理机关办理注销登记。

第三十条 由外国银行分行改制的外商独资银行应当自领取营业执照之日起 6 个月内开业。未能按期开业的，应当在开业期限届满前 1 个月向外商独资银行所在地银监会派出机构报告。开业延期的最长期限为 3 个月。

外商独资银行未在前款规定期限内开业的，开业批准文件失效，由开业决定机关注销开业许可，收回其金融许可证，并予以公告。

第三节 外国银行分行设立

第三十一条 设立外国银行分行，申请人应当具备下列条件：

（一）具有持续盈利能力，信誉良好，无重大违法违规记录；

（二）具有从事国际金融活动的经验；

（三）具有有效的反洗钱制度；

（四）受到所在国家或者地区金融监管当局的有效监管，并且其申请经所在国家或者地区金融监管当局同意；

（五）提出设立申请前 1 年年末的总资产不少于 200 亿美元，香港、澳门地区的银行提出设立申请前 1 年年末的总资产不少于 60 亿美元；

（六）资本充足率符合所在国家或者地区金融监管当局以及银监会的规定；

（七）本办法第五条规定的审慎性条件。

设立外国银行分行，申请人应当无偿拨给拟设分行不少于2亿元人民币或者等值自由兑换货币的营运资金。

拟设分行的外国银行所在国家或者地区应当经济状况良好，具有完善的金融监督管理制度，并且其金融监管当局已经与银监会建立良好的监督管理合作机制。

第三十二条 外国银行在中国境内增设分行，除应当具备本办法第三十一条规定的条件外，其在中国境内已设分行应当经营状况良好，主要监管指标达到监管要求，并符合银监会规定的审慎性条件。

第三十三条 设立外国银行分行分为筹建和开业两个阶段。

第三十四条 筹建外国银行分行的申请，由拟设机构所在地银监局受理和初审，银监会审查和决定。

申请筹建外国银行分行，申请人应当向拟设机构所在地银监局提交申请资料，同时抄送拟设机构所在地银监会派出机构。

拟设机构所在地银监局应当自受理之日起20日内将申请资料连同审核意见报送银监会。银监会应当自收到完整申请资料之日起6个月内，作出批准或者不批准筹建的决定，并书面通知申请人。决定不批准的，应当说明理由。特殊情况下，银监会可以适当延长审查期限，并书面通知申请人，但延长期限不得超过3个月。

第三十五条 申请筹建外国银行分行，申请人应当向拟设机构所在地银监局报送下列申请资料（一式两份），同时抄送拟设机构所在地银监会派出机构（一份）：

（一）申请人董事长或者行长（首席执行官、总经理）签署的致银监会主席的筹建申请书，内容包括拟设机构的名称、所在地、营运资金、申请经营的业务种类等；

（二）可行性研究报告，内容包括申请人的基本情况、对拟设机构的市场前景分析、业务发展规划、组织管理结构、开业后3年的资产负债规模和盈亏预测等；

（三）申请人章程；

（四）申请人及其所在集团的组织结构图、主要股东名单、海外分支机构和关联企业名单；

（五）申请人最近3年年报；

（六）申请人的反洗钱制度；

（七）申请人所在国家或者地区金融监管当局核发的营业执照或者经营金融业务许可文件的复印件及对其申请的意见书；

（八）初次设立外国银行分行的，申请人应当报送所在国家或者地区金融体系情况和有关金融监管法规的摘要；

（九）银监会要求的其他资料。

第三十六条 申请人应当自收到筹建批准文件之日起 15 日内到拟设机构所在地银监会派出机构领取开业申请表，开始筹建工作。筹建期为自获准筹建之日起 6 个月。

申请人未在 6 个月内完成筹建工作，应当在筹建期届满前 1 个月向拟设机构所在地银监会派出机构报告。筹建延期的最长期限为 3 个月。

申请人应当在前款规定的期限届满前提交开业申请。逾期未提交的，筹建批准文件失效。

第三十七条 拟设外国银行分行完成筹建工作后，应当向拟设机构所在地银监局申请验收。经验收合格的，可以申请开业。外国银行分行的开业申请，由拟设机构所在地银监局受理、审查和决定。

拟设外国银行分行申请开业，应当向拟设机构所在地银监局提交申请资料，同时抄送拟设机构所在地银监会派出机构。

拟设机构所在地银监局应当自受理之日起 2 个月内，作出批准或者不批准开业的决定，并书面通知申请人，同时抄报银监会。决定不批准的，应当说明理由。

第三十八条 拟设外国银行分行申请开业，应当将开业验收合格意见书连同下列申请资料报送拟设机构所在地银监局（一式两份），同时抄送拟设机构所在地银监会派出机构（一份）：

（一）筹备组负责人签署的致银监会主席的开业申请书，内容包括拟设机构的名称、营业地址、营运资金、业务范围、拟任分行行长姓名等；在拟设分行同一城市设有代表处的，应当同时申请关闭代表处；

（二）开业申请表；

（三）拟任外国银行分行行长任职资格核准所需的相关资料；

（四）开业前审计报告和法定验资机构出具的验资证明；

（五）外国银行对拟设分行承担税务、债务责任的保证书；

（六）拟设分行组织结构图、各岗位职责描述、内部授权和汇报路线；

（七）拟设分行人员名单、简历和培训记录；

（八）营业场所的安全、消防设施的合格证明或者相关证明复印件；

（九）营业场所的所有权证明、使用权证明或者租赁合同复印件；

（十）银监会要求的其他资料。

第三十九条 外国银行分行应当在收到开业批准文件并领取金融许可证

后，到工商行政管理机关办理登记，领取营业执照。

外国银行分行应当自领取营业执照之日起 6 个月内开业。未能按期开业的，应当在开业期限届满前 1 个月向所在地银监会派出机构报告。开业延期的最长期限为 3 个月。

外国银行分行未在前款规定期限内开业的，开业批准文件失效，由开业决定机关注销开业许可，收回其金融许可证，并予以公告。

第四节　外商独资银行、中外合资银行下设分行设立

第四十条　外商独资银行、中外合资银行下设分行，应当具备下列条件：

（一）无偿拨给拟设分行营运资金，拨给各分支机构营运资金的总和，不得超过总行资本金总额的 60%；

（二）主要监管指标达到监管要求；

（三）银监会规定的审慎性条件。

第四十一条　设立外商独资银行分行、中外合资银行分行，分为筹建和开业两个阶段。

第四十二条　银监会直接监管的外商独资银行一级分行、中外合资银行一级分行的筹建申请，由银监会受理、审查和决定。其他外商独资银行分行、中外合资银行分行的筹建申请，由拟设机构所在地银监局受理、审查和决定。

申请筹建外商独资银行分行、中外合资银行分行，申请人应当向银监会或拟设机构所在地银监局提交申请资料，同时抄送拟设机构所在地银监会派出机构。

银监会或拟设机构所在地银监局应当自受理之日起 6 个月内，作出批准或者不批准筹建的决定，并书面通知申请人。决定不批准的，应当说明理由。特殊情况下，银监会或拟设机构所在地银监局可以适当延长审查期限，并书面通知申请人，但延长期限不得超过 3 个月。

第四十三条　申请筹建外商独资银行分行、中外合资银行分行，申请人应当向银监会或拟设机构所在地银监局报送下列申请资料（一式两份），同时抄送拟设机构所在地银监会派出机构（一份）：

（一）申请人董事长或者行长（首席执行官、总经理）签署的致银监会主席的筹建申请书，内容包括拟设机构的名称、所在地、营运资金、申请经营的业务种类等；

（二）可行性研究报告，内容包括申请人的基本情况、对拟设机构的市

场前景分析、业务发展规划、组织管理结构、开业后3年的资产负债规模和盈亏预测等；

（三）申请人章程；

（四）申请人年报；

（五）申请人反洗钱制度；

（六）申请人营业执照复印件；

（七）申请人关于同意设立分行的董事会决议；

（八）银监会要求的其他资料。

第四十四条 申请人应当自收到筹建批准文件之日起15日内到拟设机构所在地银监会派出机构领取开业申请表，开始筹建工作。筹建期为自获准筹建之日起6个月。

申请人未在6个月内完成筹建工作，应当在筹建期届满前1个月向拟设机构所在地银监会派出机构报告。筹建延期的最长期限为3个月。

申请人应当在前款规定的期限届满前提交开业申请，逾期未提交的，筹建批准文件失效。

第四十五条 拟设外商独资银行分行、中外合资银行分行完成筹建工作后，应当向拟设机构所在地银监局申请验收。经验收合格的，可以申请开业。外商独资银行分行、中外合资银行分行的开业申请，由拟设机构所在地银监局受理、审查和决定。

拟设外商独资银行分行、中外合资银行分行申请开业，应当向拟设机构所在地银监局提交申请资料，同时抄送拟设机构所在地银监会派出机构。

拟设机构所在地银监局应当自受理之日起2个月内，作出批准或者不批准开业的决定，并书面通知申请人，同时抄报银监会。决定不批准的，应当说明理由。

第四十六条 拟设外商独资银行分行、中外合资银行分行申请开业，应当将开业验收合格意见书连同下列申请资料报送拟设机构所在地银监局（一式两份），同时抄送拟设机构所在地银监会派出机构（一份）：

（一）筹备组负责人签署的致银监会主席的开业申请书，内容包括拟设机构的名称、营业地址、营运资金、业务范围、拟任分行行长姓名等；

（二）开业申请表；

（三）拟任分行行长任职资格核准所需的相关资料；

（四）开业前审计报告和法定验资机构出具的验资证明；

（五）营业场所的安全、消防设施的合格证明或者相关证明复印件；

（六）拟设机构组织结构图、各岗位职责描述、内部授权和汇报路线；

（七）拟设机构人员名单、简历和培训记录；

（八）营业场所的所有权证明、使用权证明或者租赁合同的复印件；

（九）银监会要求的其他资料。

第四十七条 外商独资银行分行、中外合资银行分行应当在收到开业批准文件并领取金融许可证后，到工商行政管理机关办理登记，领取营业执照。

外商独资银行分行、中外合资银行分行应当自领取营业执照之日起6个月内开业。未能按期开业的，应当在开业期限届满前1个月向所在地银监会派出机构报告。开业延期的最长期限为3个月。

外商独资银行分行、中外合资银行分行未在前款规定期限内开业的，开业批准文件失效，由开业决定机关注销开业许可，收回其金融许可证，并予以公告。

第五节 支行设立

第四十八条 设立支行，申请人应当在拟设支行所在城市同一行政区划内设有分行或者分行以上机构。所在城市同一行政区划是指所在城市及以下行政区划。

香港、澳门地区的银行在广东省内设立的分行可以申请在广东省内设立异地支行。香港、澳门地区的银行在内地设立的外商独资银行在广东省内设立的分行，可以申请在广东省内设立异地支行。

第四十九条 设立支行，申请人应当具备下列条件：

（一）正式营业1年以上，资产质量良好；香港、澳门地区的银行在广东省内分行或者香港、澳门地区的银行在内地设立的外商独资银行在广东省内分行正式营业1年以上，资产质量良好；

（二）具有较强的内部控制能力，最近1年无重大违法违规行为和因内部管理问题导致的重大案件；香港、澳门地区的银行在广东省内分行或者香港、澳门地区的银行在内地设立的外商独资银行在广东省内分行具有较强的内部控制能力，最近1年无重大违法违规行为和因内部管理问题导致的重大案件；

（三）具有拨付营运资金的能力；

（四）已建立对高级管理人员考核、监督、授权和调整的制度和机制，并有足够的专业经营管理人才；

（五）银监会规定的其他审慎性条件。

第五十条 拟设立支行的申请人应在支行筹建3日前向拟设地银监局或

者经授权的银监会派出机构提交筹建报告并领取开业申请表，开始筹建工作。

第五十一条 拟设立支行的申请人应在提交筹建报告之日起9个月内完成筹建工作。

拟设支行完成筹建工作后，应当向拟设机构所在地银监局或者经授权的银监会派出机构申请验收。经验收合格的，可以申请开业。支行开业申请，由拟设机构所在地银监局或者经授权的银监会派出机构受理、审查和决定。

拟设支行申请开业，应当向拟设机构所在地银监局或者经授权的银监会派出机构提交申请资料。

拟设机构所在地银监局或者经授权的银监会派出机构应当自受理之日起30日内，作出批准或者不批准开业的决定，并书面通知申请人。同时抄送银监会和拟设机构所在地银监会派出机构。决定不批准的，应当说明理由。

申请人逾期未提交开业申请的，应及时向拟设地银监局或者经授权的银监会派出机构报告。

第五十二条 拟设支行申请开业，应当将开业验收合格意见书连同下列申请资料报送拟设机构所在地银监局或者经授权的银监会派出机构（一式两份）：

（一）筹备组负责人签署的致所在地银监局或者经授权的银监会派出机构负责人的开业申请书，内容包括拟设机构的名称、营业地址、营运资金、业务范围、拟任支行行长的姓名等；

（二）开业申请表；

（三）与业务规模相适应的营运资金已拨付到位，法定验资机构出具的验资证明；

（四）拟任管理型支行行长任职资格核准所需的相关资料；

（五）拟设支行的组织结构图、各岗位职责描述、内部授权和汇报路线；

（六）拟设支行人员名单、简历和培训记录；

（七）营业场所的所有权证明、使用权证明或者租赁合同的复印件；

（八）营业场所的安全、消防设施的合格证明或者相关证明复印件；

（九）银监会要求的其他资料。

支行应当在收到开业批准文件并领取金融许可证后，到工商行政管理机关办理登记，领取营业执照。

第五十三条 支行应当自领取营业执照之日起6个月内开业。未能按期开业的，应当在开业期限届满前1个月向所在地银监会派出机构报告。开业延期的最长期限为3个月。

支行未在前款规定期限内开业的，开业批准文件失效，由开业决定机关注销开业许可，收回其金融许可证，并予以公告。

第六节 外国银行代表处设立

第五十四条 设立外国银行代表处，申请人应当具备下列条件：

（一）具有持续盈利能力，信誉良好，无重大违法违规记录；

（二）具有从事国际金融活动的经验；

（三）具有有效的反洗钱制度；

（四）受到所在国家或者地区金融监管当局的有效监管，并且其申请经所在国家或者地区金融监管当局同意；

（五）本办法第五条规定的审慎性条件。

拟设代表处的外国银行所在国家或者地区应当经济状况良好，具有完善的金融监督管理制度，并且其金融监管当局已经与银监会建立良好的监督管理合作机制。

第五十五条 外国银行在中国境内已设立营业性机构的，除已设立的代表处外，不得增设代表处，但拟设代表处所在地为符合国家区域经济发展战略及相关政策的地区除外。

外国银行在中国境内增设代表处，除应当具备本办法第五十四条规定的条件外，其在中国境内已设机构应当无重大违法违规记录。

外国银行在同一城市不得同时设有营业性机构和代表处。

第五十六条 外国银行设立代表处的申请，由拟设机构所在地银监局受理、审查和决定。

外国银行申请设立代表处，应当向拟设机构所在地银监局提交申请资料，同时抄送拟设机构所在地银监会派出机构。

拟设机构所在地银监局应当自受理之日起6个月内作出批准或者不批准设立的决定，并书面通知申请人，同时抄报银监会。决定不批准的，应当说明理由。

第五十七条 申请设立外国银行代表处，申请人应当向拟设机构所在地银监局提交下列申请资料（一式两份），同时抄送拟设机构所在地银监会派出机构（一份）：

（一）申请人董事长或者行长（首席执行官、总经理）签署的致银监会主席的申请书，内容包括拟设代表处的名称、所在地、拟任首席代表姓名等；

（二）代表处设立申请表；

（三）可行性研究报告，内容包括申请人的基本情况、拟设代表处的目的和计划等；

（四）申请人章程；

（五）申请人及其所在集团的组织结构图、主要股东名单、海外分支机构和关联企业名单；

（六）申请人最近3年年报；

（七）申请人反洗钱制度；

（八）申请人所在国家或者地区金融监管当局核发的营业执照或者经营金融业务许可文件的复印件及对其申请的意见书；

（九）拟任首席代表任职资格核准所需的相关资料；

（十）初次设立代表处的，申请人应当报送由在中国境内注册的银行业金融机构出具的与该外国银行已经建立代理行关系的证明，以及申请人所在国家或者地区金融体系情况和有关金融监管法规的摘要；

（十一）银监会要求的其他资料。

第五十八条 经批准设立的外国银行代表处，应当凭批准文件向工商行政管理机关办理登记。

外国银行代表处应当自拟设机构所在地银监局批准设立之日起6个月内迁入固定的办公场所。迁入固定办公场所后应当向所在地银监会派出机构报送相关资料。

外国银行代表处未在前款规定期限内迁入办公场所的，代表处设立批准文件失效。

第七节 投资设立、入股境内银行业金融机构

第五十九条 外商独资银行、中外合资银行申请投资设立、入股境内银行业金融机构的，应当符合以下条件：

（一）具有良好的公司治理结构；

（二）风险管理和内部控制健全有效；

（三）具有良好的并表管理能力；

（四）主要审慎监管指标符合监管要求；

（五）权益性投资余额原则上不超过其净资产的50%（合并会计报表口径）；

（六）具有完善、合规的信息科技系统和信息安全体系，具有标准化的数据管理体系，具备保障业务连续有效安全运行的技术与措施；

（七）最近2年无严重违法违规行为和因内部管理问题导致的重大案件，

但为落实普惠金融政策等，投资设立、入股境内银行业金融机构的情形除外；

（八）最近3个会计年度连续盈利；

（九）监管评级良好；

（十）银监会规章规定的其他审慎性条件。

第六十条 外商独资银行、中外合资银行申请投资设立、入股境内银行业金融机构由银监会受理、审查并决定。银监会自受理之日起6个月内作出批准或不批准的书面决定。

前款所指投资设立、入股境内银行业金融机构事项，如需另经银监会或银监局批准设立，或者需银监会或银监局进行股东资格审核，则相关许可事项由银监会或银监局在批准设立或进行股东资格审核时对外商独资银行、中外合资银行设立、入股行为进行合并审查并作出决定。

第六十一条 申请投资设立、入股境内银行业金融机构，申请人应当向银监会提交下列对外股权投资申请资料（一式两份）：

（一）申请书，内容至少包括：被投资方的基本情况、投资方进行股权投资的必要性和可行性、股权投资及后续整合方案、发展计划、存在的风险及应对措施等；

（二）申请人股东同意投资境内银行业金融机构的决议；

（三）被投资方股东（大）会同意吸收商业银行投资的决议；

（四）股权投资协议；

（五）可行性研究报告，内容至少包括：被投资方基本情况，投资方进行股权投资的必要性和可行性以及股权投资前后资本充足率、流动性、盈利性等经营状况的分析和对比，交易结构和后续安排，整合方案，发展计划，存在的风险及应对措施等；

（六）申请人最近3年经审计的财务报告和业务发展情况报告；

（七）被投资方最近3年经审计的财务报告和业务发展情况报告；

（八）被投资方基本情况和合作股东的基本情况；

（九）申请人与被投资的境内银行业金融机构关于风险隔离制度、并表管理制度及关联交易实施细则等情况；

（十）申请人综合化经营战略及执行情况；

（十一）申请人最近2年严重违法违规行为和因内部管理问题导致的重大案件情况；

（十二）银监会按照审慎性原则规定的其他文件。

第六十二条 外商独资银行、中外合资银行作为发起人或战略投资者投资设立、入股境内银行业金融机构，参照关于境外金融机构作为发起人或战略投资者投资设立、入股境内银行业金融机构的相关规定。

本节所称银行业金融机构，是指在中华人民共和国境内设立的商业银行、农村合作银行、农村信用合作社等吸收公众存款的金融机构以及政策性银行。

在中华人民共和国境内设立的金融资产管理公司、信托公司、企业集团财务公司、金融租赁公司、汽车金融公司、货币经纪公司、消费金融公司以及经银监会批准设立的其他金融机构，适用本节对银行业金融机构的规定。

第三章　机构变更

第一节　变更注册资本或者营运资金

第六十三条　外商独资银行、中外合资银行申请变更注册资本、外国银行分行申请变更营运资金，应当具备下列条件：

（一）外商独资银行及其股东、中外合资银行及其股东以及外国银行的董事会已决议通过变更事项；

（二）外商独资银行股东、中外合资银行外方股东所在国家或者地区金融监管当局同意其申请。

第六十四条　银监会直接监管的外商独资银行、中外合资银行变更注册资本由银监会受理、审查和决定。其他外商独资银行、中外合资银行变更注册资本、外国银行分行变更营运资金的申请，由所在地银监局受理、审查和决定。

外商独资银行、中外合资银行申请变更注册资本、外国银行分行申请变更营运资金，应当向银监会或所在地银监局提交申请资料，同时抄送所在地银监会派出机构。

银监会或所在地银监局应当自受理之日起3个月内，作出批准或者不批准变更的决定，并书面通知申请人。决定不批准的，应当说明理由。

第六十五条　外商独资银行、中外合资银行申请变更注册资本、外国银行分行申请变更营运资金，应当向银监会或所在地银监局提交下列申请资料（一式两份），同时抄送所在地银监会派出机构（一份）：

（一）申请人董事长或者行长（首席执行官、总经理）签署的致银监会主席的申请书，申请以境外人民币资金增加注册资本或者营运资金的，应当说明人民币资金的来源；

（二）可行性研究报告，内容包括变更注册资本或者营运资金后的业务发展规划、资金用途、对主要监管指标的影响等；

（三）申请人及其股东关于变更注册资本的董事会决议，外国银行关于变更分行营运资金的董事会决议；

（四）申请人股东及外国银行应当提交所在国家或者地区金融监管当局关于变更事项的意见书，中外合资银行中方股东为非金融机构的无须提交；

（五）银监会要求的其他资料。

第六十六条 外商独资银行、中外合资银行获准变更注册资本、外国银行分行获准变更营运资金，应当自银监会或所在地银监局作出批准决定之日起30日内，向银监会或所在地银监会派出机构报送法定验资机构出具的验资证明。

第二节 变更股东

第六十七条 银监会直接监管的外商独资银行、中外合资银行变更股东或者调整股东持股比例的申请，由银监会受理、审查和决定。其他外商独资银行、中外合资银行变更股东或者调整股东持股比例的申请，由所在地银监局受理和初审，银监会审查和决定。本条前款所称变更股东包括股东转让股权、股东更名以及银监会认定的其他股东变更情形。

外商独资银行、中外合资银行变更股东，拟受让方或者承继方应当符合本办法第十条至第十四条规定的条件。

外商独资银行、中外合资银行申请变更股东或者调整股东持股比例，应当向银监会或所在地银监局提交申请资料，同时抄送所在地银监会派出机构。

由所在地银监局受理和初审的，所在地银监局应当自受理之日起20日内将申请资料连同审核意见报送银监会。银监会应当自受理或收到完整申请资料之日起3个月内，作出批准或者不批准变更的决定，并书面通知申请人。决定不批准的，应当说明理由。

第六十八条 外商独资银行、中外合资银行申请变更股东或者调整股东持股比例，应当向银监会或所在地银监局提交下列申请资料（一式两份），同时抄送所在地银监会派出机构（一份）：

（一）申请人董事长或者行长（首席执行官、总经理）签署的致银监会主席的申请书；

（二）申请人关于变更事项的董事会决议；

（三）申请人股东、拟受让方或者承继方关于变更事项的董事会决议；

（四）申请人股东、拟受让方或者承继方是金融机构的，应当提交所在国家或者地区金融监管当局关于变更事项的意见书；

（五）申请人股权转让方与拟受让方或者承继方签署的转让（变更）协议；

（六）各股东与拟受让方或者承继方签署的合资经营合同，但单一股东的外商独资银行除外；

（七）拟受让方或者承继方的章程、组织结构图、主要股东名单、海外分支机构和关联企业名单、最近3年年报、反洗钱制度、所在国家或者地区金融监管当局核发的营业执照或者经营金融业务许可文件的复印件，中外合资银行拟受让中方股东为非金融机构的，无须提交反洗钱制度；

（八）拟受让方或者承继方为外方股东的，应当提交所在国家或者地区金融体系情况和有关金融监管法规的摘要；

（九）银监会要求的其他资料。

第六十九条 外商独资银行、中外合资银行获准变更股东或者调整股东持股比例，应当自银监会作出批准决定之日起30日内，向银监会报送法定验资机构出具的验资证明以及相关交易的证明文件，同时抄报所在地银监会派出机构。

第七十条 外商独资银行、中外合资银行变更组织形式、合并、分立应当符合《中华人民共和国公司法》《中华人民共和国商业银行法》以及其他法律、行政法规和规章的规定，并具备下列条件：

（一）外商独资银行及其股东、中外合资银行及其股东的董事会已决议通过变更事项；

（二）变更事项的申请已经股东所在国家或者地区金融监管当局同意；

（三）外商独资银行、中外合资银行已就变更事项制定具体方案。

外商独资银行、中外合资银行因股东发生合并、分立等变更事项的，该外商独资银行、中外合资银行应当根据银监会的要求进行相关调整。

第七十一条 外商独资银行、中外合资银行变更组织形式、合并、分立的申请，由银监会受理、审查和决定。

外商独资银行、中外合资银行申请变更组织形式、合并、分立，应当向银监会提交申请资料。

银监会应当自收到完整申请资料之日起3个月内，作出批准或者不批准变更的决定，并书面通知申请人。决定不批准的，应当说明理由。

第七十二条 外商独资银行、中外合资银行合并分为吸收合并和新设合并。合并须经合并筹备和合并开业两个阶段。

吸收合并的，吸收合并方应当按照变更的条件和材料要求向银监会提交合并筹备和合并开业的申请；被吸收方自行终止的，应当按照终止的条件和材料要求向银监会提交申请；被吸收方变更为分支机构的，应当按照设立的条件和材料要求向银监会提交申请。

新设合并的，新设方应当按照设立的条件和材料要求向银监会提交合并筹备和合并开业的申请；原外商独资银行、中外合资银行应当按照终止的条件和材料要求向银监会提交申请。

第七十三条 外商独资银行、中外合资银行分立分为存续分立和新设分立。分立须经分立筹备和分立开业两个阶段。

存续分立的，存续方应当按照变更的条件和材料要求向银监会提交分立筹备和分立开业的申请；新设方应当按照设立的条件和材料要求向银监会提交申请。

新设分立的，新设方应当按照设立的条件和材料要求向银监会提交分立筹备和分立开业的申请；原外商独资银行、中外合资银行应当按照解散的条件和材料要求向银监会提交申请。

第七十四条 外商独资银行、中外合资银行申请变更组织形式、合并、分立，除应当按照本办法第七十二条、第七十三条的规定提交申请资料外，还应当向银监会提交下列申请资料（一式两份）：

（一）申请人董事长或者行长（首席执行官、总经理）签署的致银监会主席的申请书；

（二）关于变更组织形式、合并、分立的方案；

（三）申请人各方及其股东关于变更事项的董事会决议；

（四）申请人各方股东应当提交所在国家或者地区金融监管当局关于变更事项的意见书，中外合资银行中方股东为非金融机构的无须提交；

（五）申请人各方股东签署的合并、分立协议；申请人各方股东签署的合资经营合同，但单一股东的外商独资银行除外；申请人各方股东的章程、组织结构图、董事会及主要股东名单、最近一年年报；

（六）变更组织形式、合并、分立后银行的章程草案；

（七）银监会要求的其他资料。

申请人应当将申请书和关于变更组织形式、合并、分立的方案抄送申请人及其分支机构所在地银监会派出机构（各一份）。

第三节　修改章程

第七十五条 外商独资银行、中外合资银行应当在其章程所列内容发生变动后1年内提出修改章程的申请。

外商独资银行、中外合资银行修改章程仅涉及名称、住所、股权、注册资本、业务范围且变更事项已经银监会或所在地银监局批准的，不需进行修改章程的申请，但应当在银监会或所在地银监局作出上述变更事项批准决定之日起6个月内将修改后的章程报送银监会及所在地银监局。

第七十六条 外商独资银行、中外合资银行申请修改章程，应当具备下列条件：

（一）外商独资银行及其股东、中外合资银行及其股东的董事会已决议通过修改章程；

（二）在中国境内依法设立的律师事务所已对章程草案出具法律意见书。

第七十七条 银监会直接监管的外商独资银行、中外合资银行修改章程的申请，由银监会受理、审查和决定。其他外商独资银行、中外合资银行修改章程的申请，由所在地银监局受理、审查和决定。

外商独资银行、中外合资银行申请修改章程，应当向银监会或所在地银监局提交申请资料，同时抄送所在地银监会派出机构。

银监会或所在地银监局应当自受理之日起3个月内，作出批准或者不批准修改章程的决定，并书面通知申请人。决定不批准的，应当说明理由。

第七十八条 外商独资银行、中外合资银行申请修改章程，应当向银监会或所在地银监局提交下列申请资料（一式两份），同时抄送所在地银监会派出机构（一份）：

（一）申请人董事长或者行长（首席执行官、总经理）签署的致银监会主席的申请书；

（二）申请人关于修改章程的董事会决议；

（三）申请人股东关于修改章程的董事会决议；

（四）申请人的原章程和新章程草案；

（五）原章程与新章程草案变动对照表；

（六）在中国境内依法设立的律师事务所出具的对新章程草案的法律意见书；

（七）银监会要求的其他资料。

第四节　变更名称

第七十九条 申请变更外资银行在中国境内机构名称，应当具备下列条件：

（一）变更事项已获得申请人所在国家或者地区金融监管当局的批准；

（二）申请人已获得所在国家或者地区金融监管当局核发的新营业执照或者经营金融业务的许可文件；

（三）申请人已承诺承担其在中国境内分行的税务和债务责任。

本条第（一）项、第（二）项不适用外资银行名称未变更、仅申请变更其在中国境内机构名称的情形。

第八十条 外商独资银行、中外合资银行、外国银行分行变更名称的申请，由银监会受理、审查和决定。外国银行代表处变更名称的申请，由所在地银监局受理、审查和决定。

申请变更外资银行名称，应当向银监会或所在地银监局提交申请资料，同时抄送外资银行在中国境内机构所在地银监会派出机构。

银监会或所在地银监局应当自受理之日起3个月内，作出批准或者不批准变更的决定，并书面通知申请人。决定不批准的，应当说明理由。

第八十一条 外商独资银行股东、中外合资银行股东、外国银行因合并、分立、重组等原因申请变更其在中国境内机构名称，应当在合并、分立、重组等变更事项发生5日内，向银监会及所在地银监会派出机构报告，并于30日内将下列申请资料报送银监会及所在地银监局（一式两份），同时抄送所在地银监会派出机构（一份）：

（一）申请人董事长或者行长（首席执行官、总经理）签署的致银监会主席的申请书；

（二）变更名称申请表；

（三）外商独资银行股东、中外合资银行股东、外国银行的章程；

（四）外商独资银行股东、中外合资银行股东、外国银行的组织结构图、董事会以及主要股东名单；

（五）外国银行董事长或者行长（首席执行官、总经理）签署的对其在中国境内分行承担税务、债务责任的保证书；

（六）外商独资银行股东、中外合资银行股东、外国银行的合并财务会计报告；

（七）外商独资银行股东、中外合资银行股东、外国银行所在国家或者地区金融监管当局对变更事项的批准书或者意见书；

（八）外商独资银行股东、中外合资银行股东、外国银行更名后，所在国家或者地区金融监管当局核发的营业执照复印件或者经营金融业务许可文件复印件；

（九）银监会要求的其他资料。

第八十二条 外商独资银行股东、中外合资银行股东、外国银行因其他原因申请变更在中国境内机构名称的，应当在变更事项发生5日内，向银监会及所在地银监会派出机构报告，并于30日内将下列申请资料报送银监会及所在地银监局（一式两份），同时抄送外资银行在中国境内机构所在地银监会派出机构（一份）：

（一）申请人董事长或者行长（首席执行官、总经理）签署的致银监会主席的申请书；

（二）外商独资银行股东、中外合资银行股东、外国银行更名后所在国家或者地区金融监管当局核发的营业执照复印件或者经营金融业务许可文件复印件；

（三）外商独资银行股东、中外合资银行股东、外国银行所在国家或者地区金融监管当局对变更事项的批准书以及对其申请的意见书；

（四）银监会要求的其他资料。

本条第（二）项、第（三）项不适用外资银行名称未变更、仅变更在中国境内机构名称的情形。

银监会授权外资银行支行所在地银监会派出机构受理、审查和决定外资银行支行因变更营业场所而导致的变更名称的申请。

第五节　在同城内变更住所或者办公场所

第八十三条　银监会直接监管的外商独资银行、中外合资银行在同城内变更住所由银监会受理、审查和决定。其他外商独资银行、中外合资银行在同城内变更住所、外国银行代表处在同城内变更办公场所的申请，由所在地银监会派出机构受理、审查和决定。

外商独资银行、中外合资银行申请在同城内变更住所、外国银行代表处申请在同城内变更办公场所，应当向银监会或所在地银监会派出机构提交申请资料。

银监会或所在地银监会派出机构应当自受理之日起3个月内，作出批准或者不批准变更的决定，并书面通知申请人。决定不批准的，应当说明理由。

第八十四条　外商独资银行、中外合资银行在同城内变更住所、外国银行代表处在同城内变更办公场所，应当向银监会或所在地银监会派出机构提交下列申请资料（一式两份）：

（一）申请人授权签字人签署的致银监会主席或所在地银监会派出机构负责人的申请书；

（二）拟迁入住所或者办公场所的所有权证明、使用权证明或者租赁合同的复印件；

（三）拟迁入住所的安全、消防设施的合格证明或者相关证明复印件；

（四）银监会要求的其他资料。

第八十五条 因行政区划调整等原因导致的行政区划、街道、门牌号等发生变化而实际位置未变化的，外资银行不需进行变更住所或者办公场所的申请，但应当于变更后15日内向银监会或所在地银监会派出机构报告，外商独资银行、中外合资银行应当换领金融许可证。

第四章 机构终止

第一节 外商独资银行、中外合资银行解散

第八十六条 外商独资银行、中外合资银行有下列情形之一的，经银监会批准后解散：

（一）章程规定的营业期限届满或者出现章程规定的其他解散事由；

（二）股东会决议解散；

（三）因合并或者分立需要解散。

第八十七条 外商独资银行、中外合资银行申请解散，应当具备下列条件：

（一）外商独资银行及其股东、中外合资银行及其股东的董事会已决议通过解散；

（二）外商独资银行股东、中外合资银行外方股东所在国家或者地区金融监管当局已同意其申请；

（三）具有有效的资产处置、债务清偿、人员安置的方案。

第八十八条 银监会直接监管的外商独资银行、中外合资银行解散的申请，由银监会受理、审查和决定。其他外商独资银行、中外合资银行解散的申请，由所在地银监局受理和初审，银监会审查和决定。

外商独资银行、中外合资银行申请解散，应当向银监会或所在地银监局提交申请资料，同时抄送所在地银监会派出机构。

所在地银监局应当自受理之日起20日内将申请资料连同审核意见报送银监会。银监会应当自受理或收到完整申请资料之日起3个月内，作出批准或者不批准解散的决定，并书面通知申请人。决定不批准的，应当说明理由。

第八十九条 外商独资银行、中外合资银行申请解散，应当在终止业务

活动前向银监会或所在地银监局提交下列申请资料（一式两份），同时抄送所在地银监会派出机构（一份）：

（一）申请人董事长或者行长（首席执行官、总经理）签署的致银监会主席的申请书；

（二）申请人关于解散的董事会决议；

（三）申请人各股东关于外商独资银行、中外合资银行解散的董事会决议；

（四）外商独资银行股东、中外合资银行外方股东所在国家或者地区金融监管当局关于该机构解散的意见书；

（五）关于外商独资银行、中外合资银行解散后资产处置、债务清偿、人员安置的计划和负责后续事项的人员名单及联系方式；

（六）银监会要求的其他资料。

第二节　破　　产

第九十条　外商独资银行、中外合资银行因解散而清算，清算组发现该机构财产不足清偿债务的，或者因不能支付到期债务，自愿或者应其债权人要求申请破产的，在向法院申请破产前，应当向银监会提出申请。

第九十一条　银监会直接监管的外商独资银行、中外合资银行破产的申请，由银监会受理、审查和决定。其他外商独资银行、中外合资银行破产的申请，由所在地银监局受理和初审，银监会审查和决定。

外商独资银行、中外合资银行申请破产，应当向银监会或所在地银监局提交申请资料，同时抄送所在地银监会派出机构。

所在地银监局应当自受理之日起20日内将申请资料连同审核意见报送银监会。银监会应当自受理或收到完整申请资料之日起3个月内，作出批准或者不批准破产的决定，并书面通知申请人。决定不批准的，应当说明理由。

第九十二条　外商独资银行、中外合资银行申请破产，应当向银监会或所在地银监局提交下列申请资料（一式两份），同时抄送所在地银监会派出机构（一份）：

（一）申请人董事长、行长（首席执行官、总经理）或者清算组组长签署的致银监会主席的申请书；

（二）申请人关于破产的董事会决议；

（三）各股东关于外商独资银行、中外合资银行破产的董事会决议；

（四）外商独资银行股东、中外合资银行外方股东所在国家或者地区金融监管当局关于破产的意见书；

（五）银监会要求的其他资料。

本条第（二）、（三）、（四）项不适用由清算组提出破产申请的情形。

第三节　分行关闭

第九十三条　外商独资银行、中外合资银行、外国银行申请关闭分行，应当具备下列条件：

（一）申请人董事会已决议通过关闭分行；

（二）外国银行关闭分行已经所在国家或者地区金融监管当局同意；

（三）具有有效的资产处置、债务清偿、人员安置的方案。

第九十四条　银监会直接监管的外商独资银行、中外合资银行关闭一级分行的申请，由银监会受理、审查和决定。其他外商独资银行分行、中外合资银行分行的关闭申请，由拟关闭机构所在地银监局受理、审查和决定。外国银行分行的关闭申请，由拟关闭机构所在地银监局受理和初审，银监会审查和决定。

外商独资银行、中外合资银行、外国银行申请关闭分行，应当向银监会或拟关闭机构所在地银监局提交申请资料，同时抄送拟关闭机构所在地银监会派出机构。

由拟关闭机构所在地银监局受理和初审的，拟关闭机构所在地银监局应当自受理之日起20日内将申请资料连同审核意见报送银监会。银监会或拟关闭机构所在地银监局应当自受理或收到完整申请资料之日起3个月内，作出批准或者不批准关闭的决定，并书面通知申请人。决定不批准的，应当说明理由。

第九十五条　外商独资银行、中外合资银行、外国银行申请关闭分行，应当在终止业务活动前向银监会或拟关闭机构所在地银监局提交下列申请资料（一式两份），同时抄送拟关闭机构所在地银监会派出机构（一份）：

（一）申请人董事长或者行长（首席执行官、总经理）签署的致银监会主席的申请书；

（二）申请人关于关闭分行的董事会决议；

（三）外国银行所在国家或者地区金融监管当局对其申请的意见书；

（四）关于拟关闭机构的资产处置、债务清偿、人员安置的计划和负责后续事项的人员名单及联系方式；

（五）银监会要求的其他资料。

第四节　分行关闭并在同一城市设立代表处

第九十六条　外国银行关闭中国境内分行并在同一城市设立代表处的申请，由拟关闭机构所在地银监局受理和初审，银监会对拟关闭分行的申请进行审查和决定；在经银监会批准外国银行关闭中国境内分行后，所在地银监局对该外国银行在同一城市设立代表处的申请进行审查和决定。

外国银行关闭中国境内分行并申请在同一城市设立代表处，应当向拟关闭机构所在地银监局提交申请资料，同时抄送拟关闭机构所在地银监会派出机构。所在地银监局应当自受理之日起 20 日内将申请材料连同关于外国银行关闭中国境内分行的初审意见报送银监会。

银监会或拟关闭机构所在地银监局应当自受理或收到完整申请材料之日起 3 个月内，作出批准或者不批准的决定，并书面通知申请人。决定不批准的，应当说明理由。

第九十七条　外国银行申请关闭在中国境内分行并在同一城市设立代表处的，应当具备本办法第五十四条、第九十三条规定的条件，并应当在终止业务活动前将下列申请资料报送拟关闭机构所在地银监局（一式两份），同时抄送拟关闭机构所在地银监会派出机构（一份）：

（一）申请人董事长或者行长（首席执行官、总经理）签署的致银监会主席的申请书；

（二）申请人关于关闭分行并在同一城市设立代表处的董事会决议；

（三）外国银行所在国家或者地区金融监管当局对其申请的意见书；

（四）拟关闭分行资产处置、债务清偿、人员安置的计划和负责后续事项的人员名单及联系方式；

（五）拟任首席代表任职资格核准所需的相关资料；

（六）银监会要求的其他资料。

第五节　支行关闭

第九十八条　外商独资银行、中外合资银行、外国银行申请关闭支行，应当具备下列条件：

（一）申请人董事会已决议通过关闭支行；

（二）具有有效的资产处置、债务清偿、人员安置的方案。

第九十九条　外商独资银行、中外合资银行、外国银行关闭支行的申请，由拟关闭机构所在地银监局或者经授权的银监会派出机构受理、审查和决定。

外商独资银行、中外合资银行、外国银行申请关闭支行，应当向拟关闭机构所在地银监局或者经授权的银监会派出机构提交申请资料，同时抄送拟关闭机构所在地银监会派出机构。

拟关闭机构所在地银监局或者经授权的银监会派出机构应当自受理之日起3个月内，作出批准或者不批准关闭的决定，并书面通知申请人。决定不批准的，应当说明理由。

第一百条 外商独资银行、中外合资银行、外国银行申请关闭支行，应当在终止业务活动前将下列申请资料报送拟关闭机构所在地银监局或者经授权的银监会派出机构（一式两份）：

（一）申请人授权签字人签署的致所在地银监局或者经授权的银监会派出机构负责人的申请书；

（二）申请人关于关闭支行的董事会决议；

（三）拟关闭支行资产处置、债务清偿、人员安置的计划和负责后续事项的人员名单及联系方式；

（四）银监会要求的其他资料。

第六节 外国银行代表处关闭

第一百零一条 外国银行申请关闭代表处，应当具备下列条件：

（一）申请人董事会已决议通过关闭代表处；

（二）申请人所在国家或者地区金融监管当局已同意其申请；

（三）具有有效的关闭方案及人员安置计划。

第一百零二条 外国银行关闭代表处的申请，由拟关闭机构所在地银监局受理、审查和决定。

外国银行申请关闭代表处，应当向拟关闭机构所在地银监局提交申请资料，并同时抄送拟关闭机构所在地银监会派出机构。

拟关闭机构所在地银监局应当自受理之日起3个月内，作出批准或者不批准关闭的决定，并书面通知申请人。决定不批准的，应当说明理由。

第一百零三条 外国银行申请关闭代表处，应当将下列申请资料报送拟关闭机构所在地银监局（一式两份），同时抄送拟关闭机构所在地银监会派出机构（一份）：

（一）申请人董事长或者行长（首席执行官、总经理）签署的致银监会主席的申请书，特殊情况下，该申请书可以由授权签字人签署；

（二）申请人关于关闭代表处的董事会决议；

（三）所在国家或地区金融监管当局对其申请的意见书；

（四）代表处关闭方案、人员安置计划和负责后续事项的人员名单及联系方式；

（五）银监会要求的其他资料。

第五章　业务范围

第一节　开办人民币业务

第一百零四条　外资银行营业性机构申请经营人民币业务，分为初次申请经营人民币业务和申请扩大人民币业务服务对象范围两种情形。

第一百零五条　外资银行营业性机构初次申请经营人民币业务，应当具备下列条件：

（一）提出申请前在中国境内开业1年以上；

（二）银监会规定的其他审慎性条件。

外国银行分行改制为由其单独出资的外商独资银行的，前款规定的期限自外国银行分行设立之日起计算。

外国银行的一家分行已经获准经营人民币业务，该外国银行的其他分行申请经营人民币业务的，不受本条第一款第（一）项的限制。

第一百零六条　已经获准经营人民币业务的外资银行营业性机构申请扩大人民币业务服务对象范围，应当具备银监会规定的审慎性条件。

外商独资银行、中外合资银行经营对中国境内公民的人民币业务，除应当具备银监会规定的审慎性条件外，还应当具备符合业务特点以及业务发展需要的营业网点。

第一百零七条　由银监会直接监管的外资银行营业性机构经营人民币业务或者扩大人民币业务服务对象范围的申请，由银监会受理、审查和决定。其他外资银行营业性机构经营人民币业务或者扩大人民币业务服务对象范围的申请，由外资银行营业性机构所在地银监局受理、审查和决定。

外资银行营业性机构申请经营人民币业务或者申请扩大人民币业务服务对象范围，应当向银监会或所在地银监局提交申请资料，同时抄送所在地银监会派出机构。

银监会或所在地银监局应当自受理之日起3个月内，作出批准或者不批准的决定，并书面通知申请人。决定不批准的，应当说明理由。

第一百零八条　申请经营人民币业务或者扩大人民币业务服务对象范围，申请人应当向银监会或所在地银监局提交下列申请资料（一式两份），同时抄送所在地银监会派出机构（一份）：

（一）申请人董事长或者行长（首席执行官、总经理）签署的致银监会主席的申请书；

（二）可行性研究报告；

（三）拟经营业务的内部控制制度及操作规程；

（四）银监会要求的其他资料。

第一百零九条 外资银行营业性机构初次经营人民币业务或者将人民币业务服务对象范围从除中国境内公民以外客户扩大至中国境内公民的，应当进行筹备。筹备期为自获准之日起4个月。外资银行营业性机构未能在4个月内完成筹备工作的，银监会或所在地银监局原批准文件自动失效。

外国银行的1家分行已经获准经营人民币业务的，该外国银行在中国境内增设的分行在筹建期可以开展人民币业务的筹备工作，经所在地银监局验收合格后，可以在开业时提出经营人民币业务的申请。

第一百一十条 外商独资银行分行、中外合资银行分行在其总行业务范围内经授权经营人民币业务。开展业务前，应当将总行对其经营人民币业务的授权书报送所在地银监会派出机构，并进行筹备。筹备期为4个月。

外商独资银行分行、中外合资银行分行经所在地银监会派出机构验收合格后，凭所在地银监局出具的经营人民币业务的确认函到工商行政管理机关办理营业执照变更事宜。

外商独资银行、中外合资银行、外国银行的支行在其总行或分行业务范围内经授权经营人民币业务。开展业务前，应当将总行或分行对其经营人民币业务的授权书报送所在地银监会派出机构，并进行筹备。筹备期为4个月。

外商独资银行、中外合资银行、外国银行的支行经所在地银监会派出机构验收合格后，凭所在地银监会派出机构出具的经营人民币业务的确认函到工商行政管理机关办理营业执照变更事宜。

第二节 发行债务、资本补充工具

第一百一十一条 外商独资银行、中外合资银行申请在境内外发行经银监会许可的债务、资本补充工具，应当具备下列条件：

（一）具有良好的公司治理结构；

（二）主要审慎监管指标符合监管要求；

（三）贷款风险分类结果真实准确；

（四）拨备覆盖率达标，贷款损失准备计提充足；

（五）银监会规定的其他审慎性条件。

第一百一十二条 银监会直接监管的外商独资银行、中外合资银行发行经银监会许可的债务、资本补充工具的申请，由银监会受理、审查和决定，其他外商独资银行、中外合资银行发行经银监会许可的债务、资本补充工具的申请，由所在地银监局受理和初审，银监会审查和决定。

外商独资银行、中外合资银行申请发行经银监会许可的债务、资本补充工具，申请人应当向银监会或所在地银监局提交申请资料。

所在地银监局应当自受理之日起20日内将申请资料连同审核意见报送银监会。银监会应当自受理或收到完整申请资料之日起3个月内，作出批准或者不批准发行债务、资本补充工具的决定，并书面通知申请人。决定不批准的，应当说明理由。

第一百一十三条 外商独资银行、中外合资银行申请发行经银监会许可的债务、资本补充工具，应当向银监会或所在地银监局提交下列申请资料（一式两份）：

（一）申请人董事长或者行长（首席执行官、总经理）签署的致银监会主席的申请书；

（二）可行性研究报告；

（三）债务、资本补充工具发行登记表；

（四）申请人关于发行债务、资本补充工具的董事会决议；

（五）申请人股东关于发行债务、资本补充工具的董事会决议；

（六）申请人最近3年经审计的财务会计报告；

（七）募集说明书；

（八）发行公告或者发行章程；

（九）申请人关于本期债券偿债计划及保障措施的专项报告；

（十）信用评级机构出具的金融债券信用评级报告及有关持续跟踪评级安排的说明；

（十一）银监会要求的其他资料。

第三节 开办衍生产品交易业务

第一百一十四条 外资银行营业性机构开办衍生产品交易业务的资格分为下列两类：

（一）基础类资格：只能从事套期保值类衍生产品交易；

（二）普通类资格：除基础类资格可以从事的衍生产品交易之外，还可以从事非套期保值类衍生产品交易。

第一百一十五条 外资银行营业性机构申请开办基础类衍生产品交易业务，应当具备下列条件：

（一）具有健全的衍生产品交易风险管理制度和内部控制制度；

（二）具有接受相关衍生产品交易技能专门培训半年以上、从事衍生产品或者相关交易2年以上的交易人员至少2名，相关风险管理人员至少1名，风险模型研究人员或者风险分析人员至少1名，熟悉套期会计操作程序和制度规范的人员至少1名，以上人员应当专岗专人，相互不得兼任，且无不良记录；

（三）有适当的交易场所和设备；

（四）具有处理法律事务和负责内控合规检查的专业部门及相关专业人员；

（五）主要审慎监管指标符合监管要求；

（六）银监会规定的其他审慎性条件。

第一百一十六条 外资银行营业性机构申请开办普通类衍生产品交易业务，除具备本办法第一百一十五条规定的条件外，还应当具备下列条件：

（一）具有完善的衍生产品交易前台、中台、后台自动联接的业务处理系统和实时风险管理系统；

（二）衍生产品交易业务主管人员应当具备5年以上直接参与衍生产品交易活动或者风险管理的资历，且无不良记录；

（三）具有严格的业务分离制度，确保套期保值类业务与非套期保值类业务的市场信息、风险管理、损益核算有效隔离；

（四）具有完善的市场风险、操作风险、信用风险等风险管理框架；

（五）银监会规定的其他审慎性条件。

第一百一十七条 外国银行分行申请开办衍生产品交易业务，应当获得其总行（地区总部）的正式授权，其母国应当具备对衍生产品交易业务进行监管的法律框架，其母国监管当局应当具备相应的监管能力。

外国银行分行申请开办衍生产品交易业务，若不具备本办法第一百一十五条或者第一百一十六条规定的条件，其总行（地区总部）应当具备上述条件。同时该分行还应当具备下列条件：

（一）其总行（地区总部）对该分行从事衍生产品交易等方面的正式授权应当对交易品种和限额作出明确规定；

（二）除总行另有明确规定外，该分行的全部衍生产品交易统一通过对其授权的总行（地区总部）系统进行实时平盘，并由其总行（地区总部）统一进行平盘、敞口管理和风险控制。

第一百一十八条 银监会直接监管的外商独资银行、中外合资银行开办衍生产品交易业务的申请，由银监会受理、审查和决定。其他外资银行营业性机构开办衍生产品交易业务的申请，由所在地银监局受理、审查和决定。

外资银行营业性机构申请开办衍生产品交易业务，应当向银监会或所在地银监局提交申请资料。

银监会或所在地银监局应当自受理之日起3个月内，作出批准或者不批准开办衍生产品交易业务的决定，并书面通知申请人。决定不批准的，应当说明理由。

第一百一十九条 外资银行营业性机构申请开办衍生产品交易业务，应当向银监会或所在地银监局报送下列申请资料（一式两份）：

（一）申请人授权签字人签署的致银监会主席的申请书；

（二）可行性研究报告及业务计划书或者展业计划；

（三）衍生产品交易业务内部管理规章制度，内容包括：

1. 衍生产品交易业务的指导原则、操作规程（操作规程应当体现交易前台、中台、后台分离的原则）和针对突发事件的应急计划；

2. 新业务、新产品审批制度及流程；

3. 交易品种及其风险控制制度；

4. 衍生产品交易的风险模型指标及量化管理指标；

5. 风险管理制度和内部审计制度；

6. 衍生产品交易业务研究与开发的管理制度及后评价制度；

7. 交易员守则；

8. 交易主管人员岗位职责制度，对各级主管人员与交易员的问责制度和激励约束机制；

9. 对前台、中台、后台主管人员及工作人员的培训计划；

（四）衍生产品交易会计制度；

（五）主管人员和主要交易人员名单、履历；

（六）衍生产品交易风险管理制度，包括但不限于：风险敞口量化规则或者风险限额授权管理制度；

（七）第三方独立出具的交易场所、设备和系统的安全性和稳定性测试报告；

（八）银监会要求的其他资料。

外国银行分行申请开办衍生产品交易业务，若不具备本办法第一百一十五条或者第一百一十六条所列条件，除报送其总行（地区总部）的上述文件和资料外，同时还应当报送下列申请资料：

（一）外国银行总行（地区总部）对该分行从事衍生产品交易品种和限额等方面的正式书面授权文件；

（二）除外国银行总行另有明确规定外，外国银行总行（地区总部）出具的确保该分行全部衍生产品交易通过总行（地区总部）交易系统进行实时平盘，并由其总行（地区总部）负责进行平盘、敞口管理和风险控制的承诺函。

第四节　开办信用卡业务

第一百二十条　外商独资银行、中外合资银行申请开办信用卡业务分为申请开办发卡业务和申请开办收单业务。申请人应当具备下列条件：

（一）公司治理良好，主要审慎监管指标符合银监会有关规定，具备与业务发展相适应的组织机构和规章制度，内部控制、风险管理和问责机制健全有效；

（二）信誉良好，具有完善、有效的内控机制和案件防控体系，最近3年内无重大违法违规行为和重大恶性案件；

（三）具备符合任职资格条件的董事、高级管理人员和合格从业人员。高级管理人员中应当有具备信用卡业务专业知识和管理经验的人员至少1名，具备开展信用卡业务必需的技术人员和管理人员，并全面实施分级授权管理；

（四）具备与业务经营相适应的营业场所、相关设施和必备的信息技术资源；

（五）已在中国境内建立符合法律法规和业务管理要求的业务系统，具有保障相关业务系统信息安全和运行质量的技术能力；

（六）开办外币信用卡业务的，应当具有结汇、售汇业务资格；

（七）银监会规定的其他审慎性条件。

第一百二十一条　外商独资银行、中外合资银行申请开办信用卡发卡业务，除应当具备本办法第一百二十条规定的条件外，还应当具备下列条件：

（一）具备办理零售业务的良好基础。最近3年个人存贷款业务规模和业务结构稳定，个人存贷款业务客户规模和客户结构良好，银行卡业务运行情况良好，身份证件验证系统和征信系统的连接和使用情况良好；

（二）具备办理信用卡业务的专业系统。在中国境内建有发卡业务主机、信用卡业务申请管理系统、信用评估管理系统、信用卡账户管理系统、信用卡交易授权系统、信用卡交易监测和伪冒交易预警系统、信用卡客户服务中心系统、催收业务管理系统等专业化运营基础设施，相关设施通过了必要的安全检测和业务测试，能够保障客户资料和业务数据的完整性和安全性；

（三）符合外商独资银行、中外合资银行业务经营总体战略和发展规划，有利于提高总体业务竞争能力。能够根据业务发展实际情况持续开展业务成本计量、业务规模监测和基本盈亏平衡测算等工作。

第一百二十二条 外商独资银行、中外合资银行申请开办信用卡收单业务，除应当具备本办法第一百二十条规定的条件外，还应当具备下列条件：

（一）具备开办收单业务的良好基础。最近3年企业贷款业务规模和业务结构稳定，企业贷款业务客户规模和客户结构较为稳定，身份证件验证系统和征信系统连接和使用情况良好；

（二）具备办理收单业务的专业系统。在中国境内建有收单业务主机、特约商户申请管理系统、特约商户信用评估管理系统、特约商户结算账户管理系统、账务管理系统、收单交易监测和伪冒交易预警系统、交易授权系统等专业化运营基础设施，相关设施通过了必要的安全检测和业务测试，能够保障客户资料和业务数据的完整性和安全性；

（三）符合外商独资银行、中外合资银行业务经营总体战略和发展规划，有利于提高业务竞争能力。能够根据业务发展实际情况持续开展业务成本计量、业务规模监测和基本盈亏平衡测算等工作。

第一百二十三条 银监会直接监管的外商独资银行、中外合资银行开办信用卡业务的申请，由银监会受理、审查和决定。其他外商独资银行、中外合资银行开办信用卡业务的申请，由所在地银监局受理、审查和决定。

外商独资银行、中外合资银行申请开办信用卡业务，应当向银监会或所在地银监局提交申请资料，同时抄送所在地银监会派出机构。

银监会或所在地银监局应当自受理之日起3个月内，作出批准或者不批准开办信用卡业务的决定，并书面通知申请人。决定不批准的，应当说明理由。

第一百二十四条 外商独资银行、中外合资银行申请开办信用卡业务，应当向银监会或所在地银监局提交下列申请资料（一式两份），同时抄送所在地银监会派出机构（一份）：

（一）申请人董事长或者行长（首席执行官、总经理）签署的致银监会主席的申请书；

（二）可行性研究报告；

（三）信用卡业务发展规划；

（四）信用卡业务管理制度；

（五）信用卡章程，内容至少包括信用卡的名称、种类、功能、用途、发行对象、申领条件、申领手续、使用范围（包括使用方面的限制）及使用方法、信用卡账户适用的利率、面向持卡人的收费项目和收费水平，发卡银行、持卡人及其他有关当事人的权利、义务；

（六）信用卡卡样设计草案或者可受理信用卡种类；

（七）信用卡业务运营设施、业务系统和灾备系统介绍；

（八）相关身份证件验证系统和征信系统连接和使用情况介绍；

（九）信用卡业务系统和灾备系统测试报告和安全评估报告；

（十）信用卡业务运行应急方案和业务连续性计划；

（十一）信用卡业务风险管理体系建设和相应的规章制度；

（十二）信用卡业务的管理部门、职责分工、主要负责人介绍；

（十三）申请机构联系人、联系电话、联系地址、传真、电子邮箱等联系方式；

（十四）银监会要求的其他资料。

第五节　开办其他业务

第一百二十五条　外资银行营业性机构申请开办其他业务，是指申请开办《中华人民共和国外资银行管理条例》第二十九条第（十三）项或者第三十一条第（十二）项所指的业务。

第一百二十六条　外资银行营业性机构申请开办其他业务，应当具备下列条件：

（一）具有与业务发展相适应的组织结构和规章制度，内控制度、风险管理和问责机制健全有效；

（二）与现行法律法规不相冲突；

（三）主要审慎监管指标达到监管要求；

（四）符合外资银行战略发展定位与方向；

（五）经内部决策程序通过；

（六）具备开展业务必需的技术人员和管理人员，并全面实施分级授权管理；

（七）具备与业务经营相适应的营业场所和相关设施；

（八）具备开展该项业务的必要、安全且合规的信息科技系统，具备保障信息科技系统有效安全运行的技术与措施；

（九）无重大违法违规记录和因内部管理问题导致的重大案件；

（十）银监会规定的其他审慎性条件。

第一百二十七条　银监会直接监管的外商独资银行、中外合资银行开办其他业务的申请，由银监会受理、审查和决定。其他外资银行营业性机构开办其他业务的申请，由所在地银监局受理、审查和决定。

外资银行营业性机构申请开办其他业务，应当向银监会或所在地银监局提交申请资料，同时抄送所在地银监会派出机构。

银监会或所在地银监局应当自受理之日起3个月内，作出批准或者不批准开办拟经营业务的决定，并书面通知申请人。决定不批准的，应当说明理由。

第一百二十八条 外资银行营业性机构申请开办其他业务，应当向银监会或所在地银监局报送下列申请资料（一式两份），同时抄送所在地银监会派出机构（一份）：

（一）申请人授权签字人签署的致银监会主席的申请书；

（二）拟经营业务的详细介绍和可行性研究报告；

（三）拟经营业务的内部控制制度和操作规程；

（四）拟经营业务的人员配备情况及业务系统的介绍；

（五）银监会要求的其他资料。

第六章 董事和高级管理人员任职资格核准

第一百二十九条 本办法所称高级管理人员是指须经银监会或者所在地银监局核准任职资格的外资银行管理人员。

第一百三十条 申请担任外资银行董事、高级管理人员和首席代表，拟任人应当是具有完全民事行为能力的自然人，并具备下列基本条件：

（一）熟悉并遵守中国法律、行政法规和规章；

（二）具有良好的职业道德、操守、品行和声誉，有良好的守法合规记录，无不良记录；

（三）具备大学本科以上（包括大学本科）学历，且具有与担任职务相适应的专业知识、工作经验和组织管理能力；不具备大学本科以上学历的，应当相应增加6年以上从事金融或者8年以上从事相关经济工作经历（其中从事金融工作4年以上）；

（四）具有履职所需的独立性。

外资银行董事、高级管理人员和首席代表在银监会或者所在地银监局核准其任职资格前不得履职。

第一百三十一条 拟任人有下列情形之一的，不得担任外资银行的董事、高级管理人员和首席代表：

（一）有故意或者重大过失犯罪记录的；

（二）有违反社会公德的不良行为，造成恶劣影响的；

（三）对曾任职机构违法违规经营活动或者重大损失负有个人责任或者直接领导责任，情节严重的；

（四）担任或者曾任被接管、撤销、宣告破产或者吊销营业执照的机构的董事或者高级管理人员的，但能够证明本人对曾任职机构被接管、撤销、宣告破产或者吊销营业执照不负有个人责任的除外；

（五）因违反职业道德、操守或者工作严重失职，造成重大损失或者恶劣影响的；

（六）指使、参与所任职机构不配合依法监管或者案件查处的；

（七）被取消终身的董事和高级管理人员任职资格，或者受到监管机构或者其他金融管理部门处罚累计达到两次以上的；

（八）本人或者其配偶负有数额较大的债务且到期未偿还的，包括但不限于在该外资银行的逾期贷款；

（九）存在其他所任职务与拟任职务有明显利益冲突，或者明显分散其履职时间和精力的情形；

（十）不具备本办法规定的任职资格条件，采取不正当手段以获得任职资格核准的；

（十一）法律、行政法规、部门规章规定的不得担任金融机构董事、高级管理人员或者首席代表的；

（十二）银监会认定的其他情形。

第一百三十二条 外资银行营业性机构更换董事长、行长（首席执行官、总经理）、分行行长、管理型支行行长、外国银行代表处更换首席代表，拟任人任职资格未获核准前，外资银行应当指定符合任职资格条件的人员代为履职，并自指定之日起3日内向任职资格审核的决定机关报告。

代为履职的人员不符合任职资格条件的，监管机构可以责令外资银行限期调整代为履职的人员。代为履职的时间不得超过6个月。外资银行应当在6个月内选聘符合任职资格条件的人员正式任职。

第一百三十三条 具有高级管理人员任职资格且未连续中断任职1年以上的拟任人在同质同类外资银行间平级调动职务（平级兼任）或改任（兼任）较低职务的，不需重新申请核准任职资格。拟任人应当在任职后5日内向银监会或任职机构所在地银监会派出机构备案。

第一百三十四条 担任下列职务的外资银行董事、高级管理人员和首席代表除应当具备本办法第一百三十条所列条件外，还应当分别具备下列条件：

（一）担任外商独资银行、中外合资银行董事长，应当具有8年以上金融工作或者12年以上相关经济工作经历（其中从事金融工作5年以上）；

（二）担任外商独资银行、中外合资银行副董事长，应当具有5年以上金融工作或者10年以上相关经济工作经历（其中从事金融工作3年以上）；

（三）担任外商独资银行、中外合资银行行长（首席执行官、总经理），应当具有8年以上金融工作或者12年以上相关经济工作经历（其中从事金融工作4年以上）；

（四）担任外商独资银行、中外合资银行董事会秘书、副行长（副总经理）、行长助理、首席运营官、首席风险控制官、首席财务官（财务总监、财务负责人）、首席技术官（首席信息官），外商独资银行分行、中外合资银行分行、外国银行分行行长（总经理），应当具有5年以上金融工作或者10年以上相关经济工作经历（其中从事金融工作3年以上）；

（五）担任外商独资银行、中外合资银行董事，应当具有5年以上与经济、金融、法律、财务有关的工作经历，能够运用财务报表和统计报表判断银行的经营、管理和风险状况，理解银行的公司治理结构、公司章程、董事会职责以及董事的权利和义务；

（六）担任外商独资银行分行、中外合资银行分行、外国银行分行副行长（副总经理），管理型支行行长，应当具有4年以上金融工作或者6年以上相关经济工作经历（其中从事金融工作2年以上）；

（七）担任外商独资银行、中外合资银行内审负责人和合规负责人，应当具有4年以上金融工作经历；

（八）担任外商独资银行分行、中外合资银行分行、外国银行分行合规负责人，应当具有3年以上金融工作经历；

（九）担任外国银行代表处首席代表，应当具有3年以上金融工作或者6年以上相关经济工作经历（其中从事金融工作1年以上）。

第一百三十五条 外资银行下列人员的任职资格核准的申请，由银监会受理、审查和决定：银监会直接监管的外商独资银行、中外合资银行董事长、行长（首席执行官、总经理）、董事、副董事长、董事会秘书、副行长（副总经理）、行长助理、首席运营官、首席风险控制官、首席财务官（财务总监、财务负责人）、首席技术官（首席信息官）、内审负责人、合规负责人，以及其他对经营管理具有决策权或者对风险控制起重要作用的人员。

外资银行下列人员的任职资格核准的申请，由拟任职机构所在地银监局受理和初审，银监会审查和决定：非银监会直接监管的外商独资银行、中外合资银行董事长、行长（首席执行官、总经理）。所在地银监局应当自受理之日起20日内将申请资料连同审核意见报送银监会。

银监会授权所在地银监局受理、审查和决定随机构开业初次任命的外商独资银行、中外合资银行董事长、行长（首席执行官、总经理）任职资格。

外资银行下列人员的任职资格核准的申请，由拟任职机构所在地银监局受理、审查和决定：

（一）非银监会直接监管的外商独资银行、中外合资银行董事、副董事长、董事会秘书、副行长（副总经理）、行长助理、首席运营官、首席风险控制官、首席财务官（财务总监、财务负责人）、首席技术官（首席信息官）、内审负责人、合规负责人；

（二）外商独资银行分行、中外合资银行分行、外国银行分行的行长（总经理）、副行长（副总经理）、合规负责人、管理型支行行长；外国银行代表处首席代表；

（三）其他对经营管理具有决策权或者对风险控制起重要作用的人员。

第一百三十六条 银监会或所在地银监局应当自受理或收到完整申请资料之日起30日内，作出核准或者不核准的决定，并书面通知申请人。决定不核准的，应当说明理由。

随机构设立初次任命的董事长、行长（首席执行官、总经理）、分行行长（总经理）任职资格核准的申请，由拟任职机构所在地银监局自受理之日起2个月内，随机构开业批复作出核准或者不核准的决定；随代表处设立初次任命的首席代表任职资格核准的申请，由拟任职机构所在地银监局自受理之日起6个月内，随代表处设立批复作出核准或者不核准的决定，并书面通知申请人。决定不核准的，应当说明理由。

第一百三十七条 申请核准外资银行董事、高级管理人员和首席代表任职资格，申请人应当将下列申请资料报送银监会或拟任职机构所在地银监局（一式两份），同时抄送拟任职机构所在地银监会派出机构（一份）：

（一）申请人授权签字人签署的致银监会的申请书，其中由银监会核准的申请书致银监会主席，由银监局核准的申请书致银监局负责人；申请书中应当说明拟任人拟任的职务、职责、权限，及该职务在本机构组织结构中的位置；

（二）申请人授权签字人签署的对拟任人的授权书及该签字人的授权书；

（三）经授权签字人签字的拟任人简历、身份证明和学历证明复印件；

（四）拟任人从事商业银行业务及相关管理经验、履职计划的详细说明；

（五）拟任人签署的无不良记录陈述书以及任职后将守法尽责的承诺书；

（六）外商独资银行、中外合资银行章程规定应当召开股东会或者董事会会议的，还应当报送相应的会议决议；

（七）拟任人离任审计报告（经济责任审计报告）或者原任职机构出具的履职评价；

（八）拟任人在银行、银行集团及其关联企业中担任、兼任其他职务的情况说明；

（九）银监会要求的其他资料。

第七章　附　　则

第一百三十八条　本办法中的“日”指工作日。

第一百三十九条　本办法中“以上”均含本数或本级。

第一百四十条　本办法中银监会直接监管的外资银行是指在 15 个以上省（区、市）设立一级分支机构的外资法人银行。

第一百四十一条　支行升格分行的，应当符合分行设立的有关规定。

第一百四十二条　本办法所称管理型支行是指除了对自身以外，对其他支行或支行以下分支机构在机构管理、业务管理、人员管理等方面具有部分或全部管辖权的支行。

第一百四十三条　香港、澳门及台湾地区的金融机构在内地/大陆设立的银行机构，比照适用本办法。国务院另有规定的，依照其规定。

第一百四十四条　银监会负责其直接监管的外资法人银行金融许可证的颁发与管理；所在地银监局或经授权的银监会派出机构负责其他外资银行营业性机构金融许可证的颁发与管理。

第一百四十五条　本办法由银监会负责解释。

第一百四十六条　本办法自公布之日起施行，《中国银监会外资银行行政许可事项实施办法》（中国银监会令 2014 年第 6 号）同时废止。

民用航空安全管理规定

（2018 年 2 月 13 日交通运输部令 2018 年第 3 号公布　自 2018 年 3 月 16 日起施行　国法备字［2018000531］）

第一章　总　　则

第一条　为了实施系统、有效的民用航空安全管理，保证民用航空安全、正常运行，依据《中华人民共和国民用航空法》《中华人民共和国安全生产法》等国家有关法律、行政法规，制定本规定。

第二条 本规定适用于中华人民共和国领域内民用航空生产经营活动的安全管理。

第三条 民用航空安全管理应当坚持安全第一、预防为主、综合治理的工作方针。

第四条 中国民用航空局（以下简称民航局）对全国民用航空安全实施统一监督管理。中国民用航空地区管理局（以下简称民航地区管理局）对辖区内的民用航空安全实施监督管理。

民航局和民航地区管理局，以下统称民航行政机关。

第二章 安全管理要求

第一节 安全管理体系

第五条 民航生产经营单位应当依法建立并运行有效的安全管理体系。相关规定中未明确要求建立安全管理体系的，应当建立等效的安全管理机制。

第六条 安全管理体系应当至少包括以下四个组成部分共计十二项要素：

（一）安全政策和目标，包括：

1. 安全管理承诺与责任；
2. 安全问责制；
3. 任命关键的安全人员；
4. 应急预案的协调；
5. 安全管理体系文件。

（二）安全风险管理，包括：

1. 危险源识别；
2. 安全风险评估与缓解措施。

（三）安全保证，包括：

1. 安全绩效监测与评估；
2. 变更管理；
3. 持续改进。

（四）安全促进，包括：

1. 培训与教育；

2. 安全交流。

第七条 安全管理体系、等效的安全管理机制至少应当具备以下功能：

（一）查明危险源及评估相关风险；

（二）制定并实施必要的预防和纠正措施以保持可接受的安全绩效水平；

（三）持续监测与定期评估安全管理活动的适宜性和有效性。

第八条 民航生产经营单位的安全管理体系应当依法经民航行政机关审定。等效的安全管理机制应当报民航地区管理局或者其授权的机构备案。

第九条 民航生产经营单位应当建立安全管理体系、等效的安全管理机制的持续完善制度，以确保其持续满足相关要求，且工作绩效满足安全管理相关要求。

第十条 民航生产经营单位安全管理体系或者等效的安全管理机制的运行应当接受民航行政机关的持续监督，以确保其有效性。

第二节　安全绩效管理

第十一条 民航生产经营单位应当实施安全绩效管理，并接受民航行政机关的监督。

第十二条 民航生产经营单位应当建立与本单位运行类型、规模和复杂程度相适应的安全绩效指标，以监测生产运行风险。

第十三条 民航生产经营单位应当依据民航局制定的年度行业安全目标制定本单位安全绩效目标。安全绩效目标应当等于或者优于行业安全目标。

第十四条 民航生产经营单位应当根据安全绩效目标制定行动计划，并报所在辖区民航地区管理局备案。

第十五条 民航生产经营单位应当对实际安全绩效实施持续监测，按需要调整行动计划以确保实现安全绩效目标。

第十六条 民航生产经营单位应当在每年 7 月 15 日前及次年 1 月 15 日前分别将半年和全年安全绩效统计分析报告报所在辖区民航地区管理局备案。

第三节　安全管理制度

第十七条 民航生产经营单位应当依法建立安全生产管理机构或者配备安全生产管理人员，满足安全管理的所有岗位要求。

第十八条 民航生产经营单位应当保证本单位安全生产投入的有效实施，以具备国家有关法律、行政法规和规章规定的安全生产条件。安全生产投入至少应当包括以下方面：

（一）制定完备的安全生产规章制度和操作规程；

（二）从业人员安全教育和培训；

（三）安全设施、设备、工艺符合有关安全生产法律、行政法规、标准和规章的要求；

（四）安全生产检查与评价；

（五）重大危险源、重大安全隐患的评估、整改、监控；

（六）安全生产突发事件应急预案、应急组织、应急演练，配备必要的应急器材、设备；

（七）满足法律、行政法规和规章规定的与安全生产直接相关的其他要求。

第十九条 民航生产经营单位应当建立安全检查制度和程序，定期开展安全检查。

第二十条 民航生产经营单位应当建立安全隐患排查治理制度和程序，及时发现、消除安全隐患。

第二十一条 民航生产经营单位应当建立内部审核、内部评估制度和程序，定期对安全管理体系或者等效的安全管理机制的实施情况进行评审。

第二十二条 民航生产经营单位应当建立安全培训和考核制度，培训和考核的内容应当与岗位安全职责相适应。

第二十三条 民航生产经营单位应当建立应急处置机制，制定统一管理、综合协调的安全生产突发事件应急预案。

第四节 人员培训

第二十四条 民航生产经营单位的主要负责人、分管安全生产的负责人和安全管理人员应当按规定完成必需的安全管理培训，并定期参加复训。

第二十五条 民航生产经营单位应当针对生产运行相关岗位人员制定安全培训大纲和年度安全培训计划，其内容和质量应当满足相应的要求。

第二十六条 民航生产经营单位应当组织开展安全培训，建立培训档案，定期组织复训和考核。未经安全教育和培训，或者经教育和培训后考核不合格的人员，不得上岗作业。

第二十七条 民航生产经营单位应当对安全培训质量实行监督，确保培训目的、内容和质量满足相关要求。

第五节 事故和事故征候处理

第二十八条 发生事故或者事故征候的民航生产经营单位应当依法及时

报告。

第二十九条 与事故或者事故征候有关的民航生产经营单位，应当依法封存、妥善保管并提供有关资料，保护事发现场，积极配合事故和事故征候调查。

第三十条 发生事故或者事故征候的民航生产经营单位，应当依据调查结果，查找系统缺陷，制定纠正措施，预防事故或者事故征候再次发生。

第三章 安全数据和安全信息的利用

第一节 行业安全数据和安全信息管理

第三十一条 民航局建立安全数据收集和处理系统，并实现安全数据整合或者互访功能。

第三十二条 民航局建立基于安全信息分析的安全项目工作机制，包括但不限于以下内容：

（一）开展行业安全信息分析，确定重点风险领域，提出民用航空安全项目建议；

（二）组建民用航空安全咨询专家组，系统研究并提出风险控制方案；

（三）对风险控制措施的实施及效果进行持续监控。

第三十三条 安全数据和安全信息应当用于调查事故或者事故征候原因，提出安全建议，预防事故或者事故征候发生。

第三十四条 安全数据和安全信息保护的条件和范围另行规定。

第三十五条 民航局建立安全信息交流、发布的机制和程序。

第三十六条 安全信息的发布应当遵循以下原则：

（一）对调整安全管理政策、规章和措施是必要的；

（二）不影响信息报告的积极性；

（三）隐去识别信息，一般采用概述或者综述的形式。

第二节 民航生产经营单位安全数据利用

第三十七条 民航生产经营单位应当根据本单位运行类型、规模和复杂程度，以及相应的安全管理需求，建立适宜的安全数据收集和处理系统。

第三十八条 民航生产经营单位应当充分利用收集的安全数据，开展安全现状分析和趋势预测，不得将安全数据用于除改进航空安全以外的其他任何目的。

第三十九条 安全数据的来源包括但不限于以下渠道：

（一）安全报告，包括强制报告、自愿报告和举报等；

（二）事件调查；

（三）安全检查、审核和评估；

（四）航空器持续适航有关的报告；

（五）飞行品质监控。

第四章 安全监督管理

第一节 中国民航航空安全方案

第四十条 民航局编制和实施中国民航航空安全方案，以使民用航空安全绩效达到可接受的水平。

第四十一条 中国民航航空安全方案包括四个组成部分共计十一项要素：

（一）安全政策与目标，包括：

1. 安全立法框架；
2. 安全责任和问责制；
3. 事故和事故征候调查；
4. 执法政策。

（二）安全风险管理，包括：

1. 对民航生产经营单位安全管理体系的要求；
2. 对民航生产经营单位安全绩效的认可。

（三）安全保证，包括：

1. 安全监督；
2. 安全数据的收集、分析和交换；
3. 基于安全数据确定重点监管领域。

（四）安全促进，包括：

1. 内部培训、交流和发布信息；
2. 外部培训、交流和发布信息。

第四十二条 民航局制定行业可接受的安全绩效水平，包括安全绩效指标及其目标值、预警值，用于衡量并监测行业安全水平。

第四十三条 中国民航航空安全方案应当与民用航空活动规模和复杂性相一致。民航局负责对其适用性、有效性进行定期评估。

第二节　安全监管实施

第四十四条　民航局建立安全监管制度，保证安全监管全面、有效开展。安全监管制度包括：

（一）基本民用航空法律和法规。参与航空立法，以使安全监管活动得到充分的法律保障，实现依法治理。

（二）具体运行规章。依法制定行业运行规章，实现民用航空生产运行标准化、规范化管理，防范安全风险。

（三）安全监管机构、人员及职能。建立与民用航空运行规模和复杂程度相适应的安全监管机构，协调有关部门配备数量足够的合格人员以及必要的财政经费，以保证安全监管职能得到有效履行、安全监管目标得以实现。

（四）监察员资质和培训。规定监察员最低资格要求，建立初始培训、复训以及培训记录制度。

（五）提供技术指导、工具及重要的安全信息。向监察员提供必要的监管工具、技术指导材料、关键安全信息，使其按规定程序有效履行安全监管职能；向行业提供执行相关规章的技术指导。

（六）颁发执照、合格审定、授权或者批准。通过制定并实施特定的程序，以确保从事民用航空活动的人员和单位只有在符合相关规章之后，方可从事执照、许可证、授权或者批准所包含的相关民用航空活动。

（七）监察。通过制定并实施持续的检查、审计和监测计划，对民用航空活动进行监察，确保航空执照、许可证、授权或者批准的持有人持续符合规章要求，其中包括对民航行政机关指定的代其履行安全监督职能的人员进行监察。

（八）解决安全问题。制定并使用规范的程序，用于采取包括强制措施在内的整改行动，以解决查明的安全问题；通过对整改情况的监测和记录，确保查明的安全问题得到及时解决。

第四十五条　民航局制定年度可接受的安全绩效水平，确定重点安全工作任务。民航局各职能部门制定下发行政检查大纲或者行政检查要求。民航地区管理局开展辖区民用航空运行安全监管工作。

第四十六条　民航局对民航生产经营单位安全管理体系或者等效的安全管理机制进行持续监督，以确保其运行的有效性。

第四十七条　民航行政机关依法综合运用多种监管手段强化民航生产经营单位的安全生产主体责任，加强安全隐患监督管理，预防事故发生。

第五章　法律责任

第四十八条　民航生产经营单位有下列行为之一的，由民航行政机关责令其限期改正；逾期未改正的，给予警告，并处一万元以上三万元以下的罚款：

（一）违反本规定第五条，未建立并运行安全管理体系或者等效的安全管理机制的；

（二）违反本规定第八条，建立的安全管理体系未经民航行政机关审定或者建立的等效的安全管理机制未备案的；

（三）违反本规定第九条，未建立安全管理体系或者等效的安全管理机制的持续完善制度的；

（四）违反本规定第十一条至第十三条，未开展安全绩效管理工作、未制定适宜的安全绩效指标或者安全绩效目标劣于行业安全目标的；

（五）违反本规定第十四条、第十五条，未制定行动计划、未按规定向所在辖区民航地区管理局备案行动计划、未实施安全绩效监测或者未按需要调整行动计划的；

（六）违反本规定第十六条，未按规定向所在辖区民航地区管理局备案安全绩效统计分析报告的；

（七）违反本规定第二十一条至第二十三条，未建立相关安全管理制度的；

（八）违反本规定第二十四条，民航生产经营单位主要负责人、分管安全生产的负责人和安全管理人员未按要求完成培训的；

（九）违反本规定第二十五条、第二十七条，未按要求制定安全培训大纲、年度安全培训计划或者未进行培训质量监督的；

（十）违反本规定第三十条，未按要求查找系统缺陷、制定预防与纠正措施的。

第四十九条　民航生产经营单位有下列行为之一的，依照《中华人民共和国安全生产法》第九十四条，由民航行政机关责令其限期改正，可以处五万元以下的罚款；逾期未改正的，责令停产停业整顿，并处五万元以上十万元以下的罚款，对其直接负责的主管人员和其他直接责任人员处一万元以上二万元以下的罚款：

（一）违反本规定第十七条，未依法建立安全生产管理机构或者配备安全生产管理人员的；

（二）违反本规定第二十六条，未按要求组织对相关人员进行安全生产培训的。

第五十条 民航生产经营单位安全生产所必需的资金投入不足，致使其不具备安全生产条件的，依照《中华人民共和国安全生产法》第九十条进行处罚。

第五十一条 民航生产经营单位违反本规定第二十条，未建立安全隐患排查治理制度或者未采取措施消除安全隐患的，由民航行政机关给予警告或者处一万元以上三万元以下的罚款。

第五十二条 民航生产经营单位违反本规定第二十九条，未依法妥善保护资料的，由民航行政机关给予警告或者处一万元以上三万元以下的罚款。

第五十三条 民航行政机关工作人员有滥用职权、玩忽职守行为的，由有关部门依法予以处分。

第五十四条 违反本规定，构成犯罪的，依法追究刑事责任。

第六章 附 则

第五十五条 对民航生产经营单位的行政处罚等处理措施及其执行情况记入守法信用信息记录，并按照有关规定进行公示。

第五十六条 本规定涉及相关定义如下：

（一）民航生产经营单位，是指在中华人民共和国境内依法设立的民用航空器经营人、飞行训练单位、维修单位、航空产品型号设计或者制造单位、空中交通管理运行单位、民用机场（包括军民合用机场民用部分）以及地面服务保障等单位。

（二）民航航空安全方案，是指旨在提高安全的一套完整的法律、行政法规、规章和活动。

（三）安全管理体系，是指管理安全的系统做法，包括必要的组织机构、问责制、政策和程序。

（四）安全绩效，是指安全管理体系的运行效果，用一套安全绩效指标衡量。

（五）安全绩效指标，是指用于监测和评估安全绩效的以数据为基础的参数。

（六）安全绩效目标，是指安全绩效指标在一个特定时期的计划或者预期目标。

（七）行动计划，是指为了保证安全目标的实现而确定的一系列活动及其实施计划。

（八）安全数据，是指为实现安全管理目的，用于识别危险源和安全缺陷，而从不同来源收集的事实或者数值。通常采取主动或者被动方式进行收集。包括但不限于：事故调查数据、不安全事件强制报告数据、自愿报告数据、持续适航报告数据、运行绩效监测数据、安全风险评估数据、审计结果或者报告数据、安全研究或者检查数据或者安全管理的任何其他监管数据。

（九）安全信息，是指用于安全管理共享、交换或者保存为目的的、经过处理和整理过的安全数据。

（十）可接受的安全绩效水平，是指以安全绩效目标和安全绩效指标表示的，按照中国民航航空安全方案中规定的，或者民航生产经营单位按照其安全管理体系中规定的安全绩效的最低水平。

第五十七条 本规定自 2018 年 3 月 16 日起施行。

中国保险监督管理委员会关于修改《中华人民共和国外资保险公司管理条例实施细则》等四部规章的决定

（2018 年 2 月 13 日中国保险监督管理委员会令 2018 年第 4 号公布 自公布之日起施行 国法备字［2018000512］）

为贯彻落实国务院关于清理规范行政审批中介服务事项的要求，中国保险监督管理委员会决定对《中华人民共和国外资保险公司管理条例实施细则》等四部规章的部分条款予以修改。

一、将《中华人民共和国外资保险公司管理条例实施细则》第二十六条修改为：“《条例》和本细则要求申请设立外资保险公司的外国保险公司提供的下列文件或者资料，应当真实有效：

“（一）营业执照（副本）或者营业执照的有效复印件；

“（二）对拟任外国保险公司分公司主要负责人的授权书；

“（三）外国保险公司对其中国境内分公司承担税务、债务的责任担保书。”

二、将《外国保险机构驻华代表机构管理办法》第六条第二款修改为：“申请者提交的材料应当真实有效。”

三、删去《保险公司次级定期债务管理办法》第十二条。

第十四条改为第十三条，删去第一款第六项、第七项。

四、将《保险公司董事、监事和高级管理人员任职资格管理规定》第五十条修改为：“保险机构依照本规定报送的任职资格审查材料和其他文件资料，应当用中文书写。原件是外文的，应当附中文译本。”

本决定自公布之日起施行。

《中华人民共和国外资保险公司管理条例实施细则》《外国保险机构驻华代表机构管理办法》《保险公司次级定期债务管理办法》《保险公司董事、监事和高级管理人员任职资格管理规定》根据本决定作相应修改，重新公布。

重点用能单位节能管理办法

（2018 年 2 月 22 日国家发展和改革委员会、科学技术部、中国人民银行、国务院国有资产监督管理委员会、国家质量监督检验检疫总局、国家统计局、中国证券监督管理委员会令第 15 号公布 自 2018 年 5 月 1 日起施行 国法备字［2018000563］）

第一章 总 则

第一条 为加强重点用能单位的节能管理，提高能源利用效率，控制能源消费总量，促进生态文明建设，根据《中华人民共和国节约能源法》等有关法律、法规，制定本办法。

第二条 本办法所称重点用能单位是指：

（一）年综合能源消费量一万吨标准煤及以上的用能单位；

（二）国务院有关部门或者省、自治区、直辖市人民政府管理节能工作的部门指定的年综合能源消费量五千吨及以上不满一万吨标准煤的用能单位。

能源消费的核算单位是法人单位。

第三条 重点用能单位应当贯彻执行国家和地方有关节能的法律、法规、规章、政策和标准，按照合理用能的原则，加强节能管理，降低能源消耗，接受所在地县级以上人民政府管理节能工作的部门的管理。

第四条 国家发展和改革委员会负责全国重点用能单位节能管理工作。国务院有关部门在各自的职责范围内开展重点用能单位节能管理工作。

县级以上地方各级人民政府管理节能工作的部门负责本行政区域内重点

用能单位节能管理工作。县级以上地方各级人民政府有关部门在各自的职责范围内开展重点用能单位节能管理工作。

县级以上人民政府管理节能工作的部门，在开展重点用能单位节能管理工作过程中，根据本地区重点用能单位行业情况，充分发挥有关行业主管部门作用，共同推动重点用能单位节能管理工作。

第五条 对重点用能单位实行节能目标责任制和节能考核评价制度。地市级以上人民政府管理节能工作的部门会同有关部门，将能耗总量控制和节能目标分解到重点用能单位，对重点用能单位分级开展节能目标责任评价考核，主要考核重点用能单位能耗总量控制和节能目标完成情况、能源利用效率及节能措施落实情况，逐级报送考核结果，并将考核结果向社会进行公布。

第二章 管理措施

第六条 重点用能单位应当每年制定并实施节能计划和节能措施，确保完成能耗总量控制和节能目标。节能措施应当技术上可行、经济上合理。

第七条 重点用能单位应当建立健全能源管理制度，明确能源管理职责，制定能源利用全过程的管理要求或规范，确立淘汰落后、实施节能技术改造及奖惩等各方面管理机制，加强节能管理，减少能源损失，提高能源利用效率。

第八条 重点用能单位应当建立节能目标责任制，根据政府管理节能工作的部门下达的能耗总量控制和节能目标任务及要求，科学评估节能潜力，合理分解目标，落实到相应层级或岗位，并定期组织内部考核。

重点用能单位应当建立节能奖惩制度，将能耗总量控制和节能目标完成情况与奖惩挂钩，对节能工作中取得突出成绩的集体和个人给予表彰和奖励，对浪费能源的集体和个人给予惩罚。

第九条 重点用能单位应当按照《能源管理体系要求》等相关标准的要求，建立健全能源管理体系并使之有效运行。

县级以上人民政府管理节能工作的部门负责组织开展能源管理体系建设效果评价工作。鼓励重点用能单位开展能源管理体系认证。

第十条 重点用能单位应当成立节能工作领导小组，负责人由单位主要领导担任。

重点用能单位应当聘任具有节能专业知识、实际经验以及中级以上技术职称的人员担任能源管理负责人。

重点用能单位应当明确能源管理部门，设立能源管理岗位，聘任能够满足节能工作需要的能源管理人员。能源管理人员负责贯彻执行国家有关节约能源工作的法律、法规、规章、政策和标准，加强日常节能管理，组织实施本单位内部能源审计、节能技术改造，开展能源计量和统计分析等。

重点用能单位应当将节能工作领导小组、能源管理负责人、能源管理人员报管理节能工作的部门和有关部门备案，上述信息发生变动的，应当及时将变动情况报管理节能工作的部门和有关部门备案。

第十一条 重点用能单位应当按照《用能单位能源计量器具配备和管理通则》《重点用能单位能源计量审查规范》等有关规定，配备和使用经依法检定或校准的能源计量器具，加强能源计量数据的管理和使用，建立健全能源计量管理制度，完善能源计量体系，并接受质量技术监督部门开展的能源计量审查等监督检查。

第十二条 重点用能单位应当按照国家有关规定设置原始记录、统计台账，建立健全统计资料的审核、签署、交接、归档等管理制度。统计资料的审核、签署人员应当对其审核、签署的统计资料的真实性、准确性和完整性负责。

第十三条 重点用能单位应当由能源管理负责人负责组织能源利用状况报告填报工作，并每年向县级以上人民政府管理节能工作的部门报送上年度的能源利用状况报告。能源利用状况报告应当包括能源消费情况、能源利用效率、能耗总量控制和节能目标完成情况、节能效益分析、节能措施等内容。

县级以上人民政府管理节能工作的部门负责对重点用能单位报送的能源利用状况报告进行审查，逐级报送审查结果，将数据质量存在问题的重点用能单位作为本年度节能监察重点对象。

第十四条 重点用能单位应当按照国家有关规定实施能源审计，分析现状，查找问题，挖掘节能潜力，提出切实可行的节能措施，并向县级以上人民政府管理节能工作的部门报送能源审计报告。

县级以上人民政府管理节能工作的部门对重点用能单位的能源审计报告进行审核，并指导和督促重点用能单位落实节能措施。

第十五条 重点用能单位应当结合现有能源管理信息化平台，加强能源计量基础能力建设，按照政府管理节能工作的部门、质量技术监督部门要求建设能耗在线监测系统，提升能源管理信息化水平。

第十六条 重点用能单位应当优先采用《国家重点节能低碳技术推广目录》以及地方发布的相关目录中的节能技术、生产工艺和用能设备，主动淘汰落后的和国家明令禁止使用的用能产品、设备和生产工艺。

重点用能单位应当每年安排一定数量资金用于节能技术研发、节能技术改造、能源计量器具配备和节能技术培训等。

鼓励重点用能单位开展产学研合作，加强节能技术研发与应用交流合作。鼓励重点用能单位积极运用先进节能技术实施节能改造。

节能改造时涉及高耗能特种设备的，应当保障特种设备的安全性能，有关特种设备安全与节能法律、法规及规章另有规定的，从其规定。

第十七条 重点用能单位应当执行单位产品能耗限额强制性国家标准和能源效率强制性国家标准。鼓励重点用能单位制定严于国家标准、行业标准、地方标准的企业节能标准。

重点用能单位应当积极开展能效对标活动，持续提升能效水平，争当本行业能效“领跑者”。鼓励各行业协会在有关部门的指导下开展本行业内能效对标活动，组织本行业重点用能单位开展能效对标，对重点用能单位能效对标活动进行跟踪指导和评估，并提供技术支持。

第十八条 重点用能单位应当严格落实固定资产投资项目节能审查制度，未进行节能审查，或节能审查未通过的项目，建设单位不得开工建设，已经建成的不得投入生产、使用。

第三章 奖惩措施

第十九条 省级以上人民政府管理节能工作的部门会同有关部门可结合重点用能单位节能目标责任考核结果，对在节能工作中取得显著成绩的重点用能单位和个人给予表彰和奖励。对节能考核结果为未完成等级的重点用能单位，地市级以上人民政府管理节能工作的部门应当责令其实施能源审计、报送能源审计报告、提出整改措施并限期整改。

国务院国资委将中央企业能耗总量控制和节能目标完成情况纳入企业业绩考核范围，作为企业领导班子和领导干部综合评价考核的重要内容，建立完善问责制度，对成绩突出的单位和个人给予表彰奖励。地方国资委相应加强对重点用能单位中的地方国有企业节能目标责任考核结果运用，落实奖惩机制。

第二十条 省级以上人民政府管理节能工作的部门对因在节能工作中取得显著成绩获得表彰和奖励的重点用能单位和个人，联合有关部门给予守信激励。

国家发展和改革委员会对违反本办法规定的行为建立信用记录，纳入全国信用信息共享平台，在“信用中国”网站向社会公开，对严重失信主体实施联合惩戒措施。

第二十一条 县级以上人民政府管理节能工作的部门会同有关部门推动和引导社会有关方面加大对节能的资金投入，支持重点用能单位开展节能技术研究开发、节能技术和产品的示范与推广、节能改造项目实施、能源计量器具配备、节能管理能力建设、节能宣传培训等。

县级以上人民政府管理节能工作的部门会同有关部门利用节能有关专项资金支持重点用能单位实施节能重点工程时，优先支持节能目标责任评价考核成绩突出的重点用能单位。

第二十二条 鼓励银行业金融机构加大对符合条件的节能产品生产、节能技术改造等节能项目的信贷投入。银行业金融机构在开展能效信贷工作中，对符合信贷条件，达到先进能效标准的固定资产和项目、节能目标责任评价考核成绩突出的重点用能单位融资需求优先支持；对达不到能效国家标准的固定资产和项目融资需求，不予支持。

鼓励重点用能单位通过发行绿色债券、上市融资等方式筹措资金，实施能效提升项目。

鼓励和引导创业投资基金等对节能技术研究开发加大资金支持力度，鼓励和引导社会有关方面资金通过成立产业投资基金等方式投资重点用能单位的节能改造。

第二十三条 实行有利于节能的价格政策，鼓励重点用能单位开展电力需求侧管理、合同能源管理、节能自愿承诺等。

对高耗能行业的重点用能单位，结合其能耗指标等情况分别实行差别电价和阶梯电价政策。

第二十四条 各级科技部门、管理节能工作的部门会同有关部门推动新型节能技术装备的研发和产业化，鼓励重点用能单位加大节能技术装备研发、产业化和应用推广力度。

国家发展和改革委员会制定《国家重点节能低碳技术推广目录》，对重点用能单位研发的节能降碳效果显著、技术先进、经济适用、有成功实施案例的技术加大宣传推广力度。地方管理节能工作的部门可结合本地实际，制定节能技术推广目录。

第二十五条 对入围能效“领跑者”名单的重点用能单位，各级管理节能工作的部门会同有关部门优先支持其开展节能技术改造、能源管理信息化建设等能效提升工作，广泛宣传推广先进经验，带动行业能效水平整体提升。

第四章　法律责任

第二十六条　对节能管理制度不健全、节能措施不落实、能源利用效率低的重点用能单位，管理节能工作的部门应当开展现场调查，组织实施用能设备能源效率检测，责令实施能源审计，并提出书面整改要求，限期整改。重点用能单位无正当理由拒不落实整改要求或者整改没有达到要求的，由管理节能工作的部门处十万元以上三十万元以下罚款。

对节能考核结果为未完成等级的重点用能单位，拒不落实管理节能工作的部门要求实施能源审计、报送能源审计报告、提出整改措施并限期整改的，由管理节能工作的部门处一万元以上三万元以下罚款。

第二十七条　重点用能单位未按照本办法规定设立能源管理岗位，指定相应的能源管理负责人并报管理节能工作的部门和有关部门备案的，由管理节能工作的部门责令改正；拒不改正的，处一万元以上三万元以下罚款。

第二十八条　重点用能单位未按规定配备、使用能源计量器具的，按照《中华人民共和国节约能源法》第七十四条有关规定进行处理；拒绝、阻碍能源计量监督检查的，按照《能源计量监督管理办法》相关规定进行处理。

第二十九条　重点用能单位未能按规定设置原始记录、统计台账，提供不真实或者不完整的统计资料的，按照《中华人民共和国统计法》及有关规定予以处理。

第三十条　重点用能单位未按照本办法规定报送能源利用状况报告或者报告内容不实的，由管理节能工作的部门责令限期改正；逾期不改正的，处一万元以上五万元以下罚款。

第三十一条　重点用能单位不按要求开展能耗在线监测系统建设和能耗在线监测工作的，由管理节能工作的部门以书面形式责令限期整改；逾期不整改的或者没有达到整改要求的，由管理节能工作的部门处一万元以上三万元以下罚款。

第三十二条　重点用能单位超过单位产品能耗限额标准用能，限期治理，逾期不治理或者没有达到治理要求的，由管理节能工作的部门提请执行惩罚性电价。

第三十三条　重点用能单位不按期淘汰落后生产工艺、用能设备和产品的，由管理节能工作的部门责令停止使用，没收国家明令淘汰的用能设备，并按照《中华人民共和国循环经济促进法》有关规定处以罚款；情节严重的，由管理节能工作的部门报请本级人民政府按照国务院规定的权限责令停业整顿或者关闭。

第三十四条 重点用能单位建设需经节能审查的固定资产投资项目存在以下情况的，依据《固定资产投资项目节能审查办法》有关规定予以处罚：

（一）未按规定进行节能审查，或节能审查未获通过，擅自开工建设或擅自投入生产、使用的；

（二）以拆分项目、提供虚假材料等不正当手段通过节能审查的；

（三）未落实节能审查意见要求的。

第三十五条 国家工作人员在节能管理工作中有违法违规行为的，重点用能单位有权向本级人民政府管理节能工作的部门或者上一级管理节能工作的部门投诉。

国家工作人员滥用职权、玩忽职守、徇私舞弊，有下列情形之一的，由有管理权限的机构依法给予处分；构成犯罪的，依法追究刑事责任：

（一）泄露重点用能单位的技术及商业秘密的；

（二）利用职务之便非法谋取利益的；

（三）实施节能监察时向被监察单位收费或者变相收费的；

（四）有其他违法违规行为并造成较为严重后果的。

第五章　附　　则

第三十六条 本办法由国家发展和改革委员会会同有关部门负责解释。

第三十七条 本办法自2018年5月1日起施行。原国家经贸委1999年3月10日颁布的《重点用能单位节能管理办法》（中华人民共和国国家经济贸易委员会令第7号）同时废止。

保险公司股权管理办法

（2018年3月2日中国保险监督管理委员会令2018年第5号公布　自2018年4月10日起施行　国法备字［2018000537］）

第一章　总　　则

第一条 为了加强保险公司股权监管，规范保险公司股东行为，保护投保人、被保险人、受益人的合法权益，维护保险市场秩序，根据《中华人民共和国公司法》《中华人民共和国保险法》等法律、行政法规，制定本办法。

第二条 保险公司股权管理遵循以下原则：

（一）资质优良，关系清晰；

（二）结构合理，行为规范；

（三）公开透明，流转有序。

第三条 中国保险监督管理委员会（以下简称中国保监会）按照实质重于形式的原则，依法对保险公司股权实施穿透式监管和分类监管。

股权监管贯穿于以下环节：

（一）投资设立保险公司；

（二）变更保险公司注册资本；

（三）变更保险公司股权；

（四）保险公司上市；

（五）保险公司合并、分立；

（六）保险公司治理；

（七）保险公司风险处置或者破产清算。

第四条 根据持股比例、资质条件和对保险公司经营管理的影响，保险公司股东分为以下四类：

（一）财务Ⅰ类股东。是指持有保险公司股权不足百分之五的股东。

（二）财务Ⅱ类股东。是指持有保险公司股权百分之五以上，但不足百分之十五的股东。

（三）战略类股东。是指持有保险公司股权百分之十五以上，但不足三分之一的股东，或者其出资额、持有的股份所享有的表决权已足以对保险公司股东（大）会的决议产生重大影响的股东。

（四）控制类股东。是指持有保险公司股权三分之一以上，或者其出资额、持有的股份所享有的表决权已足以对保险公司股东（大）会的决议产生控制性影响的股东。

第五条 中国保监会鼓励具备风险管理、科技创新、健康管理、养老服务等专业能力的投资人投资保险业，促进保险公司转型升级和优化服务。

第二章 股东资质

第六条 符合本办法规定条件的以下投资人，可以成为保险公司股东：

（一）境内企业法人；

（二）境内有限合伙企业；

（三）境内事业单位、社会团体；

（四）境外金融机构。

事业单位和社会团体只能成为保险公司财务Ⅰ类股东，国务院另有规定的除外。

自然人只能通过购买上市保险公司股票成为保险公司财务Ⅰ类股东。中国保监会另有规定的除外。

第七条 资产管理计划、信托产品可以通过购买公开发行股票的方式投资上市保险公司。单一资产管理计划或者信托产品持有上市保险公司股票的比例不得超过该保险公司股本总额的百分之五。具有关联关系、委托同一或者关联机构投资保险公司的，投资比例合并计算。

第八条 财务Ⅰ类股东，应当具备以下条件：

（一）经营状况良好，有合理水平的营业收入；

（二）财务状况良好，最近一个会计年度盈利；

（三）纳税记录良好，最近三年内无偷漏税记录；

（四）诚信记录良好，最近三年内无重大失信行为记录；

（五）合规状况良好，最近三年内无重大违法违规记录；

（六）法律、行政法规以及中国保监会规定的其他条件。

第九条 财务Ⅱ类股东，除符合本办法第八条规定外，还应当具备以下条件：

（一）信誉良好，投资行为稳健，核心主业突出；

（二）具有持续出资能力，最近二个会计年度连续盈利；

（三）具有较强的资金实力，净资产不低于二亿元人民币；

（四）法律、行政法规以及中国保监会规定的其他条件。

第十条 战略类股东，除符合本办法第八条、第九条规定外，还应当具备以下条件：

（一）具有持续出资能力，最近三个会计年度连续盈利；

（二）净资产不低于十亿元人民币；

（三）权益性投资余额不得超过净资产；

（四）法律、行政法规以及中国保监会规定的其他条件。

第十一条 控制类股东，除符合本办法第八条、第九条、第十条规定外，还应当具备以下条件：

（一）总资产不低于一百亿元人民币；

（二）最近一年末净资产不低于总资产的百分之三十；

（三）法律、行政法规以及中国保监会规定的其他条件。

国家另有规定的，金融机构可以不受前款第二项限制。

第十二条 投资人为境内有限合伙企业的，除符合本办法第八条、第九条规定外，还应当具备以下条件：

（一）其普通合伙人应当诚信记录良好，最近三年内无重大违法违规记录；

（二）设有存续期限的，应当承诺在存续期限届满前转让所持保险公司股权；

（三）层级简单，结构清晰。

境内有限合伙企业不得发起设立保险公司。

第十三条 投资人为境内事业单位、社会团体的，除符合本办法第八条规定外，还应当具备以下条件：

（一）主营业务或者主要事务与保险业相关；

（二）不承担行政管理职能；

（三）经上级主管机构批准同意。

第十四条 投资人为境内金融机构的，还应当符合法律、行政法规的规定和所在行业金融监管机构的监管要求。

第十五条 投资人为境外金融机构的，除符合上述股东资质要求规定外，还应当具备以下条件：

（一）最近三个会计年度连续盈利；

（二）最近一年末总资产不低于二十亿美元；

（三）最近三年内国际评级机构对其长期信用评级为A级以上；

（四）符合所在地金融监管机构的监管要求。

第十六条 保险公司发起设立保险公司，或者成为保险公司控制类股东的，应当具备以下条件：

（一）开业三年以上；

（二）公司治理良好，内控健全；

（三）最近一个会计年度盈利；

（四）最近一年内总公司无重大违法违规记录；

（五）最近三年内无重大失信行为记录；

（六）净资产不低于三十亿元人民币；

（七）最近四个季度核心偿付能力充足率不低于百分之七十五，综合偿付能力充足率不低于百分之一百五十，风险综合评级不低于B类；

（八）中国保监会规定的其他条件。

第十七条 关联方、一致行动人合计持股达到财务Ⅱ类、战略类或者控制类股东标准的，其持股比例最高的股东应当符合本办法规定的相应类别股东的资质条件，并报中国保监会批准。

自投资入股协议签订之日前十二个月内具有关联关系的，视为关联方。

第十八条 投资人有下列情形之一的，不得成为保险公司的股东：

（一）因严重失信行为被国家有关单位确定为失信联合惩戒对象且应当在保险领域受到相应惩戒；

（二）股权结构不清晰或者存在权属纠纷；

（三）曾经委托他人或者接受他人委托持有保险公司股权；

（四）曾经投资保险业，存在提供虚假材料或者作不实声明的行为；

（五）曾经投资保险业，对保险公司经营失败负有重大责任未逾三年；

（六）曾经投资保险业，对保险公司重大违规行为负有重大责任；

（七）曾经投资保险业，拒不配合中国保监会监督检查。

第十九条 投资人成为保险公司的控制类股东，应当具备投资保险业的资本实力、风险管控能力和审慎投资理念。投资人有下列情形之一的，不得成为保险公司的控制类股东：

（一）现金流量波动受经济景气影响较大；

（二）经营计划不具有可行性；

（三）财务能力不足以支持保险公司持续经营；

（四）核心主业不突出且其经营范围涉及行业过多；

（五）公司治理结构与机制存在明显缺陷；

（六）关联企业众多、股权关系复杂且不透明、关联交易频繁且异常；

（七）在公开市场上有不良投资行为记录；

（八）曾经有不诚信商业行为，造成恶劣影响；

（九）曾经被有关部门查实存在不正当行为；

（十）其他对保险公司产生重大不利影响的情况。

保险公司实际控制人适用前款规定。

第三章　股权取得

第二十条 投资人可以通过以下方式取得保险公司股权：

（一）发起设立保险公司；

（二）认购保险公司发行的非上市股权；

（三）以协议方式受让其他股东所持有的保险公司股权；

（四）以竞价方式取得其他股东公开转让的保险公司股权；

（五）从股票市场购买上市保险公司股权；

（六）购买保险公司可转换债券，在符合合同约定条件下，取得保险公司股权；

（七）作为保险公司股权的质权人，在符合有关规定的条件下，取得保险公司股权；

（八）参与中国保监会对保险公司的风险处置取得股权；

（九）通过行政划拨取得保险公司股权；

（十）中国保监会认可的其他方式。

第二十一条 保险公司的投资人应当充分了解保险行业的经营特点、业务规律和作为保险公司股东所应当承担的责任和义务，知悉保险公司的经营管理状况和潜在风险等信息。

投资人投资保险公司的，应当出资意愿真实，并且履行必要的内部决策程序。

第二十二条 以发起设立保险公司方式取得保险公司股权的，应当按照《中华人民共和国保险法》和《保险公司管理规定》等规定的条件和程序，完成保险公司的筹建和开业。

第二十三条 认购保险公司发行的股权或者受让其他股东所持有的保险公司股权的，应当按照保险公司章程的约定，经保险公司履行相应内部审查和决策程序后，按照本办法规定报中国保监会批准或者备案。

保险公司章程约定股东对其他股东的股权有优先购买权的，转让股权的股东应当主动要求保险公司按照章程约定，保障其他股东行使优先购买权。

第二十四条 保险公司股权采取协议或者竞价方式转让的，保险公司应当事先向投资人告知本办法的有关规定。

参加竞价的投资人应当符合本办法有关保险公司股东资格条件的规定。竞得保险公司股权后，应当按照本办法的规定，报中国保监会批准或者备案。不予批准的，相关投资人应当自不予批准之日起一年内转出。

第二十五条 投资人从股票市场购买上市保险公司股票，所持股权达到本办法第五十五条规定比例的，应当报中国保监会批准。不予批准的，应当自不予批准之日起五十个交易日内转出。如遇停牌，应当自复牌之日起十个交易日内转出。

第二十六条 投资人通过购买保险公司可转换债券，按照合同条件转为股权的，或者通过质押权实现取得保险公司股权的，应当按照本办法规定报中国保监会批准或者备案。

第二十七条 股权转让涉及国有资产的，应当符合国有资产管理的有关规定。

通过行政划拨等方式对保险公司国有股权合并管理的，应当符合本办法关于持股比例和投资人条件的规定，国家另有规定的除外。

第二十八条 通过参与员工持股计划取得股权的，持股方式和持股比例由中国保监会另行规定。

第二十九条 保险公司股东持股比例除符合本办法第四条、第六条规定外，还应当符合以下要求：

（一）单一股东持股比例不得超过保险公司注册资本的三分之一；

（二）单一境内有限合伙企业持股比例不得超过保险公司注册资本的百分之五，多个境内有限合伙企业合计持股比例不得超过保险公司注册资本的百分之十五。

保险公司因为业务创新、专业化或者集团化经营需要投资设立或者收购保险公司的，其出资或者持股比例上限不受限制。

股东与其关联方、一致行动人的持股比例合并计算。

第三十条 投资人及其关联方、一致行动人只能成为一家经营同类业务的保险公司的控制类股东。投资人为保险公司的，不得投资设立经营同类业务的保险公司。

投资人及其关联方、一致行动人，成为保险公司控制类和战略类股东的家数合计不得超过两家。

保险公司因为业务创新或者专业化经营投资设立保险公司的，不受本条第一款、第二款限制，但不得转让其设立保险公司的控制权。成为两家以上保险公司控制类股东的，不得成为其他保险公司的战略类股东。

根据国务院授权持有保险公司股权的投资主体，以及经中国保监会批准参与保险公司风险处置的公司和机构不受本条第一款和第二款限制。

第三十一条 投资人不得委托他人或者接受他人委托持有保险公司股权。

第四章　入股资金

第三十二条 投资人取得保险公司股权，应当使用来源合法的自有资金。中国保监会另有规定的除外。

本办法所称自有资金以净资产为限。投资人不得通过设立持股机构、转让股权预期收益权等方式变相规避自有资金监管规定。根据穿透式监管和实质重于形式原则，中国保监会可以对自有资金来源向上追溯认定。

第三十三条 投资人应当用货币出资，不得用实物、知识产权、土地使用权等非货币财产作价出资。

中国保监会对保险集团（控股）公司另有规定的除外。

第三十四条 投资人为保险公司的，不得利用其注册资本向其子公司逐级重复出资。

第三十五条 投资人不得直接或者间接通过以下资金取得保险公司股权：

（一）与保险公司有关的借款；

（二）以保险公司存款或者其他资产为担保获取的资金；

（三）不当利用保险公司的财务影响力，或者与保险公司的不正当关联关系获取的资金；

（四）以中国保监会禁止的其他方式获取的资金。

严禁挪用保险资金，或者以保险公司投资信托计划、私募基金、股权投资等获取的资金对保险公司进行循环出资。

第三十六条 保险公司和保险公司筹备组，应当按照国家有关规定，开立和使用验资账户。

投资人向保险公司出资，应当经会计师事务所验资并出具验资证明。

第五章 股东行为

第三十七条 保险公司的股权结构应当清晰、合理，并且应当向中国保监会说明实际控制人情况。

第三十八条 保险公司股东应当按照《中华人民共和国公司法》的规定，以及保险公司章程的约定，依法行使股东权利，履行股东义务。

第三十九条 保险公司应当在章程中约定，股东有下列情形之一的，不得行使股东（大）会参会权、表决权、提案权等股东权利，并承诺接受中国保监会的处置措施：

（一）股东变更未经中国保监会批准或者备案；

（二）股东的实际控制人变更未经中国保监会备案；

（三）委托他人或者接受他人委托持有保险公司股权；

（四）通过接受表决权委托、收益权转让等方式变相控制股权；

（五）利用保险资金直接或者间接自我注资、虚假增资；

（六）其他不符合监管规定的出资行为、持股行为。

第四十条 保险公司股东应当建立有效的风险隔离机制，防止风险在股东、保险公司以及其他关联机构之间传染和转移。

第四十一条　保险公司股东不得与保险公司进行不正当的关联交易，不得利用其对保险公司经营管理的影响力获取不正当利益。

第四十二条　保险公司需要采取增资方式解决偿付能力不足的，股东负有增资的义务。不能增资或者不增资的股东，应当同意其他股东或者投资人采取合理方案增资。

第四十三条　保险公司发生风险事件或者重大违法违规行为，被中国保监会采取接管等风险处置措施的，股东应当积极配合。

第四十四条　保险公司控制类股东应当严格依法行使对保险公司的控制权，不得利用其控制地位损害保险公司及其他利益相关方的合法权益。

第四十五条　保险公司控股股东对保险公司行使股东权利义务的，应当符合中国保监会关于控股股东的规定。

保险集团（控股）公司对其控股保险公司行使股东权利义务的，应当符合中国保监会关于保险集团（控股）公司的规定。

第四十六条　保险公司股东应当如实向保险公司报告财务信息、股权结构、入股保险公司的资金来源、控股股东、实际控制人、关联方、一致行动人等信息。

保险公司股东的控股股东、实际控制人发生变化的，该股东应当及时将变更情况、变更后的关联方及关联关系情况、一致行动人情况书面通知保险公司。

第四十七条　保险公司股东依法披露的信息应当真实、准确、完整，不得有虚假记载、误导性陈述或者重大遗漏。

第四十八条　保险公司股东应当自发生以下情况之日起十五个工作日内，书面通知保险公司：

（一）所持保险公司股权被采取诉讼保全措施或者被强制执行；

（二）所持有的保险公司股权被质押或者解质押；

（三）股权变更取得中国保监会许可后未在三个月内完成变更手续；

（四）名称变更；

（五）合并、分立；

（六）解散、破产、关闭、被接管；

（七）其他可能导致所持保险公司股权发生变化的情况。

第四十九条　保险公司股东质押其持有的保险公司股权的，不得损害其他股东和保险公司的利益。

保险公司股东不得利用股权质押形式，代持保险公司股权、违规关联持股以及变相转移股权。

保险公司股东质押股权时，不得与质权人约定债务人不履行到期债务时被质押的保险公司股权归债权人所有，不得约定由质权人或者其关联方行使表决权等股东权利，也不得采取股权收益权转让等其他方式转移保险公司股权的控制权。

第五十条 投资人自成为控制类股东之日起五年内不得转让所持有的股权，自成为战略类股东之日起三年内不得转让所持有的股权，自成为财务Ⅱ类股东之日起二年内不得转让所持有的股权，自成为财务Ⅰ类股东之日起一年内不得转让所持有的股权。

经中国保监会批准进行风险处置的，中国保监会责令依法转让股权的，或者在同一控制人控制的不同主体之间转让股权等特殊情形除外。

第六章 股权事务

第五十一条 保险公司董事会办公室是保险公司处理股权事务的办事机构。

保险公司董事长和董事会秘书是保险公司处理股权事务的直接责任人。

第五十二条 行政许可申请、事项报告或者资料报送等股权事务，由保险公司负责办理。必要时经中国保监会同意可以由股东直接提交相关材料。

发起设立保险公司的，由全部发起人或者经授权的发起人向中国保监会提交相关材料。

第五十三条 保险公司变更持有百分之五以上股权的股东，应当经中国保监会批准。

保险公司变更持有不足百分之五股权的股东，应当报中国保监会备案，并在保险公司官方网站以及中国保监会指定网站公开披露，上市保险公司除外。

保险公司股东的实际控制人变更，保险公司股东持有的保险公司股权价值占该股东总资产二分之一以上的，实际控制人应当符合本办法关于股东资质的相关要求，并向保险公司及时提供相关材料，保险公司应当在变更前二十个工作日内将相关情况报中国保监会备案。

第五十四条 保险公司应当自股东签署股权转让协议书之日起三个月内，报中国保监会批准或者备案。

第五十五条 投资人购买上市保险公司股票，其所持股权比例达到保险公司股本总额的百分之五、百分之十五和三分之一的，应当自交易之日起五个工作日内向保险公司书面报告，保险公司应当在收到报告后十个工作日内报中国保监会批准。

第五十六条 保险公司的股东及其控股股东或者实际控制人发生本办法第四十六条第二款或者第四十八条规定情形的，保险公司应当自知悉之日起十个工作日内，向中国保监会书面报告。

第五十七条 保险公司应当按照有关监管规定，及时、真实、准确、完整地披露保险公司相关股权信息，披露内容包括：

（一）股权结构及变动情况；

（二）持股百分之五以上股东及其控股股东及实际控制人情况；

（三）财务Ⅱ类股东、战略类股东、控制类股东及其控股股东、实际控制人、关联方、一致行动人变更情况；

（四）相关股东出质保险公司股权情况；

（五）股东提名董事、监事情况；

（六）中国保监会规定的其他信息。

第五十八条 投资人成为保险公司控制类股东的，保险公司应当修改公司章程，对董事提名和选举规则，中小股东和投保人、被保险人、受益人利益保护作出合理安排。

第五十九条 保险公司应当加强股东股权管理，对股东及其控股股东、实际控制人、关联方及一致行动人信息进行核实并掌握其变动情况，就股东对保险公司经营决策的影响进行判断，依法及时、准确、完整地报告或者披露相关信息。

第六十条 保险公司应当自中国保监会核准或者备案之日起三个月内完成章程变更和工商登记手续。

未在规定时间内完成变更的，保险公司应当及时向中国保监会书面报告。

第六十一条 保险公司应当加强对股权质押和解质押的管理，在股东名册上记载质押相关信息，并及时协助股东向有关机构办理出质登记。

第七章 材料申报

第六十二条 申请发起设立或者投资入股保险公司的，保险公司或者投资人应当按照中国保监会的要求提交申报材料，申报材料必须真实、准确、完整。

申报材料包括基本情况类、财务信息类、公司治理类、附属信息类以及中国保监会要求提交的其他相关材料。

第六十三条 基本情况类材料包括以下具体文件：

（一）营业执照复印件；

（二）经营范围的说明；

（三）组织管理架构图；

（四）对外长期股权投资的说明；

（五）自身以及关联机构投资入股其他金融机构等情况的说明。

第六十四条 财务信息类材料包括以下具体文件：

（一）财务Ⅰ类股东经会计师事务所审计的最近一年的财务会计报告，财务Ⅱ类股东经会计师事务所审计的最近二年的财务会计报告，境外金融机构、战略类股东、控制类股东经会计师事务所审计的最近三年的财务会计报告；

（二）关于入股资金来源的说明；

（三）最近三年的纳税证明；

（四）由征信机构出具的投资人征信记录；

（五）国际评级机构对境外金融机构最近三年的长期信用评级；

（六）最近四个季度的偿付能力报告。

第六十五条 公司治理类材料包括以下具体文件：

（一）逐级披露股权结构至最终权益持有人的说明；

（二）股权信息公开披露的相关证明材料；

（三）控股股东、实际控制人及其最近一年内的变更情况的说明；

（四）投资人共同签署的股权认购协议书或者转让方与受让方共同签署的股权转让协议；

（五）股东（大）会或者董事会同意其投资的证明材料；

（六）投资人及其实际控制人与保险公司其他投资人之间关联关系、一致行动的情况说明，新设保险机构还应当提供关联方的基本情况说明；

（七）保险公司实际控制人，或者控制类股东实际控制人的履职经历、经营记录、既往投资情况等说明材料；

（八）控制类股东关于公司治理、经营计划、后续资金安排等情况的说明。

第六十六条 附属信息类材料包括以下具体文件：

（一）投资人关于报送材料的授权委托书；

（二）主管机构同意其投资的证明材料；

（三）金融机构审慎监管指标报告；

（四）金融监管机构出具的监管意见；

（五）无重大违法违规记录的声明；

（六）中国保监会要求出具的其他声明或者承诺书。

第六十七条 境内有限合伙企业向保险公司投资入股，除提交本办法第六十三条至第六十六条规定的有关材料外，还应当提交以下材料：

（一）资金来源和合伙人名称或者姓名、国籍、经营范围或者职业、出资额等背景情况的说明材料；

（二）负责执行事务的合伙人关于资金来源不违反反洗钱有关规定的承诺；

（三）合伙人与保险公司其他投资人之间的关联关系的说明。

第六十八条 保险公司变更注册资本，应当向中国保监会提出书面申请，并应当提交以下材料：

（一）公司股东（大）会通过的增加或者减少注册资本的决议；

（二）增加或者减少注册资本的方案和可行性研究报告；

（三）增加或者减少注册资本后的股权结构；

（四）验资报告和股东出资或者减资证明；

（五）参与增资股东经会计师事务所审计的财务会计报告；

（六）退股股东的名称、基本情况以及减资金额；

（七）中国保监会规定的其他材料。

保险公司新增股东的，应当提交本办法第六十三条至第六十六条规定的有关材料。

第六十九条 股东转让保险公司股权的，保险公司应当报中国保监会批准或者备案，并提交股权转让协议和受让方经会计师事务所审计的财务会计报告。

受让方为新增股东的，保险公司还应当提交本办法第六十三条至第六十六条规定的有关材料。

第七十条 保险公司向中国保监会报告股权被采取诉讼保全或者被强制执行时，应当提交有关司法文件。

第七十一条 保险公司向中国保监会报告股权质押或者解质押时，应当提交以下材料：

（一）质押和解质押有关情况的书面报告；

（二）质押或者解质押合同；

（三）主债权债务合同或者股权收益权转让合同；

（四）有关部门出具的登记文件；

（五）出质人与债务人关系的说明；

（六）股东关于质押行为符合公司章程和监管要求的声明，并承诺如提供不实声明将自愿接受监管部门对其所持股权采取处置措施；

（七）截至报告日股权质押的全部情况；

（八）中国保监会规定的其他材料。

其中，书面报告应当包括出质人、债务人、质权人基本情况，被担保债权的种类和数额，债务人履行债务的期限，出质股权的数量，担保的范围，融入资金的用途，资金偿还能力以及相关安排，可能引发的风险以及应对措施等内容。质权人为非金融企业的，还应当说明质权人融出资金的来源，以及质权人与出质人的关联关系情况。

第七十二条 保险公司向中国保监会报告股东更名时，应当提交股东更名后的营业执照和有关部门出具的登记文件。

第八章 监督管理

第七十三条 中国保监会加强对保险公司股东的穿透监管和审查，可以对保险公司股东及其实际控制人、关联方、一致行动人进行实质认定。

中国保监会采取以下措施对保险公司股权实施监管：

（一）依法对股权取得或者变更实施审查；

（二）根据有关规定或者监管需要，要求保险公司报告股权有关事项；

（三）要求保险公司在指定媒体披露相关股权信息；

（四）委托专业中介机构对保险公司提供的财务报告等资料信息进行审查；

（五）与保险公司董事、监事、高级管理人员以及其他相关当事人进行监管谈话，要求其就相关情况作出说明；

（六）对股东涉及保险公司股权的行为进行调查或者公开质询；

（七）要求股东报送审计报告、经营管理信息、股权信息等材料；

（八）查询、复制股东及相关单位和人员的财务会计报表等文件、资料；

（九）对保险公司进行检查，并依法对保险公司和有关责任人员实施行政处罚；

（十）中国保监会依法可以采取的其他监管措施。

第七十四条 中国保监会对保险公司股权取得或者变更实施行政许可，重点审查以下内容：

（一）申报材料的完备性；

（二）保险公司决策程序的合规性；

（三）股东资质及其投资行为的合规性；
（四）资金来源的合规性；
（五）股东之间的关联关系；
（六）中国保监会认为需要审查的其他内容。
申请人应当如实提交有关材料和反映真实情况，并对其申请材料实质内容的真实性负责。
第七十五条 中国保监会对保险公司股权取得或者变更实施行政许可，可以采取以下方式进行审查：
（一）对申报材料进行审核；
（二）根据审慎监管的需要，要求保险公司或者股东提交证明材料；
（三）对保险公司或者相关股东进行监管谈话、公开问询；
（四）要求相关股东逐级披露其股东或者实际控制人；
（五）根据审慎监管的需要，要求相关股东逐级向上声明关联关系和资金来源；
（六）向相关机构查阅有关账户或者了解相关信息；
（七）实地走访股东或者调查股东经营情况等；
（八）中国保监会认为需要采取的其他审查方式。
第七十六条 在行政许可过程中，投资人、保险公司或者股东有下列情形之一的，中国保监会可以中止审查：
（一）相关股权存在权属纠纷；
（二）被举报尚需调查；
（三）因涉嫌违法违规被有关部门调查，或者被司法机关侦查，尚未结案；
（四）被起诉尚未判决；
（五）中国保监会认定的其他情形。
第七十七条 在实施行政许可或者履行其他监管职责时，中国保监会可以要求保险公司或者股东就其提供的有关资质、关联关系或者入股资金等信息的真实性作出声明，并就提供虚假信息或者不实声明所应当承担的后果作出承诺。
第七十八条 保险公司或者股东提供虚假材料或者不实声明，情节严重的，中国保监会将依法撤销行政许可。被撤销行政许可的投资人，应当按照入股价格和每股净资产价格的孰低者退出，承接的机构应当符合中国保监会的相关要求。
第七十九条 保险公司未遵守本办法规定进行股权管理的，中国保监会可以调整该保险公司公司治理评价结果或者分类监管评价类别。

第八十条 中国保监会建立保险公司股权管理不良记录，并纳入保险业企业信用信息系统，通过全国信用信息共享平台与政府机构共享信息。

第八十一条 保险公司及其董事和高级管理人员在股权管理中弄虚作假、失职渎职，严重损害保险公司利益的，中国保监会依法对其实施行政处罚，或者要求保险公司撤换有关当事人。

第八十二条 保险公司股东或者相关当事人违反本办法规定的，中国保监会可以采取以下监管措施：

（一）通报批评并责令改正；

（二）公开谴责并向社会披露；

（三）限制其在保险公司的有关权利；

（四）依法责令其转让或者拍卖其所持股权。股权转让完成前，限制其股东权利。限期未完成转让的，由符合中国保监会相关要求的投资人按照评估价格受让股权；

（五）限制其在保险业的投资活动，并向其他金融监管机构通报；

（六）依法限制保险公司分红、发债、上市等行为；

（七）中国保监会可以依法采取的其他措施。

第八十三条 中国保监会建立保险公司投资人市场准入负面清单，记录投资人违法违规情况，并正式函告保险公司和投资人。中国保监会根据投资人违法违规情节，可以限制其五年以上直至终身不得再次投资保险业。涉嫌犯罪的，依法移送司法机关。

第八十四条 中国保监会建立会计师事务所等第三方中介机构诚信档案，记载会计师事务所、律师事务所及其从业人员的执业质量。第三方中介机构出具不具有公信力的评估报告或者有其他不诚信行为的，自行为发生之日起五年内中国保监会对其再次出具的报告不予认可，并向社会公布。

第九章　附　则

第八十五条 本办法适用于中华人民共和国境内依法登记注册的中资保险公司。

全部外资股东持股比例占公司注册资本百分之二十五以上的保险公司，参照适用本办法有关规定。

第八十六条 保险集团（控股）公司、保险资产管理公司的股权管理参照适用本办法，法律、行政法规或者中国保监会另有规定的，从其规定。

第八十七条 金融监管机构对非金融企业投资金融机构另有规定的，从其规定。

第八十八条 经中国保监会批准，参与保险公司风险处置的，或者由指定机构承接股权的，不受本办法关于股东资质、持股比例、入股资金等规定的限制。

第八十九条 通过购买上市保险公司股票成为保险公司财务Ⅰ类股东的，不受本办法第八条、第十二条、第十三条、第十五条、第五十条、第五十三条第三款、第六十二条、第六十七条、第六十九条的限制。

第九十条 在全国中小企业股份转让系统挂牌的保险公司参照适用本办法有关上市保险公司的规定。

第九十一条 本办法所称“以上”“不低于”均含本数，“不足”“超过”不含本数。

第九十二条 本办法所称“一致行动”，是指投资人通过协议、其他安排，与其他投资人共同扩大其所能够支配的一个保险公司表决权数量的行为或者事实。

在保险公司相关股权变动活动中有一致行动情形的投资人，互为一致行动人。如无相反证据，投资人有下列情形之一的，为一致行动人：

（一）投资人的董事、监事或者高级管理人员中的主要成员，同时担任另一投资人的董事、监事或者高级管理人员；

（二）投资人通过银行以外的其他投资人提供的融资安排取得相关股权；

（三）投资人之间存在合伙、合作、联营等其他经济利益关系；

（四）中国保监会规定的其他情形。

投资人认为其与他人不应被视为一致行动人的，可以向中国保监会提供相反证据。

第九十三条 本办法由中国保监会负责解释。

第九十四条 本办法自2018年4月10日起施行。中国保监会2010年5月4日发布的《保险公司股权管理办法》（保监会令2010年第6号）、2014年4月15日发布的《中国保险监督管理委员会关于修改〈保险公司股权管理办法〉的决定》（保监会令2014年第4号）、2013年4月9日发布的《中国保监会关于〈保险公司股权管理办法〉第四条有关问题的通知》（保监发〔2013〕29号）、2013年4月17日发布的《中国保监会关于规范有限合伙式股权投资企业投资入股保险公司有关问题的通知》（保监发〔2013〕36号）、2014年3月21日发布的《中国保险监督管理委员会关于印发〈保险公司收购合并管理办法〉的通知》（保监发〔2014〕26号）同时废止。

中华人民共和国海关企业信用管理办法

（2018年3月3日海关总署令第237号公布　自2018年5月1日起施行　国法备字［2018000549］）

第一章　总　　则

第一条　为推进社会信用体系建设，建立企业进出口信用管理制度，促进贸易安全与便利，根据《中华人民共和国海关法》《中华人民共和国海关稽查条例》《企业信息公示暂行条例》以及其他有关法律、行政法规的规定，制定本办法。

第二条　海关注册登记和备案企业以及企业相关人员信用信息的采集、公示，企业信用状况的认定、管理等适用本办法。

第三条　海关根据企业信用状况将企业认定为认证企业、一般信用企业和失信企业。认证企业分为高级认证企业和一般认证企业。

海关按照诚信守法便利、失信违法惩戒原则，对上述企业分别适用相应的管理措施。

第四条　海关根据社会信用体系建设有关要求，与国家有关部门实施守信联合激励和失信联合惩戒，推进信息互换、监管互认、执法互助（以下简称“三互”）。

第五条　认证企业是中国海关经认证的经营者（AEO）。中国海关依据有关国际条约、协定以及本办法，开展与其他国家或者地区海关的AEO互认合作，并且给予互认企业相关便利措施。

中国海关根据国际合作的需要，推进“三互”的海关合作。

第二章　信用信息采集和公示

第六条　海关可以采集能够反映企业信用状况的下列信息：

（一）企业注册登记或者备案信息以及企业相关人员基本信息；

（二）企业进出口以及与进出口相关的经营信息；

（三）企业行政许可信息；

（四）企业及其相关人员行政处罚和刑事处罚信息；

（五）海关与国家有关部门实施联合激励和联合惩戒信息；

（六）AEO 互认信息；

（七）其他能够反映企业信用状况的相关信息。

第七条 海关建立企业信用信息管理系统，对有关企业实施信用管理。企业应当于每年 1 月 1 日至 6 月 30 日通过企业信用信息管理系统向海关提交《企业信用信息年度报告》。

当年注册登记或者备案的企业，自下一年度起向海关提交《企业信用信息年度报告》。

第八条 企业有下列情形之一的，海关将其列入信用信息异常企业名录：

（一）未按照规定向海关提交《企业信用信息年度报告》的；

（二）经过实地查看，在海关登记的住所或者经营场所无法查找，并且无法通过在海关登记的联系方式与企业取得联系的。

列入信用信息异常企业名录期间，企业信用等级不得向上调整。

本条第一款规定的情形消除后，海关应当将有关企业移出信用信息异常企业名录。

第九条 海关应当在保护国家秘密、商业秘密和个人隐私的前提下，公示下列信用信息：

（一）企业在海关注册登记或者备案信息；

（二）海关对企业信用状况的认定结果；

（三）海关对企业的行政许可信息；

（四）海关对企业的行政处罚信息；

（五）海关与国家有关部门实施联合激励和联合惩戒信息；

（六）海关信用信息异常企业名录；

（七）其他依法应当公示的信息。

海关对企业行政处罚信息的公示期限为 5 年。

海关应当公布上述信用信息的查询方式。

第十条 自然人、法人或者非法人组织认为海关公示的信用信息不准确的，可以向海关提出异议，并且提供相关资料或者证明材料。

海关应当自收到异议申请之日起 20 日内进行复核。自然人、法人或者非法人组织提出异议的理由成立的，海关应当采纳。

第三章 企业信用状况的认定标准和程序

第十一条 认证企业应当符合海关总署制定的《海关认证企业标准》。

《海关认证企业标准》分为高级认证企业标准和一般认证企业标准。

第十二条　企业有下列情形之一的，海关认定为失信企业：

（一）有走私犯罪或者走私行为的；

（二）非报关企业 1 年内违反海关监管规定行为次数超过上年度报关单、进出境备案清单、进出境运输工具舱单等相关单证总票数千分之一且被海关行政处罚金额累计超过 100 万元的；

报关企业 1 年内违反海关监管规定行为次数超过上年度报关单、进出境备案清单、进出境运输工具舱单等相关单证总票数万分之五且被海关行政处罚金额累计超过 30 万元的；

（三）拖欠应缴税款或者拖欠应缴罚没款项的；

（四）有本办法第八条第一款第（二）项情形，被海关列入信用信息异常企业名录超过 90 日的；

（五）假借海关或者其他企业名义获取不当利益的；

（六）向海关隐瞒真实情况或者提供虚假信息，影响企业信用管理的；

（七）抗拒、阻碍海关工作人员依法执行职务，情节严重的；

（八）因刑事犯罪被列入国家失信联合惩戒名单的；

（九）海关总署规定的其他情形。

当年注册登记或者备案的非报关企业、报关企业，1 年内因违反海关监管规定被海关行政处罚金额分别累计超过 100 万元、30 万元的，海关认定为失信企业。

第十三条　企业有下列情形之一的，海关认定为一般信用企业：

（一）在海关首次注册登记或者备案的企业；

（二）认证企业不再符合《海关认证企业标准》，并且未发生本办法第十二条规定情形的；

（三）自被海关认定为失信企业之日起连续 2 年未发生本办法第十二条规定情形的。

第十四条　企业申请成为认证企业，应当向海关提交《适用认证企业管理申请书》。海关按照《海关认证企业标准》对企业实施认证。

第十五条　海关应当自收到《适用认证企业管理申请书》之日起 90 日内对企业信用状况是否符合《海关认证企业标准》作出决定。特殊情形下，海关认证时限可以延长 30 日。

第十六条　通过认证的企业，海关制发《认证企业证书》；未通过认证的企业，海关制发《不予适用认证企业管理决定书》。《认证企业证书》《不予适用认证企业管理决定书》应当送达申请人，并且自送达之日起生效。

企业主动撤回认证申请的，视为未通过认证。

未通过认证的企业 1 年内不得再次向海关提出认证申请。

第十七条 申请认证期间，企业涉嫌走私被立案侦查或者调查的，海关应当终止认证。企业涉嫌违反海关监管规定被立案调查的，海关可以终止认证。

申请认证期间，企业被海关稽查、核查的，海关可以中止认证。中止时间超过 3 个月的，海关终止认证。

第十八条 海关对高级认证企业每 3 年重新认证一次，对一般认证企业不定期重新认证。

重新认证前，海关应当通知企业，并且参照企业认证程序进行重新认证。对未通过重新认证的，海关制发《企业信用等级认定决定书》，调整企业信用等级。《企业信用等级认定决定书》应当送达企业，并且自送达之日起生效。

重新认证期间，企业申请放弃认证企业管理的，视为未通过认证。

第十九条 认证企业被海关调整为一般信用企业管理的，1 年内不得申请成为认证企业。认证企业被海关调整为失信企业管理的，2 年内不得成为一般信用企业。

高级认证企业被海关调整为一般认证企业管理的，1 年内不得申请成为高级认证企业。

第二十条 自被海关认定为失信企业之日起连续 2 年未发生本办法第十二条规定情形的，海关应当将失信企业调整为一般信用企业。

失信企业被调整为一般信用企业满 1 年，可以向海关申请成为认证企业。

第二十一条 企业有分立合并情形的，海关对企业信用状况的认定结果按照以下原则作出调整：

（一）企业发生存续分立，分立后的存续企业承继分立前企业的主要权利义务的，适用海关对分立前企业的信用状况认定结果，其余的分立企业视为首次注册登记或者备案企业；

（二）企业发生解散分立，分立企业视为首次注册登记或者备案企业；

（三）企业发生吸收合并，合并企业适用海关对合并后存续企业的信用状况认定结果；

（四）企业发生新设合并，合并企业视为首次注册登记或者备案企业。

第二十二条 海关或者企业可以委托社会中介机构就企业认证相关问题出具专业结论。

第四章 管理措施

第二十三条 一般认证企业适用下列管理措施：

（一）进出口货物平均查验率在一般信用企业平均查验率的50%以下；

（二）优先办理进出口货物通关手续；

（三）海关收取的担保金额可以低于其可能承担的税款总额或者海关总署规定的金额；

（四）海关总署规定的其他管理措施。

第二十四条 高级认证企业除适用一般认证企业管理措施外，还适用下列管理措施：

（一）进出口货物平均查验率在一般信用企业平均查验率的20%以下；

（二）可以向海关申请免除担保；

（三）减少对企业稽查、核查频次；

（四）可以在出口货物运抵海关监管区之前向海关申报；

（五）海关为企业设立协调员；

（六）AEO互认国家或者地区海关通关便利措施；

（七）国家有关部门实施的守信联合激励措施；

（八）因不可抗力中断国际贸易恢复后优先通关；

（九）海关总署规定的其他管理措施。

第二十五条 失信企业适用下列管理措施：

（一）进出口货物平均查验率在80%以上；

（二）不予免除查验没有问题企业的吊装、移位、仓储等费用；

（三）不适用汇总征税制度；

（四）除特殊情形外，不适用存样留像放行措施；

（五）经营加工贸易业务的，全额提供担保；

（六）提高对企业稽查、核查频次；

（七）国家有关部门实施的失信联合惩戒措施；

（八）海关总署规定的其他管理措施。

第二十六条 高级认证企业适用的管理措施优于一般认证企业。

因企业信用状况认定结果不一致导致适用的管理措施相抵触的，海关按照就低原则实施管理。

第二十七条 认证企业涉嫌走私被立案侦查或者调查的，海关应当暂停适用相应管理措施。认证企业涉嫌违反海关监管规定被立案调查的，海关可以暂停适用相应管理措施。海关暂停适用相应管理措施的，按照一般信用企业实施管理。

第二十八条 企业有本办法规定的向下调整信用等级情形的，海关停止适用相应管理措施，按照调整后的信用等级实施管理。

第五章 附 则

第二十九条 作为企业信用状况认定依据的走私犯罪，以司法机关相关法律文书生效时间为准进行认定。

作为企业信用状况认定依据的走私行为、违反海关监管规定行为，以海关行政处罚决定书作出时间为准进行认定。

企业主动披露且被海关处以警告或者5万元以下罚款的行为，不作为海关认定企业信用状况的记录。

第三十条 本办法下列用语的含义是：

“企业相关人员”，指企业法定代表人、主要负责人、财务负责人、关务负责人等管理人员。

“处罚金额”，指因发生违反海关监管规定的行为，被海关处以罚款、没收违法所得或者没收货物、物品价值的金额之和。

“拖欠应纳税款”，指自缴纳税款期限届满之日起超过3个月仍未缴纳进出口货物、物品应当缴纳的进出口关税、进口环节海关代征税之和，包括经海关认定违反海关监管规定，除给予处罚外，尚需缴纳的税款。

“拖欠应缴罚没款项”，指自海关行政处罚决定书规定的期限届满之日起超过6个月仍未缴纳海关罚款、没收的违法所得和追缴走私货物、物品等值价款。

“日”，指自然日。

“1年”，指连续的12个月。

“年度”，指1个公历年度。

“以上”“以下”，均包含本数。

“经认证的经营者（AEO）”，指以任何一种方式参与货物国际流通，符合本办法规定的条件以及《海关认证企业标准》并且通过海关认证的企业。

第三十一条 本办法由海关总署负责解释。

第三十二条 本办法自2018年5月1日起施行。2014年10月8日海关总署令第225号公布的《中华人民共和国海关企业信用管理暂行办法》同时废止。

国家质量监督检验检疫总局规范性文件管理办法

（2018 年 3 月 6 日国家质量监督检验检疫总局令第 195 号公布 自 2018 年 5 月 1 日起施行 国法备字［2018000550］）

第一章 总 则

第一条 为加强规范性文件的管理，明确规范性文件制定程序，提高规范性文件的质量，根据国务院法治政府建设的要求，制定本办法。

第二条 本办法所称规范性文件，是指国家质量监督检验检疫总局（以下简称国家质检总局）为执行法律、行政法规、规章和国务院文件的规定，依照法定权限和程序制定并公开发布，涉及公民、法人或者其他组织权利义务，具有普遍约束力，在一定期限内反复适用的公文。

第三条 规范性文件的起草、审查、决定、公布、解释、清理和备案，适用本办法。

依据法定职权和法定程序制定，并作为执法依据的标准、规程和其他技术规范，强制性产品认证目录、特种设备目录、法检目录等行政管理目录，以及根据国际条约、惯例和相关国内法发布的禁令、解禁令、检验检疫要求等公告，不适用本办法。

国家质检总局内部执行的管理规范、工作制度、请示报告、会议纪要以及表彰奖惩、人事任免等不涉及公民、法人和其他组织权利义务的文件，以及针对特定公民、法人或者其他组织作出的不具有普遍约束力的文件，不适用本办法。

第四条 规范性文件的制定，应当遵循合法、公开、精简、效能和权责统一的原则。

规范性文件不得设定行政许可、行政处罚、行政强制、行政收费以及其他应当由法律、行政法规、规章或者国务院规定的事项。无法律、法规依据不得作出减损公民、法人、其他组织的合法权益或者增加其义务的规定。

第五条 规范性文件的名称应当根据具体内容确定，一般使用“办法”“规定”“规则”“通知”“意见”等，但不得使用“法”“条例”。

规范性文件可以用条文形式，也可以用段落形式。

第六条　国家质检总局相关业务主管部门（以下简称起草部门）、办公厅、法制部门依据本办法规定，在各自职权范围内分别负责规范性文件的管理工作。

第二章　起草与审查

第七条　起草部门可以单独或者联合起草规范性文件。联合起草的，应当确定一个牵头部门。

第八条　起草部门应当对制定规范性文件的必要性和可行性进行论证，并对规范性文件所要解决的问题、拟确立的主要制度或者拟规定的主要措施等内容进行调研。

起草部门可以邀请法律顾问、公职律师和有关方面专家参与或者进行法律和专业论证。

第九条　起草部门应当采取座谈会、论证会或者公开征求意见等方式广泛听取系统内外意见。规范性文件的内容涉及重大公共利益或者法律、行政法规、规章规定听证的，应当组织听证。

第十条　起草部门应当按照国务院公平竞争审查制度相关要求，对规范性文件草案进行公平竞争审查并形成书面审查结论。

第十一条　起草部门起草规范性文件，涉及国家质检总局其他业务部门职责，或者涉及国务院其他部门职责的，应当征求相关部门意见，并协调一致。

第十二条　对国际贸易有重大影响的规范性文件，起草部门应当依据世界贸易组织相关规定开展贸易政策合规性评估。必要时，应当进行通报并对世界贸易组织成员的评议意见予以适当处理。

第十三条　起草部门在形成规范性文件草案后，应当以函件的形式，将规范性文件草案、起草说明以及其他相关材料报送法制部门进行合法性审查，合法性审查程序不得采用会签、征求意见等形式。

起草说明应当包括以下内容：

（一）制定目的和依据；

（二）必要性和可行性；

（三）主要制度和措施；

（四）起草过程以及论证和听取意见情况、公平竞争审查情况、协调情况、合规性评估情况；

（五）其他需要说明的事项。

报送法制部门合法性审查的规范性文件草案，应当由起草部门的主要负责人签字；联合起草的，应当由联合起草部门的主要负责人联合签字。涉及其他部门的，应当经过会签。

第十四条 法制部门收到报送审查的相关材料后，应当及时从以下方面进行审查：

（一）是否具有或者超越法定职权；

（二）是否与法律、行政法规、规章等规定相抵触；

（三）文件结构体例和法律用语是否准确；

（四）是否符合本办法规定的起草程序要求。

第十五条 经合法性审查，法制部门应当作出书面审查意见。符合本办法规定要求的，建议提请集体审议；不符合要求的，退回起草部门修改，并在书面审查意见中说明理由。

第三章 决定、公布与解释

第十六条 规范性文件草案通过合法性审查的，由起草部门提请国家质检总局局务会议、局长办公会议或者局长专题会议集体审议。

规范性文件草案存在较大争议且无法协调一致的，起草部门报请分管总局领导同意后，可以提请集体审议时一并讨论决定，但是未通过合法性审查的不得提请集体审议。

第十七条 集体审议通过的规范性文件，由起草部门按照国家质检总局公文制发程序，以国家质检总局文件的形式发布。

办公厅负责规范性文件统一编号。规范性文件的发文字号统一为“国质检X规〔20XX〕X号”。

第十八条 规范性文件应当明确规定施行日期。

规范性文件施行日期与发布日期的间隔不得少于30日。但因保障国家安全、重大公共利益需要，或者发布后不立即施行将影响法律、行政法规、规章和国家政策执行的除外。

第十九条 规范性文件发布后，起草部门应当及时通过国家质检总局门户网站、国家质检总局公报等途径向社会公开。规范性文件未向社会公开的，不得作为实施行政管理的依据。

第二十条 规范性文件应当明确规定有效期。规范性文件有效期一般不超过5年。规范性文件名称冠以“暂行”“试行”的，有效期一般不超过3年。

规范性文件有效期届满后自动失效。仍需要继续执行的，应当重新制发。

第二十一条 对公民、法人或者其他组织权利义务作出较大调整或者社会影响较大的规范性文件发布后，起草部门应当通过多种方式，对规范性文件制定的目的依据、主要制度措施等内容进行解读，便于执行部门和社会公众的理解和执行。

规范性文件施行后，需要对规范性文件具体执行问题进行解释的，由起草部门提出解释意见，经法制部门合法性审查后，按照国家质检总局公文办理程序要求办理。规范性文件的解释与规范性文件具有相同的效力。

第四章 清理与备案

第二十二条 规范性文件应当每年清理一次。法制部门在每年第一季度组织开展清理工作。

起草部门应当按照清理工作时限要求报送清理意见。清理意见包括规范性文件继续有效、已废止或者拟废止，已废止的应当注明废止文件的文号，拟废止的应当注明理由。

法制部门对清理意见汇总审查后，形成年度清理结果。清理结果以国家质检总局公告形式发布，并向社会公开。

第二十三条 有下列情形之一的，起草部门应当及时开展规范性文件清理，根据清理结果修改、废止或者重新制发相关的规范性文件：

（一）规范性文件制定依据修改、废止的；

（二）适用规范性文件的客观情况发生变化的；

（三）规范性文件有效期届满的；

（四）规范性文件实施中反映问题比较突出的。

修改、废止或者重新制发规范性文件，应当经法制部门合法性审查，并按照本办法第十九条规定向社会公开。

第二十四条 国家认证认可监督管理委员会、国家标准化管理委员会、中国纤维检验局、各直属检验检疫局应当自规范性文件发布之日起 30 日内将规范性文件文本及起草说明（电子文本及纸质文本两份）报送国家质检总局法制部门备案。

各省级质量技术监督部门（市场监督管理部门）规范性文件备案按照本级人民政府有关规定执行。

第二十五条 公民、法人或者其他组织对国家质检总局制定或者备案的规范性文件有异议，并提出合法性审查申请的，法制部门可以按照本办法规定组织进行合法性审查，并提出处理意见和建议。

第五章 附 则

第二十六条 因保障国家安全或者重大公共利益、执行国家紧急命令和决定等紧急情况，需要即时制定规范性文件的，可以简化制定程序要求，但应当提请国家质检总局主要负责人批准发布。

第二十七条 本办法下列用语的含义：

禁令，是指根据《中华人民共和国国境卫生检疫法》及其实施细则、《中华人民共和国进出境动植物检疫法》及其实施条例等有关法律法规的规定，当世界动物卫生组织（OIE）、世界卫生组织（WHO）等机构发布疫情报告后，为防止疫情传入我国而发布的国家质检总局公告。

解禁令，是指根据风险评估结果等，全部或者部分解除上述禁令的国家质检总局公告。

检验检疫要求，是指根据中国相关法律法规和双边议定书等，发布特定产品输华应当遵守的检验检疫方面的要求的国家质检总局公告。

第二十八条 国家认证认可监督管理委员会、国家标准化管理委员会、中国纤维检验局、各直属检验检疫局和各省级质量技术监督部门（市场监督管理部门）可以参照本办法管理各自的规范性文件。

第二十九条 本办法由国家质检总局负责解释。

第三十条 本办法自2018年5月1日起施行。国家质检总局2010年3月15日公布的《国家质量监督检验检疫总局规范性文件管理办法》同时废止。

国家质量监督检验检疫总局
关于废止和修改部分规章的决定

（2018年3月6日国家质量监督检验检疫总局令第196号公布
自公布之日起施行 国法备字［2018000536］）

为了依法推进简政放权、放管结合、优化服务，质检总局组织对部门规章进行了全面清理。经过清理，质检总局决定：

一、对16件部门规章予以废止，详见附件1。

二、对16件部门规章的部分条款予以修改，详见附件2。

本决定自公布之日起施行。

附件：1．质检总局决定废止的部门规章

2．质检总局决定修改的部门规章

附件1

质检总局决定废止的部门规章

一、《出口食用动物饲用饲料检验检疫管理办法》（1999年11月24日国家检验检疫局令第5号公布）

二、《质量许可和卫生注册评审员管理办法》（1999年12月17日国家检验检疫局令第15号公布）

三、《中华人民共和国标准化法条文解释》（1990年7月23日国家技术监督局令第12号公布）

四、《能源标准化管理办法》（1990年9月6日国家技术监督局令第16号公布）

五、《技术监督行政执法人员管理办法》（1992年1月24日国家技术监督局令第27号公布）

六、《产品质量仲裁检验和产品质量鉴定管理办法》（1999年4月1日国家质量技术监督局令第4号公布）

七、《小型和常压热水锅炉安全监察规定》（2000年6月15日国家质量技术监督局令第11号公布）

八、《特种设备质量监督与安全监察规定》（2000年6月29日国家质量技术监督局令第13号公布）

九、《中国名牌产品管理办法》（2001年12月29日质检总局令第12号公布，根据2009年12月18日质检总局令第124号修订）

十、《锅炉压力容器压力管道特种设备安全监察行政处罚规定》（2001年12月29日质检总局令第14号公布）

十一、《锅炉压力容器制造监督管理办法》（2002年7月12日质检总局令第22号公布）

十二、《出口货物实施检验检疫绿色通道制度管理规定》（2003年7月18日质检总局令第50号公布）

十三、《制造、修理计量器具许可监督管理办法》（2007 年 12 月 29 日质检总局令第 104 号公布）

十四、《出口工业产品企业分类管理办法》（2009 年 6 月 14 日质检总局令第 113 号公布）

十五、《机动车安全技术检验机构监督管理办法》（2009 年 10 月 13 日质检总局令第 121 号公布）

十六、《设备监理单位资格管理办法》（2014 年 4 月 28 日质检总局令第 157 号公布，根据 2015 年 8 月 25 日质检总局令第 166 号修订）

附件 2

质检总局决定修改的部门规章

一、对《中华人民共和国进口计量器具监督管理办法实施细则》（国家技术监督局令第 44 号）作出修改

（一）删除第二十四条第二款。

（二）将第三十条修改为："违反本实施细则规定，进口或者销售非法定计量单位的计量器具或者国务院禁止使用的其它计量器具的，由县级以上政府计量行政部门依照《中华人民共和国计量法实施细则》的规定处罚。"

（三）将第三十一条修改为："进口或者销售未经国务院计量行政部门型式批准的计量器具的，由县级以上政府计量行政部门依照《中华人民共和国进口计量器具监督管理办法》的规定处罚。"

二、对《进境植物繁殖材料隔离检疫圃管理办法》（国家检验检疫局令第 11 号）作出修改

（一）将第二条中的"核准"修改为"指定"。

（二）在第四条后增加一条作为第五条："申请从事进境植物繁殖材料隔离工作的隔离检疫圃的隔离条件、设施、仪器设备、人员、管理措施应当符合隔离检疫需要。"

（三）第五条改为第六条，将第一、二项修改为：

"（一）申请成为国家圃或者专业圃的隔离检疫圃，须事先向国家检验检疫局提出书面申请，并同时提交符合第五条规定的证明材料，经审核符合要求的可以指定为国家圃或者专业圃。

（二）申请成为地方圃的隔离检疫圃，须在进境植物繁殖材料入圃前 30 日向直属检验检疫机构提出书面申请，并同时提交符合第五条规定的证明材料，经审核符合要求的可以指定为地方圃。"

三、对《进境栽培介质检疫管理办法》（国家检验检疫局令第 13 号）作出修改

删除第十三条。

四、对《出入境检验检疫报检规定》（国家检验检疫局令第 16 号）作出修改

（一）将第六条修改为："报检单位办理业务应当向检验检疫机构备案，并由该企业在检验检疫机构备案的报检人员办理报检手续。"

（二）删除第七条。

（三）第十一条改为第十条，将第一项修改为："国家实施许可制度管理的货物，应提供有关证明"。将第三项修改为："报检入境废物原料时，还应提供检验检疫机构或者其他检验机构签发的装运前检验证书；属于限制类废物原料的，应当提供进口许可证明"。

（四）第十三条改为第十二条，将第一项修改为："国家实施许可制度管理的货物，应提供有关证明"。

五、对《产品防伪监督管理办法》（质检总局令第 27 号）作出修改

删除第二十四条。

六、对《加油站计量监督管理办法》（质检总局令第 35 号）作出修改

（一）将第五条第二项中的"加油站的计量人员应当接受省级质量技术监督部门组织的计量业务知识培训，持证上岗"修改为"加油站的计量人员应当接受相应的计量业务知识培训"。删除第五条第四项中的"或者进口计量器具检定证书"。

（二）将第七条第三项中的"未取得计量检定员证"修改为"不具备计量检定能力"。

（三）删除第九条第一项；删除第九条第二项中的"或者无进口计量器具检定证书的"和"没收计量器具和全部违法所得"；将第九条第五项中的"并按照《中华人民共和国计量法实施细则》第五十一条规定予以处罚"修改为"并按照《中华人民共和国计量法实施细则》有关规定予以处罚"；删除第九条第五项中的"情节严重的，提请省级经贸部门和工商行政管理部门吊销加油站《成品油零售经营批准证书》和营业执照"。

七、对《国际航行船舶出入境检验检疫管理办法》（质检总局令第 38 号）作出修改

将第三十三条修改为："检验检疫机构对从事船舶食品、饮用水供应的单位以及从事船舶卫生除害处理的单位实行许可管理；对从事船舶代理、船舶物料服务的单位实行备案管理。其从业人员应当按照检验检疫机构的要求

接受培训和考核。”

八、对《中华人民共和国实施金伯利进程国际证书制度管理规定》（质检总局令第42号）作出修改

（一）删除第二章。

（二）第十条改为第七条，删除其中“其注册登记地”和“注册登记证”。

（三）第十五条改为第十二条，删除其中“其注册登记地”和“注册登记证”。

九、对《茧丝质量监督管理办法》（质检总局令第43号）作出修改

（一）将第四条第一款修改为：“桑蚕鲜茧收购、桑蚕干茧加工应当具备基本的质量保证条件（以下简称国家质量保证基本条件）：茧丝经营者从事收购桑蚕鲜茧或者加工桑蚕干茧活动的，必须在设施和环境、设备和仪器、从业人员、质量检验标准、内部质量保证制度等方面具备规定的条件，并接受专业纤维检验机构的监督检查。”

将第四条第二款中的“质量保证条件的基本要求（以下简称国家质量保证基本条件）”修改为“国家质量保证基本条件”。

（二）将第五条第一款、第二款、第三款和第七条中的“审核”修改为“监督检查”。

（三）将第六条修改为：“专业纤维检验机构对桑蚕鲜茧收购、桑蚕干茧加工质量保证条件监督检查后，应当出具监督检查结论书。监督检查结论书的格式、内容由中国纤维检验局统一制定。”

（四）将第八条第五款修改为：“茧丝质量公证检验的具体实施办法，由中国纤维检验局负责制定。”

（五）将第九条第二款修改为：“监督检查的内容，除茧丝经营者从事桑蚕鲜茧收购、桑蚕干茧加工活动是否具备规定的质量保证条件外，还包括：茧丝经营者收购桑蚕鲜茧是否按要求进行仪评；未经质量公证检验的茧丝质量、数量和包装、标识是否符合国家标准、地方标准和国家的有关规定；茧丝的标识以及质量凭证是否与实物相符等。”

（六）将第十一条中的“15日”修改为“15个工作日”，将第十二条第一款中的“5日”修改为“5个工作日”，将第十二条第三款中的“10日”修改为“10个工作日”。

（七）删除第二十一条中的“情节严重的，建议资格认定机关取消其相应的蚕茧收购资格”。

（八）删除第二十二条第一款中的“情节严重的，建议资格认定机关取

消其相应的茧丝加工资格”。

删除第二十二条第二款中的“情节严重的，建议资格认定机关取消其相应的茧丝准产资格”。

十、对《眼镜制配计量监督管理办法》（质检总局令第54号）作出修改

（一）删除第四条第三项。

（二）将第八条第三项中的“未取得计量检定员证”修改为“不具备计量检定能力”。

（三）删除第九条第一项；删除第九条第二项中的“违反本办法第四条第（四）项、第（五）项规定，使用属于强制检定的计量器具未按照规定登记造册，报当地县级质量技术监督部门备案的，责令改正”；删除第九条第三项中的“违反本办法第四条第（六）项规定”和“没收计量器具和全部违法所得”。

（四）删除第十条第二项中的“没收全部违法所得”。

十一、对《进出境转基因产品检验检疫管理办法》（质检总局令第62号）作出修改

（一）删除第十二条、第十三条。

（二）第十四条改为第十二条，删除其中的“和过境转移许可证”。

十二、对《计量标准考核办法》（质检总局令第72号）作出修改

（一）将第六条第四项修改为：“配备至少两名具有相应能力，并满足有关计量法律法规要求的计量检定或校准人员；”

将第六条第六项修改为：“计量标准的稳定性和检定或者校准结果的重复性符合技术要求。”

（二）将第八条修改为：

“申请新建计量标准考核，申请计量标准考核的单位（以下简称申请考核单位）应当向主持考核的质量技术监督部门递交以下申请资料：

（一）计量标准考核（复查）申请书原件2份和计量标准技术报告原件1份，以及电子版；

（二）计量标准器及配套的主要计量设备有效检定或者校准证书，以及可以证明计量标准具有相应测量能力的其他技术资料复印件各1份；

（三）计量检定或者校准人员的能力证明复印件1份。”

（三）将第九条修改为：

“申请计量标准复查考核，申请考核单位应当向主持考核的质量技术监督部门递交以下申请资料：

（一）计量标准考核（复查）申请书原件2份和计量标准技术报告原件

1 份，以及电子版；

（二）计量标准考核证书有效期内计量标准器及配套的主要计量设备的有效检定或者校准证书，以及可以证明计量标准具有相应测量能力的其他技术资料复印件各 1 份；

（三）《计量标准封存（或注销）申请表》（如果适用）复印件 1 份；

（四）计量检定或校准人员的能力证明复印件 1 份。”

（四）删除第十二条第三款中的“计量标准考评员实行备案制度”；将“国家质检总局和省级质量技术监督部门备案管理”中的“备案”修改为“进行”。

（五）将第十五条中的“计量标准考核结果通知”修改为“不予行政许可决定”。

（六）将第十六条中的“撤销”修改为“注销”。

（七）将第十七条中的“有效期届满 6 个月前”修改为“有效期届满前 6 个月”。将“计量标准考核结果通知”修改为“不予行政许可决定”。

（八）将第二十条中的“计量标准考核结果通知”修改为“不予行政许可决定”；将“依法向主持考核的质量技术监督部门或者上一级质量技术监督部门申请行政复议”修改为“依法向本级人民政府或者上一级质量技术监督部门申请行政复议”。

（九）将第二十一条中的“计量标准考核结果通知”修改为“不予行政许可决定”。

（十）删除第二十二条。

十三、对《出境水生动物检验检疫监督管理办法》（质检总局令第 99 号）作出修改

（一）将第一条中的“等法律法规规定”修改为“等法律法规和国际条约规定”。

（二）将第四条修改为：“对输入国家或者地区要求中国对向其输出水生动物的生产、加工、存放单位注册登记的，国家质检总局对出境水生动物养殖场、中转场实施注册登记制度。”

十四、对《供港澳蔬菜检验检疫监督管理办法》（质检总局令第 120 号）作出修改

（一）将第十条第六项修改为：“有植物保护基本知识的专职或者兼职管理人员”。

（二）将第十一条第四项修改为：“种植基地负责人或者经营者身份证复印件”。

（三）删除第十一条第六项。

（四）将第十三条修改为："种植基地负责人发生变更的，应当自变更之日起 30 日内向种植基地所在地检验检疫机构申请办理种植基地备案变更手续。"

（五）将第三十五条第六项修改为："种植基地负责人发生变更后 30 日内未申请备案变更的"。

十五、对《质量监督检验检疫行政许可实施办法》（质检总局令第 149 号）作出修改

将第三十八条修改为："因行政许可证件遗失或者损毁，被许可人申请补办的，准予行政许可的质检部门应当按照原行政许可证件的内容（含发证时间）办理，不得变更或者延续。"

十六、对《国境口岸卫生许可管理办法》（质检总局令第 182 号）作出修改

（一）删除第十四条第五项中的"具备资质的检测机构出具的生产用水卫生检验报告"和"具备资质的检测机构出具的用水卫生检验报告"。

（二）删除第十五条第七项。

（三）删除第十六条第六项、第七项。

此外，对相关规章的条文顺序作相应调整。

以上 16 件规章根据本决定作相应修改，重新公布。

危险性较大的分部分项工程安全管理规定

（2018 年 3 月 8 日住房和城乡建设部令第 37 号公布　自 2018 年 6 月 1 日起施行　国法备字［2018000538］）

第一章　总　　则

第一条　为加强对房屋建筑和市政基础设施工程中危险性较大的分部分项工程安全管理，有效防范生产安全事故，依据《中华人民共和国建筑法》《中华人民共和国安全生产法》《建设工程安全生产管理条例》等法律法规，制定本规定。

第二条　本规定适用于房屋建筑和市政基础设施工程中危险性较大的分部分项工程安全管理。

第三条　本规定所称危险性较大的分部分项工程（以下简称"危大工

程”），是指房屋建筑和市政基础设施工程在施工过程中，容易导致人员群死群伤或者造成重大经济损失的分部分项工程。

危大工程及超过一定规模的危大工程范围由国务院住房城乡建设主管部门制定。

省级住房城乡建设主管部门可以结合本地区实际情况，补充本地区危大工程范围。

第四条 国务院住房城乡建设主管部门负责全国危大工程安全管理的指导监督。

县级以上地方人民政府住房城乡建设主管部门负责本行政区域内危大工程的安全监督管理。

第二章 前期保障

第五条 建设单位应当依法提供真实、准确、完整的工程地质、水文地质和工程周边环境等资料。

第六条 勘察单位应当根据工程实际及工程周边环境资料，在勘察文件中说明地质条件可能造成的工程风险。

设计单位应当在设计文件中注明涉及危大工程的重点部位和环节，提出保障工程周边环境安全和工程施工安全的意见，必要时进行专项设计。

第七条 建设单位应当组织勘察、设计等单位在施工招标文件中列出危大工程清单，要求施工单位在投标时补充完善危大工程清单并明确相应的安全管理措施。

第八条 建设单位应当按照施工合同约定及时支付危大工程施工技术措施费以及相应的安全防护文明施工措施费，保障危大工程施工安全。

第九条 建设单位在申请办理安全监督手续时，应当提交危大工程清单及其安全管理措施等资料。

第三章 专项施工方案

第十条 施工单位应当在危大工程施工前组织工程技术人员编制专项施工方案。

实行施工总承包的，专项施工方案应当由施工总承包单位组织编制。危大工程实行分包的，专项施工方案可以由相关专业分包单位组织编制。

第十一条 专项施工方案应当由施工单位技术负责人审核签字、加盖单位公章，并由总监理工程师审查签字、加盖执业印章后方可实施。

危大工程实行分包并由分包单位编制专项施工方案的，专项施工方案应当由总承包单位技术负责人及分包单位技术负责人共同审核签字并加盖单位公章。

第十二条 对于超过一定规模的危大工程，施工单位应当组织召开专家论证会对专项施工方案进行论证。实行施工总承包的，由施工总承包单位组织召开专家论证会。专家论证前专项施工方案应当通过施工单位审核和总监理工程师审查。

专家应当从地方人民政府住房城乡建设主管部门建立的专家库中选取，符合专业要求且人数不得少于 5 名。与本工程有利害关系的人员不得以专家身份参加专家论证会。

第十三条 专家论证会后，应当形成论证报告，对专项施工方案提出通过、修改后通过或者不通过的一致意见。专家对论证报告负责并签字确认。

专项施工方案经论证需修改后通过的，施工单位应当根据论证报告修改完善后，重新履行本规定第十一条的程序。

专项施工方案经论证不通过的，施工单位修改后应当按照本规定的要求重新组织专家论证。

第四章 现场安全管理

第十四条 施工单位应当在施工现场显著位置公告危大工程名称、施工时间和具体责任人员，并在危险区域设置安全警示标志。

第十五条 专项施工方案实施前，编制人员或者项目技术负责人应当向施工现场管理人员进行方案交底。

施工现场管理人员应当向作业人员进行安全技术交底，并由双方和项目专职安全生产管理人员共同签字确认。

第十六条 施工单位应当严格按照专项施工方案组织施工，不得擅自修改专项施工方案。

因规划调整、设计变更等原因确需调整的，修改后的专项施工方案应当按照本规定重新审核和论证。涉及资金或者工期调整的，建设单位应当按照约定予以调整。

第十七条 施工单位应当对危大工程施工作业人员进行登记，项目负责人应当在施工现场履职。

项目专职安全生产管理人员应当对专项施工方案实施情况进行现场监

督，对未按照专项施工方案施工的，应当要求立即整改，并及时报告项目负责人，项目负责人应当及时组织限期整改。

施工单位应当按照规定对危大工程进行施工监测和安全巡视，发现危及人身安全的紧急情况，应当立即组织作业人员撤离危险区域。

第十八条 监理单位应当结合危大工程专项施工方案编制监理实施细则，并对危大工程施工实施专项巡视检查。

第十九条 监理单位发现施工单位未按照专项施工方案施工的，应当要求其进行整改；情节严重的，应当要求其暂停施工，并及时报告建设单位。施工单位拒不整改或者不停止施工的，监理单位应当及时报告建设单位和工程所在地住房城乡建设主管部门。

第二十条 对于按照规定需要进行第三方监测的危大工程，建设单位应当委托具有相应勘察资质的单位进行监测。

监测单位应当编制监测方案。监测方案由监测单位技术负责人审核签字并加盖单位公章，报送监理单位后方可实施。

监测单位应当按照监测方案开展监测，及时向建设单位报送监测成果，并对监测成果负责；发现异常时，及时向建设、设计、施工、监理单位报告，建设单位应当立即组织相关单位采取处置措施。

第二十一条 对于按照规定需要验收的危大工程，施工单位、监理单位应当组织相关人员进行验收。验收合格的，经施工单位项目技术负责人及总监理工程师签字确认后，方可进入下一道工序。

危大工程验收合格后，施工单位应当在施工现场明显位置设置验收标识牌，公示验收时间及责任人员。

第二十二条 危大工程发生险情或者事故时，施工单位应当立即采取应急处置措施，并报告工程所在地住房城乡建设主管部门。建设、勘察、设计、监理等单位应当配合施工单位开展应急抢险工作。

第二十三条 危大工程应急抢险结束后，建设单位应当组织勘察、设计、施工、监理等单位制定工程恢复方案，并对应急抢险工作进行后评估。

第二十四条 施工、监理单位应当建立危大工程安全管理档案。

施工单位应当将专项施工方案及审核、专家论证、交底、现场检查、验收及整改等相关资料纳入档案管理。

监理单位应当将监理实施细则、专项施工方案审查、专项巡视检查、验收及整改等相关资料纳入档案管理。

第五章　监督管理

第二十五条　设区的市级以上地方人民政府住房城乡建设主管部门应当建立专家库，制定专家库管理制度，建立专家诚信档案，并向社会公布，接受社会监督。

第二十六条　县级以上地方人民政府住房城乡建设主管部门或者所属施工安全监督机构，应当根据监督工作计划对危大工程进行抽查。

县级以上地方人民政府住房城乡建设主管部门或者所属施工安全监督机构，可以通过政府购买技术服务方式，聘请具有专业技术能力的单位和人员对危大工程进行检查，所需费用向本级财政申请予以保障。

第二十七条　县级以上地方人民政府住房城乡建设主管部门或者所属施工安全监督机构，在监督抽查中发现危大工程存在安全隐患的，应当责令施工单位整改；重大安全事故隐患排除前或者排除过程中无法保证安全的，责令从危险区域内撤出作业人员或者暂时停止施工；对依法应当给予行政处罚的行为，应当依法作出行政处罚决定。

第二十八条　县级以上地方人民政府住房城乡建设主管部门应当将单位和个人的处罚信息纳入建筑施工安全生产不良信用记录。

第六章　法律责任

第二十九条　建设单位有下列行为之一的，责令限期改正，并处 1 万元以上 3 万元以下的罚款；对直接负责的主管人员和其他直接责任人员处 1000 元以上 5000 元以下的罚款：

（一）未按照本规定提供工程周边环境等资料的；

（二）未按照本规定在招标文件中列出危大工程清单的；

（三）未按照施工合同约定及时支付危大工程施工技术措施费或者相应的安全防护文明施工措施费的；

（四）未按照本规定委托具有相应勘察资质的单位进行第三方监测的；

（五）未对第三方监测单位报告的异常情况组织采取处置措施的。

第三十条　勘察单位未在勘察文件中说明地质条件可能造成的工程风险的，责令限期改正，依照《建设工程安全生产管理条例》对单位进行处罚；对直接负责的主管人员和其他直接责任人员处 1000 元以上 5000 元以下的罚款。

第三十一条 设计单位未在设计文件中注明涉及危大工程的重点部位和环节，未提出保障工程周边环境安全和工程施工安全的意见的，责令限期改正，并处 1 万元以上 3 万元以下的罚款；对直接负责的主管人员和其他直接责任人员处 1000 元以上 5000 元以下的罚款。

第三十二条 施工单位未按照本规定编制并审核危大工程专项施工方案的，依照《建设工程安全生产管理条例》对单位进行处罚，并暂扣安全生产许可证 30 日；对直接负责的主管人员和其他直接责任人员处 1000 元以上 5000 元以下的罚款。

第三十三条 施工单位有下列行为之一的，依照《中华人民共和国安全生产法》《建设工程安全生产管理条例》对单位和相关责任人员进行处罚：

（一）未向施工现场管理人员和作业人员进行方案交底和安全技术交底的；

（二）未在施工现场显著位置公告危大工程，并在危险区域设置安全警示标志的；

（三）项目专职安全生产管理人员未对专项施工方案实施情况进行现场监督的。

第三十四条 施工单位有下列行为之一的，责令限期改正，处 1 万元以上 3 万元以下的罚款，并暂扣安全生产许可证 30 日；对直接负责的主管人员和其他直接责任人员处 1000 元以上 5000 元以下的罚款：

（一）未对超过一定规模的危大工程专项施工方案进行专家论证的；

（二）未根据专家论证报告对超过一定规模的危大工程专项施工方案进行修改，或者未按照本规定重新组织专家论证的；

（三）未严格按照专项施工方案组织施工，或者擅自修改专项施工方案的。

第三十五条 施工单位有下列行为之一的，责令限期改正，并处 1 万元以上 3 万元以下的罚款；对直接负责的主管人员和其他直接责任人员处 1000 元以上 5000 元以下的罚款：

（一）项目负责人未按照本规定现场履职或者组织限期整改的；

（二）施工单位未按照本规定进行施工监测和安全巡视的；

（三）未按照本规定组织危大工程验收的；

（四）发生险情或者事故时，未采取应急处置措施的；

（五）未按照本规定建立危大工程安全管理档案的。

第三十六条 监理单位有下列行为之一的，依照《中华人民共和国安全生产法》《建设工程安全生产管理条例》对单位进行处罚；对直接负责的主管人员和其他直接责任人员处1000元以上5000元以下的罚款：

（一）总监理工程师未按照本规定审查危大工程专项施工方案的；

（二）发现施工单位未按照专项施工方案实施，未要求其整改或者停工的；

（三）施工单位拒不整改或者不停止施工时，未向建设单位和工程所在地住房城乡建设主管部门报告的。

第三十七条 监理单位有下列行为之一的，责令限期改正，并处1万元以上3万元以下的罚款；对直接负责的主管人员和其他直接责任人员处1000元以上5000元以下的罚款：

（一）未按照本规定编制监理实施细则的；

（二）未对危大工程施工实施专项巡视检查的；

（三）未按照本规定参与组织危大工程验收的；

（四）未按照本规定建立危大工程安全管理档案的。

第三十八条 监测单位有下列行为之一的，责令限期改正，并处1万元以上3万元以下的罚款；对直接负责的主管人员和其他直接责任人员处1000元以上5000元以下的罚款：

（一）未取得相应勘察资质从事第三方监测的；

（二）未按照本规定编制监测方案的；

（三）未按照监测方案开展监测的；

（四）发现异常未及时报告的。

第三十九条 县级以上地方人民政府住房城乡建设主管部门或者所属施工安全监督机构的工作人员，未依法履行危大工程安全监督管理职责的，依照有关规定给予处分。

第七章　附　　则

第四十条 本规定自2018年6月1日起施行。

住房城乡建设部关于废止《物业服务企业资质管理办法》的决定

（2018 年 3 月 8 日住房和城乡建设部令第 39 号发布　自发布之日起施行　国法备字［2018000532］）

住房城乡建设部决定废止《物业服务企业资质管理办法》（建设部令第 164 号）。现予发布，自发布之日起施行。

住房城乡建设部关于废止《工程建设项目招标代理机构资格认定办法》的决定

（2018 年 3 月 8 日住房和城乡建设部令第 38 号发布　自发布之日起施行　国法备字［2018000533］）

住房城乡建设部决定废止《工程建设项目招标代理机构资格认定办法》（建设部令第 154 号）。现予发布，自发布之日起施行。

旅游行政许可办法

（2018 年 3 月 9 日国家旅游局令第 46 号公布　自 2018 年 5 月 1 日起施行　国法备字［2018000530］）

第一章　总　　则

第一条　为了规范旅游行政许可行为，保护公民、法人和其他组织的合法权益，保障和监督旅游主管部门有效实施行政管理，根据《行政许可法》及有关法律、行政法规，结合旅游工作实际，制定本办法。

第二条　本办法所称旅游行政许可，是指旅游主管部门及具有旅游行政许可权的其他行政机关根据公民、法人或者其他组织的申请，经依法审查，准予其从事特定活动的行为。

第三条 旅游行政许可的设定、实施和监督检查，应当遵守《行政许可法》《旅游法》及有关法律、法规和本办法的规定。

旅游主管部门对其他机关或者对其直接管理的事业单位的人事、财务、外事等事项的审批，不适用本办法。

第四条 实施旅游行政许可，应当依照法定的权限、范围、条件和程序，遵循公开、公平、公正的原则。

旅游主管部门应当按照国家有关规定将行政许可事项向社会公布，未经公布不得实施相关行政许可。行政许可的实施和结果，除涉及国家秘密、商业秘密或者个人隐私的外，应当公开。

符合法定条件、标准的，申请人有依法取得旅游行政许可的平等权利，旅游主管部门不得歧视。

第五条 实施旅游行政许可，应当遵循便民、高效的原则，以行政许可标准化建设为指引，运用标准化原理、方法和技术，提高办事效率，提供优质服务。

国家旅游局负责建立完善旅游行政许可全国网上审批平台，逐步推动旅游行政许可事项的网上办理和审批。地方各级旅游主管部门应当逐步将本部门旅游行政许可事项纳入或者接入全国网上审批平台统一实施。

实施行政许可的旅游主管部门应当编制旅游行政许可服务指南，建立和实施旅游行政许可信息公开制、一次性告知制、首问责任制、顶岗补位制、服务承诺制、责任追究制和文明服务制等服务制度和规范。

第六条 旅游行政规章、规范性文件及其他文件一律不得设定行政许可。

旅游行政规章可以在上位法设定的行政许可事项范围内，对实施该行政许可作出具体规定，但不得增设行政许可；对行政许可条件作出的具体规定，不得增设违反上位法的其他条件。

第七条 公民、法人或者其他组织对旅游主管部门实施行政许可，享有陈述权、申辩权；有权依法申请行政复议或者提起行政诉讼；其合法权益因旅游主管部门违法实施行政许可受到损害的，有权依法要求赔偿。

第八条 旅游行政许可决定依法作出即具有法律效力，非经法定程序不得改变。

旅游行政许可所依据的法律、法规、规章修改或者废止，或者准予行政许可所依据的客观情况发生重大变化的，为了公共利益的需要，旅游主管部门可以依法变更或者撤回已经生效的行政许可。由此给公民、法人或者其他组织造成财产损失的，应当依法给予补偿。

第二章　实施机关

第九条　旅游行政许可由旅游主管部门或者具有旅游行政许可权的其他行政机关在其法定职权范围内实施。

旅游主管部门内设机构和派出机构不得以自己的名义实施行政许可。

第十条　旅游主管部门可以在其法定职权范围内委托具有权限的下级旅游主管部门实施行政许可，并应当将受委托的旅游主管部门和委托实施的旅游行政许可事项予以公告。

委托的旅游主管部门对委托行为的后果，依法承担法律责任。

受委托的旅游主管部门在委托范围内，以委托的旅游主管部门名义实施行政许可，不得转委托。

第十一条　旅游主管部门应当确定具体承担旅游行政许可办理工作的内设机构（以下简称承办机构）。承办机构的主要职责包括：

（一）受理、审查旅游行政许可申请，并向旅游主管部门提出许可决定建议；

（二）组织旅游行政许可听证工作；

（三）送达旅游行政许可决定和证件；

（四）旅游行政许可的信息统计、信息公开工作；

（五）旅游行政许可档案管理工作；

（六）提供旅游行政许可业务咨询服务；

（七）依法对被许可人从事旅游行政许可事项的活动进行监督检查。

承办机构需要其他业务机构协助办理的，相关业务机构应当积极配合。

第三章　申请与受理

第十二条　从事依法需要取得旅游行政许可活动的，应当向行政机关提出申请。申请书需要采用格式文本的，旅游主管部门应当免费提供申请书格式文本和常见错误实例。申请书格式文本中不得包含与申请行政许可事项没有直接关系的内容。

申请人依法委托代理人提出行政许可申请的，应当提交申请人、代理人的身份证明文件和授权委托书。授权委托书应当载明授权委托事项和授权范围。

第十三条 旅游主管部门应当将旅游行政许可事项、依据、申请条件、数量限制、办理流程、办结期限及申请材料目录和申请书示范文本等，在办公场所或者受理场所及政务网站公示，方便申请人索取使用、获取信息。

申请人要求对公示内容予以说明、解释的，承办机构应当说明、解释，提供准确、可靠的信息。

第十四条 旅游主管部门应当设置一个固定场所作为旅游行政许可业务办理窗口，配备政治素质高、业务能力强、熟悉掌握旅游行政许可业务工作的受理人员，统一受理申请、提供咨询和送达决定，并在办公区域显著位置设立指示标志，引导申请人到受理窗口办理许可业务。

旅游行政许可事项纳入行政服务大厅集中受理的，按照相关规定和要求执行。

第十五条 申请人申请行政许可，应当如实向旅游主管部门提交有关材料和反映真实情况，并对其申请材料实质内容的真实性负责。旅游主管部门不得要求申请人提交与其申请的行政许可事项无关的材料。

第十六条 受理申请时，旅游行政许可受理人员应当审查下列事项：

（一）申请事项是否属于本部门行政许可受理范围；

（二）申请人或者代理人提交的身份证件和授权委托书是否合法有效，授权事项及范围是否明确；

（三）申请材料中是否明确附有申请人签名或者盖章；

（四）申请人提交的材料是否符合所申请事项的各项受理要求。

第十七条 对申请人提出的行政许可申请，旅游主管部门应当根据下列情况分别作出处理：

（一）申请事项依法不需要取得行政许可的，应当即时告知申请人不受理，并向申请人出具《行政许可申请不予受理通知书》，说明理由和依据；

（二）申请事项依法不属于本部门职权范围的，应当即时作出不予受理的决定，并向申请人出具《行政许可申请不予受理通知书》，告知申请人向有关行政机关申请；

（三）申请材料存在文字、计算等可以当场更正的错误的，应当允许申请人当场更正，并告知其在修改处签名或者盖章确认；

（四）申请材料不齐全或者不符合法定形式的，应当当场或者在 5 日内一次性告知申请人需要补正的全部内容，并向申请人出具《行政许可申请补正材料通知书》。逾期不告知的，自收到申请材料之日起即为受理；

（五）申请人未在规定的期限内提交补正材料，或者提交的材料仍不符合要求但拒绝再补正的，应当作出不予受理的决定，并向申请人出具《行政许可申请不予受理通知书》，说明理由和依据；

（六）申请事项属于本部门职权范围，申请材料齐全、符合法定形式或者申请人依照本部门要求提交全部补正材料的，应当受理行政许可申请，并向申请人出具符合行政许可受理单制度要求的《行政许可申请受理通知书》。

旅游主管部门出具前款规定的相关书面凭证，应当加盖单位印章或者行政许可专用印章，并注明日期。

第四章 审查与决定

第十八条 旅游主管部门应当根据申请人提交的申请材料，对其是否具备许可条件、是否存在不予许可的情形等进行书面审查；依法需要对申请材料的实质内容进行核实的，应当指派两名以上工作人员进行现场核查。

核查人员在现场核查或者询问时，应当出示证件，并制作现场核查笔录或者询问笔录。现场核查笔录、询问笔录应当如实记载核查的时间、地点、参加人和内容，经被核查人、被询问人核对无误后签名或者盖章，并由核查人员签字。当事人或者有关人员应当如实回答询问，并协助核查。

第十九条 旅游主管部门对行政许可申请进行审查时，发现该行政许可事项直接关系他人重大利益的，应当告知该利害关系人。申请人、利害关系人有权进行陈述和申辩。

行政许可办理工作人员对申请人、利害关系人的口头陈述和申辩，应当制作陈述、申辩笔录；经复核，申请人、利害关系人提出的事实、理由成立的，应当采纳。

第二十条 申请人在作出行政许可决定前自愿撤回行政许可申请的，旅游主管部门应当准许。

申请人撤回申请的，应当以书面形式提出，并返还旅游主管部门已出具的相关书面凭证。对纸质申请材料，旅游主管部门应当留存复制件，并将原件退回。

第二十一条 有下列情形之一的，旅游主管部门应当作出中止审查的决定，并通知申请人：

（一）申请人因涉嫌侵害旅游者合法权益等违法违规行为被行政机关调查，或者被司法机关侦查，尚未结案，对其行政许可事项影响重大的；

（二）申请人被依法采取限制业务活动、责令停业整顿、指定其他机构托管、接管等措施，尚未解除的；

（三）对有关法律、法规、规章的规定，需要进一步明确具体含义，请求有关机关作出解释的；

（四）申请人主动要求中止审查，理由正当的。

法律、法规、规章对前款情形另有规定的，从其规定。

行政许可中止的原因消除后，应当及时恢复审查。中止审查的时间不计算在法定期限内。

第二十二条 有下列情形之一的，旅游主管部门应当作出终止审查的决定，并通知申请人：

（一）申请人自愿撤回申请的；

（二）作为申请人的自然人死亡或者丧失行为能力的；

（三）作为申请人的法人或者其他组织终止的。

第二十三条 旅游主管部门对行政许可申请进行审查后，能够当场作出决定的，应当当场作出书面行政许可决定；不能当场作出决定的，应当在法定期限内按照规定程序作出行政许可决定。

第二十四条 申请人的申请符合法定条件、标准的，旅游主管部门应当依法作出准予行政许可的书面决定；不符合法定条件、标准的，旅游主管部门应当依法作出不予行政许可的书面决定，说明理由，并告知申请人享有依法申请行政复议或者提起行政诉讼的权利。

行政许可书面决定应当载明作出决定的时间，并加盖单位印章或者行政许可专用印章。

第二十五条 旅游主管部门作出准予行政许可的决定，需要颁发行政许可证件的，应当在法定期限内向申请人颁发加盖单位印章或者行政许可专用印章的行政许可证件。

行政许可证件一般应当载明证件名称、发证机关名称、被许可人名称、行政许可事项、证件编号、发证日期和证件有效期等事项。

第二十六条 旅游主管部门可以采取下列方式送达行政许可决定以及其他行政许可文书：

（一）受送达人到旅游主管部门办公场所或者受理场所直接领取，在送达回证上注明收到日期，并签名或者盖章；

（二）邮寄送达的，申请书载明的联系地址为送达地址，受送达人及其代收人应当在邮件回执上签名或者盖章，回执上注明的收件日期为送达日期；

（三）受送达人拒绝接收行政许可文书的，送达人可以邀请有关基层组织或者所在单位的代表到场，说明情况，在送达回证上记明拒收事由和日期，由送达人、见证人签名或者盖章，把许可文书留在受送达人的住所；也可以把许可文书留在受送达人的住所，并采用拍照、录像等方式记录送达过程，即视为送达；

（四）直接送达有困难的，可以委托当地旅游主管部门送达；

（五）无法采取上述方式送达的，可以在公告栏、受送达人住所地张贴公告，也可以在报刊上刊登公告。自公告发布之日起60日后，即视为送达。

第二十七条 旅游主管部门作出的准予行政许可决定，应当按照《政府信息公开条例》的规定予以公开，并允许公众查阅。

第二十八条 旅游主管部门应当在颁发行政许可证件之日起30日内，逐级向上级旅游主管部门备案被许可人名称、行政许可事项、证件编号、发证日期和证件有效期等事项或者共享相关信息。

第五章 听 证

第二十九条 法律、法规、规章规定实施旅游行政许可应当听证的事项，或者旅游主管部门认为需要听证的其他涉及公共利益的重大行政许可事项，旅游主管部门应当向社会公告，并举行听证。

第三十条 旅游行政许可直接涉及申请人与他人之间重大利益关系的，旅游主管部门应当在作出行政许可决定前发出《行政许可听证告知书》，告知申请人、利害关系人有要求听证的权利。

第三十一条 申请人、利害关系人要求听证的，应当在收到旅游主管部门《行政许可听证告知书》之日起5日内提交申请听证的书面材料；逾期不提交的，视为放弃听证权利。

第三十二条 旅游主管部门应当在接到申请人、利害关系人申请听证的书面材料后20日内组织听证，并在举行听证的7日前，发出《行政许可听证通知书》，将听证的事项、时间、地点通知申请人、利害关系人，必要时予以公告。

第三十三条 听证主持人由旅游主管部门从审查该行政许可申请的工作人员以外的人员中指定，申请人、利害关系人认为主持人与该行政许可事项有直接利害关系的，有权申请回避。

第三十四条 行政许可审查工作人员应当在举行听证5日前，向听证主持人提交行政许可审查意见的证据、理由等全部材料。申请人、利害关系人也可以提出证据。

第三十五条 听证会按照下列程序公开进行：

（一）主持人宣布会场纪律；

（二）核对听证参加人姓名、年龄、身份，告知听证参加人权利、义务；
（三）行政许可审查工作人员提出审查意见的证据、理由；
（四）申请人、利害关系人进行申辩和质证；
（五）行政许可审查工作人员与申请人、利害关系人就争议事实进行辩论；
（六）行政许可审查工作人员与申请人、利害关系人作最后陈述；
（七）主持人宣布听证会中止、延期或者结束。

第三十六条　对于申请人、利害关系人或者其委托的代理人无正当理由不出席听证、未经听证主持人许可中途退出或者放弃申辩和质证权利退出听证会的，听证主持人可以宣布听证取消或者终止。

第三十七条　听证记录员应当将听证的全部活动制作笔录，由听证主持人和记录员签名。

听证笔录应当经听证参加人确认无误或者补正后，当场签名或者盖章。听证参加人拒绝签名或者盖章的，由听证主持人记明情况，在听证笔录中予以载明。

第三十八条　旅游主管部门应当根据听证笔录，作出行政许可决定。对听证笔录中未认证、记载的事实依据，或者听证结束后申请人提交的证据，旅游主管部门不予采信。

第六章　档案管理

第三十九条　旅游主管部门应当按照档案管理法律、法规和标准要求，建立科学的管理制度，配备必要的设施设备，指定专门的人员，采用先进技术，加强旅游行政许可档案管理。

第四十条　旅游行政许可档案管理内容主要包括下列材料：
（一）申请人依法提交的各项申请材料；
（二）旅游主管部门实施许可过程中直接形成的材料；
（三）法律、法规规定需要管理的其他材料。

材料形式应当包括文字、图标、声像等不同形式的记录。

第四十一条　承办机构应当对档案材料进行分类、编号、排列、登记、装订，及时整理立卷，并定期移交本部门档案管理机构归档。

档案交接、保管、借阅、查阅、复制等，应当遵守有关规定，严格履行签收、登记、审批手续。涉及国家秘密的，还应当依照《保密法》及其实施条例的规定办理。

第四十二条　旅游主管部门应当明确有关许可档案的保管期限。保管期限到期时，经鉴定档案无保存价值的，可按有关规定销毁。

第七章 监督检查

第四十三条 旅游主管部门应当建立健全旅游行政许可监督检查制度，采取定期或者不定期抽查等方式，对许可实施情况进行监督检查，及时纠正行政许可实施中的违法行为。

旅游主管部门应当制定旅游行政许可实施评价方案，明确评价主体、方式、指标和程序，并组织开展评价，依据评估结果持续提高许可工作质量。

第四十四条 旅游主管部门应当依法对被许可人从事旅游行政许可事项的活动进行监督检查，并将监督检查的情况和处理结果予以记录，由监督检查人员签字后归档。公众有权查阅监督检查记录。

第四十五条 有《行政许可法》规定的撤销、注销情形的，旅游主管部门应当依法作出撤销决定、办理注销手续。

第四十六条 旅游主管部门及其工作人员在实施行政许可、监督检查过程中滥用职权、玩忽职守、徇私舞弊的，由有权机关依法给予行政处分；构成犯罪的，依法追究刑事责任。

第四十七条 行政许可申请人、被许可人有违反《行政许可法》《旅游法》及有关法律、法规和本办法规定行为的，旅游主管部门应当依法给予处理；构成犯罪的，依法追究刑事责任。

公民、法人或者其他组织未经行政许可，擅自从事依法应当取得旅游行政许可的活动的，旅游主管部门应当依法采取措施予以制止，并依法给予行政处罚；构成犯罪的，依法追究刑事责任。

第八章 附 则

第四十八条 本办法规定的期限以工作日计算，但第二十六条和第二十八条规定的期限除外。

第四十九条 法规、规章对旅游主管部门实施旅游行政许可有特别规定的，按照有关规定执行。

省、自治区、直辖市人民政府决定旅游行政许可权由其他部门集中行使的，其旅游行政许可的实施参照适用本办法。

第五十条 本办法自2018年5月1日起施行。2006年11月7日国家旅游局发布的《国家旅游局行政许可实施暂行办法》同时废止。

司法解释

最高人民法院关于印发《全国法院破产审判工作会议纪要》的通知

（2018 年 3 月 4 日　法〔2018〕53 号）

各省、自治区、直辖市高级人民法院，解放军军事法院，新疆维吾尔自治区高级人民法院生产建设兵团分院：

现将《全国法院破产审判工作会议纪要》印发给你们，请认真遵照执行。

全国法院破产审判工作会议纪要

为落实党的十九大报告提出的贯彻新发展理念、建设现代化经济体系的要求，紧紧围绕高质量发展这条主线，服务和保障供给侧结构性改革，充分发挥人民法院破产审判工作在完善社会主义市场经济主体拯救和退出机制中的积极作用，为决胜全面建成小康社会提供更加有力的司法保障，2017 年 12 月 25 日，最高人民法院在广东省深圳市召开了全国法院破产审判工作会议。各省、自治区、直辖市高级人民法院、设立破产审判庭的市中级人民法院的代表参加了会议。与会代表经认真讨论，对人民法院破产审判涉及的主要问题达成共识。现纪要如下：

一、破产审判的总体要求

会议认为，人民法院要坚持以习近平新时代中国特色社会主义经济思想为指导，深刻认识破产法治对决胜全面建成小康社会的重要意义，以更加有力的举措开展破产审判工作，为经济社会持续健康发展提供更加有力的司法保障。当前和今后一个时期，破产审判工作总的要求是：

一要发挥破产审判功能，助推建设现代化经济体系。人民法院要通过破产工作实现资源重新配置，用好企业破产中权益、经营管理、资产、技术等重大调整的有利契机，对不同企业分类处置，把科技、资本、劳动力和人力资源等生产要素调动好、配置好、协同好，促进实体经济和产业体系优质高效。

二要着力服务构建新的经济体制，完善市场主体救治和退出机制。要充分运用重整、和解法律手段实现市场主体的有效救治，帮助企业提质增效；运用清算手段促使丧失经营价值的企业和产能及时退出市场，实现优胜劣汰，从而完善社会主义市场主体的救治和退出机制。

三要健全破产审判工作机制，最大限度释放破产审判的价值。要进一步完善破产重整企业识别、政府与法院协调、案件信息沟通、合法有序的利益衡平四项破产审判工作机制，推动破产审判工作良性运行，彰显破产审判工作的制度价值和社会责任。

四要完善执行与破产工作的有序衔接，推动解决“执行难”。要将破产审判作为与立案、审判、执行既相互衔接、又相对独立的一个重要环节，充分发挥破产审判对化解执行积案的促进功能，消除执行转破产的障碍，从司法工作机制上探索解决“执行难”的有效途径。

二、破产审判的专业化建设

审判专业化是破产审判工作取得实质性进展的关键环节。各级法院要大力加强破产审判专业化建设，努力实现审判机构专业化、审判队伍专业化、审判程序规范化、裁判规则标准化、绩效考评科学化。

1. 推进破产审判机构专业化建设。省会城市、副省级城市所在地中级人民法院要根据最高人民法院《关于在中级人民法院设立清算与破产审判庭的工作方案》（法〔2016〕209 号），抓紧设立清算与破产审判庭。其他各级法院可根据本地工作实际需求决定设立清算与破产审判庭或专门的合议庭，培养熟悉清算与破产审判的专业法官，以适应破产审判工作的需求。

2. 合理配置审判任务。要根据破产案件数量、案件难易程度、审判力量等情况，合理分配各级法院的审判任务。对于债权债务关系复杂、审理难度大的破产案件，高级人民法院可以探索实行中级人民法院集中管辖为原则、基层人民法院管辖为例外的管辖制度；对于债权债务关系简单、审理难度不大的破产案件，可以主要由基层人民法院管辖，通过快速审理程序高效审结。

3. 建立科学的绩效考评体系。要尽快完善清算与破产审判工作绩效考评体系，在充分尊重司法规律的基础上确定绩效考评标准，避免将办理清算破产案件与普通案件简单对比、等量齐观、同等考核。

三、管理人制度的完善

管理人是破产程序的主要推动者和破产事务的具体执行者。管理人的能力和素质不仅影响破产审判工作的质量，还关系到破产企业的命运与未来发展。要加快完善管理人制度，大力提升管理人职业素养和执业能力，强化对管理人的履职保障和有效监督，为改善企业经营、优化产业结构提供有力制度保障。

4. 完善管理人队伍结构。人民法院要指导编入管理人名册的中介机构采取适当方式吸收具有专业技术知识、企业经营能力的人员充实到管理人队伍中来，促进管理人队伍内在结构更加合理，充分发挥和提升管理人在企业病因诊断、资源整合等方面的重要作用。

5. 探索管理人跨区域执业。除从本地名册选择管理人外，各地法院还可以探索从外省、市管理人名册中选任管理人，确保重大破产案件能够遴选出最佳管理人。两家以上具备资质的中介机构请求联合担任同一破产案件管理人的，人民法院经审查符合自愿协商、优势互补、权责一致要求且确有必要的，可以准许。

6. 实行管理人分级管理。高级人民法院或者自行编制管理人名册的中级人民法院可以综合考虑管理人的专业水准、工作经验、执业操守、工作绩效、勤勉程度等因素，合理确定管理人等级，对管理人实行分级管理、定期考评。对债务人财产数量不多、债权债务关系简单的破产案件，可以在相应等级的管理人中采取轮候、抽签、摇号等随机方式指定管理人。

7. 建立竞争选定管理人工作机制。破产案件中可以引入竞争机制选任管理人，提升破产管理质量。上市公司破产案件、在本地有重大影响的破产案件或者债权债务关系复杂，涉及债权人、职工以及利害关系人人数较多的破产案件，在指定管理人时，一般应当通过竞争方式依法选定。

8. 合理划分法院和管理人的职能范围。人民法院应当支持和保障管理人依法履行职责，不得代替管理人作出本应由管理人自己作出的决定。管理人应当依法管理和处分债务人财产，审慎决定债务人内部管理事务，不得将自己的职责全部或者部分转让给他人。

9. 进一步落实管理人职责。在债务人自行管理的重整程序中，人民法院要督促管理人制订监督债务人的具体制度。在重整计划规定的监督期内，管理人应当代表债务人参加监督期开始前已经启动而尚未终结的诉讼、仲裁活动。重整程序、和解程序转入破产清算程序后，管理人应当按照破产清算程序继续履行管理人职责。

10. 发挥管理人报酬的激励和约束作用。人民法院可以根据破产案件的不同情况确定管理人报酬的支付方式，发挥管理人报酬在激励、约束管理人勤勉履职方面的积极作用。管理人报酬原则上应当根据破产案件审理进度和管理人履职情况分期支付。案情简单、耗时较短的破产案件，可以在破产程序终结后一次性向管理人支付报酬。

11. 管理人聘用其他人员费用负担的规制。管理人经人民法院许可聘用企业经营管理人员，或者管理人确有必要聘请其他社会中介机构或人员处理重大诉讼、仲裁、执行或审计等专业性较强工作，如所需费用需要列入破产费用的，应当经债权人会议同意。

12. 推动建立破产费用的综合保障制度。各地法院要积极争取财政部门支持，或采取从其他破产案件管理人报酬中提取一定比例等方式，推动设立破产费用保障资金，建立破产费用保障长效机制，解决因债务人财产不足以支付破产费用而影响破产程序启动的问题。

13. 支持和引导成立管理人协会。人民法院应当支持、引导、推动本辖区范围内管理人名册中的社会中介机构、个人成立管理人协会，加强对管理人的管理和约束，维护管理人的合法权益，逐步形成规范、稳定和自律的行业组织，确保管理人队伍既充满活力又规范有序发展。

四、破产重整

会议认为，重整制度集中体现了破产法的拯救功能，代表了现代破产法的发展趋势，全国各级法院要高度重视重整工作，妥善审理企业重整案件，通过市场化、法治化途径挽救困境企业，不断完善社会主义市场主体救治机制。

14. 重整企业的识别审查。破产重整的对象应当是具有挽救价值和可能的困境企业；对于僵尸企业，应通过破产清算，果断实现市场出清。人民法院在审查重整申请时，根据债务人的资产状况、技术工艺、生产销售、行业前景等因素，能够认定债务人明显不具备重整价值以及拯救可能性的，应裁定不予受理。

15. 重整案件的听证程序。对于债权债务关系复杂、债务规模较大，或者涉及上市公司重整的案件，人民法院在审查重整申请时，可以组织申请人、被申请人听证。债权人、出资人、重整投资人等利害关系人经人民法院准许，也可以参加听证。听证期间不计入重整申请审查期限。

16. 重整计划的制定及沟通协调。人民法院要加强与管理人或债务人的沟通，引导其分析债务人陷于困境的原因，有针对性地制定重整计划草案，促使企业重新获得盈利能力，提高重整成功率。人民法院要与政府建立沟通协调机制，帮助管理人或债务人解决重整计划草案制定中的困难和问题。

17. 重整计划的审查与批准。重整不限于债务减免和财务调整，重整的重点是维持企业的营运价值。人民法院在审查重整计划时，除合法性审查外，还应审查其中的经营方案是否具有可行性。重整计划中关于企业重新获得盈利能力的经营方案具有可行性、表决程序合法、内容不损害各表决组中反对者的清偿利益的，人民法院应当自收到申请之日起三十日内裁定批准重整计划。

18. 重整计划草案强制批准的条件。人民法院应当审慎适用企业破产法第八十七条第二款，不得滥用强制批准权。确需强制批准重整计划草案的，重整计划草案除应当符合企业破产法第八十七条第二款规定外，如债权人分多组的，还应当至少有一组已经通过重整计划草案，且各表决组中反对者能够获得的清偿利益不低于依照破产清算程序所能获得的利益。

19. 重整计划执行中的变更条件和程序。债务人应严格执行重整计划，但因出现国家政策调整、法律修改变化等特殊情况，导致原重整计划无法执行的，债务人或管理人可以申请变更重整计划一次。债权人会议决议同意变更重整计划的，应自决议通过之日起十日内提请人民法院批准。债权人会议决议不同意或者人民法院不批准变更申请的，人民法院经管理人或者利害关系人请求，应当裁定终止重整计划的执行，并宣告债务人破产。

20. 重整计划变更后的重新表决与裁定批准。人民法院裁定同意变更重整计划的，债务人或者管理人应当在六个月内提出新的重整计划。变更后的重整计划应提交给因重整计划变更而遭受不利影响的债权人组和出资人组进行表决。表决、申请人民法院批准以及人民法院裁定是否批准的程序与原重整计划的相同。

21. 重整后企业正常生产经营的保障。企业重整后，投资主体、股权结构、公司治理模式、经营方式等与原企业相比，往往发生了根本变化，人民法院要通过加强与政府的沟通协调，帮助重整企业修复信用记录，依法获取税收优惠，以利于重整企业恢复正常生产经营。

22. 探索推行庭外重组与庭内重整制度的衔接。在企业进入重整程序之前，可以先由债权人与债务人、出资人等利害关系人通过庭外商业谈判，拟定重组方案。重整程序启动后，可以重组方案为依据拟定重整计划草案提交人民法院依法审查批准。

五、破产清算

会议认为，破产清算作为破产制度的重要组成部分，具有淘汰落后产能、优化市场资源配置的直接作用。对于缺乏拯救价值和可能性的债务人，要及时通过破产清算程序对债权债务关系进行全面清理，重新配置社会资源，提升社会有效供给的质量和水平，增强企业破产法对市场经济发展的引领作用。

23．破产宣告的条件。人民法院受理破产清算申请后，第一次债权人会议上无人提出重整或和解申请的，管理人应当在债权审核确认和必要的审计、资产评估后，及时向人民法院提出宣告破产的申请。人民法院受理破产和解或重整申请后，债务人出现应当宣告破产的法定原因时，人民法院应当依法宣告债务人破产。

24．破产宣告的程序及转换限制。相关主体向人民法院提出宣告破产申请的，人民法院应当自收到申请之日起七日内作出破产宣告裁定并进行公告。债务人被宣告破产后，不得再转入重整程序或和解程序。

25．担保权人权利的行使与限制。在破产清算和破产和解程序中，对债务人特定财产享有担保权的债权人可以随时向管理人主张就该特定财产变价处置行使优先受偿权，管理人应及时变价处置，不得以须经债权人会议决议等为由拒绝。但因单独处置担保财产会降低其他破产财产的价值而应整体处置的除外。

26．破产财产的处置。破产财产处置应当以价值最大化为原则，兼顾处置效率。人民法院要积极探索更为有效的破产财产处置方式和渠道，最大限度提升破产财产变价率。采用拍卖方式进行处置的，拍卖所得预计不足以支付评估拍卖费用，或者拍卖不成的，经债权人会议决议，可以采取作价变卖或实物分配方式。变卖或实物分配的方案经债权人会议两次表决仍未通过的，由人民法院裁定处理。

27．企业破产与职工权益保护。破产程序中要依法妥善处理劳动关系，推动完善职工欠薪保障机制，依法保护职工生存权。由第三方垫付的职工债权，原则上按照垫付的职工债权性质进行清偿；由欠薪保障基金垫付的，应按照企业破产法第一百一十三条第一款第二项的顺序清偿。债务人欠缴的住房公积金，按照债务人拖欠的职工工资性质清偿。

28．破产债权的清偿原则和顺序。对于法律没有明确规定清偿顺序的债权，人民法院可以按照人身损害赔偿债权优先于财产性债权、私法债权优先于公法债权、补偿性债权优先于惩罚性债权的原则合理确定清偿顺序。因债务人侵权行为造成的人身损害赔偿，可以参照企业破产法第一百一十三条第一款第一项规定的顺序清偿，但其中涉及的惩罚性赔偿除外。破产财产依照企业破产法第一百一十三条规定的顺序清偿后仍有剩余的，可依次用于清偿破产受理前产生的民事惩罚性赔偿金、行政罚款、刑事罚金等惩罚性债权。

29．建立破产案件审理的繁简分流机制。人民法院审理破产案件应当提升审判效率，在确保利害关系人程序和实体权利不受损害的前提下，建立破产案件审理的繁简分流机制。对于债权债务关系明确、债务人财产状况清楚的破产案件，可以通过缩短程序时间、简化流程等方式加快案件审理进程，但不得突破法律规定的最低期限。

30．破产清算程序的终结。人民法院终结破产清算程序应当以查明债务人财产状况、明确债务人财产的分配方案、确保破产债权获得依法清偿为基础。破产申请受理后，经管理人调查，债务人财产不足以清偿破产费用且无人代为清偿或垫付的，人民法院应当依管理人申请宣告破产并裁定终结破产清算程序。

31．保证人的清偿责任和求偿权的限制。破产程序终结前，已向债权人承担了保证责任的保证人，可以要求债务人向其转付已申报债权的债权人在破产程序中应得清偿部分。破产程序终结后，债权人就破产程序中未受清偿部分要求保证人承担保证责任的，应在破产程序终结后六个月内提出。保证人承担保证责任后，不得再向和解或重整后的债务人行使求偿权。

六、关联企业破产

会议认为，人民法院审理关联企业破产案件时，要立足于破产关联企业之间的具体关系模式，采取不同方式予以处理。既要通过实质合并审理方式处理法人人格高度混同的关联关系，确保全体债权人公平清偿，也要避免不当采用实质合并审理方式损害相关利益主体的合法权益。

32．关联企业实质合并破产的审慎适用。人民法院在审理企业破产案件时，应当尊重企业法人人格的独立性，以对关联企业成员的破产原因进行单独判断并适用单个破产程序为基本原则。当关联企业成员之间存在法人人格高度混同、区分各关联企业成员财产的成本过高、严重损害债权人公平清偿利益时，可例外适用关联企业实质合并破产方式进行审理。

33．实质合并申请的审查。人民法院收到实质合并申请后，应当及时通知相关利害关系人并组织听证，听证时间不计入审查时间。人民法院在审查实质合并申请过程中，可以综合考虑关联企业之间资产的混同程序及其持续时间、各企业之间的利益关系、债权人整体清偿利益、增加企业重整的可能性等因素，在收到申请之日起三十日内作出是否实质合并审理的裁定。

34．裁定实质合并时利害关系人的权利救济。相关利害关系人对受理法院作出的实质合并审理裁定不服的，可以自裁定书送达之日起十五日内向受理法院的上一级人民法院申请复议。

35．实质合并审理的管辖原则与冲突解决。采用实质合并方式审理关联企业破产案件的，应由关联企业中的核心控制企业住所地人民法院管辖。核心控制企业不明确的，由关联企业主要财产所在地人民法院管辖。多个法院之间对管辖权发生争议的，应当报请共同的上级人民法院指定管辖。

36. 实质合并审理的法律后果。人民法院裁定采用实质合并方式审理破产案件的，各关联企业成员之间的债权债务归于消灭，各成员的财产作为合并后统一的破产财产，由各成员的债权人在同一程序中按照法定顺序公平受偿。采用实质合并方式进行重整的，重整计划草案中应当制定统一的债权分类、债权调整和债权受偿方案。

37. 实质合并审理后的企业成员存续。适用实质合并规则进行破产清算的，破产程序终结后各关联企业成员均应予以注销。适用实质合并规则进行和解或重整的，各关联企业原则上应当合并为一个企业。根据和解协议或重整计划，确有需要保持个别企业独立的，应当依照企业分立的有关规则单独处理。

38. 关联企业破产案件的协调审理与管辖原则。多个关联企业成员均存在破产原因但不符合实质合并条件的，人民法院可根据相关主体的申请对多个破产程序进行协调审理，并可根据程序协调的需要，综合考虑破产案件审理的效率、破产申请的先后顺序、成员负债规模大小、核心控制企业住所地等因素，由共同的上级法院确定一家法院集中管辖。

39. 协调审理的法律后果。协调审理不消灭关联企业成员之间的债权债务关系，不对关联企业成员的财产进行合并，各关联企业成员的债权人仍以该企业成员财产为限依法获得清偿。但关联企业成员之间不当利用关联关系形成的债权，应当劣后于其他普通债权顺序清偿，且该劣后债权人不得就其他关联企业成员提供的特定财产优先受偿。

七、执行程序与破产程序的衔接

执行程序与破产程序的有效衔接是全面推进破产审判工作的有力抓手，也是破解“执行难”的重要举措。全国各级法院要深刻认识执行转破产工作的重要意义，大力推动符合破产条件的执行案件，包括执行不能案件进入破产程序，充分发挥破产程序的制度价值。

40. 执行法院的审查告知、释明义务和移送职责。执行部门要高度重视执行与破产的衔接工作，推动符合条件的执行案件向破产程序移转。执行法院发现作为被执行人的企业法人符合企业破产法第二条规定的，应当及时询问当事人是否同意将案件移送破产审查并释明法律后果。执行法院作出移送决定后，应当书面通知所有已知执行法院，执行法院均应中止对被执行人的执行程序。

41. 执行转破产案件的移送和接收。执行法院与受移送法院应加强移送环节的协调配合，提升工作实效。执行法院移送案件时，应当确保材料完备，内容、形式符合规定。受移送法院应当认真审核并及时反馈意见，不得无故不予接收或暂缓立案。

42．破产案件受理后查封措施的解除或查封财产的移送。执行法院收到破产受理裁定后，应当解除对债务人财产的查封、扣押、冻结措施；或者根据破产受理法院的要求，出具函件将查封、扣押、冻结财产的处置权交破产受理法院。破产受理法院可以持执行法院的移送处置函件进行续行查封、扣押、冻结，解除查封、扣押、冻结，或者予以处置。

执行法院收到破产受理裁定拒不解除查封、扣押、冻结措施的，破产受理法院可以请求执行法院的上级法院依法予以纠正。

43．破产审判部门与执行部门的信息共享。破产受理法院可以利用执行查控系统查控债务人财产，提高破产审判工作效率，执行部门应予以配合。

各地法院要树立线上线下法律程序同步化的观念，逐步实现符合移送条件的执行案件网上移送，提升移送工作的透明度，提高案件移送、通知、送达、沟通协调等相关工作的效率。

44．强化执行转破产工作的考核与管理。各级法院要结合工作实际建立执行转破产工作考核机制，科学设置考核指标，推动执行转破产工作开展。对应当征询当事人意见不征询、应当提交移送审查不提交、受移送法院违反相关规定拒不接收执行转破产材料或者拒绝立案的，除应当纳入绩效考核和业绩考评体系外，还应当公开通报和严肃追究相关人员的责任。

八、破产信息化建设

会议认为，全国法院要进一步加强破产审判的信息化建设，提升破产案件审理的透明度和公信力，增进破产案件审理质效，促进企业重整再生。

45．充分发挥破产重整案件信息平台对破产审判工作的推动作用。各级法院要按照最高人民法院相关规定，通过破产重整案件信息平台规范破产案件审理，全程公开、步步留痕。要进一步强化信息网的数据统计、数据检索等功能，分析研判企业破产案件情况，及时发现新情况，解决新问题，提升破产案件审判水平。

46．不断加大破产重整案件的信息公开力度。要增加对债务人企业信息的公开内容，吸引潜在投资者，促进资本、技术、管理能力等要素自由流动和有效配置，帮助企业重整再生。要确保债权人等利害关系人及时、充分了解案件进程和债务人相关财务、重整计划草案、重整计划执行等情况，维护债权人等利害关系人的知情权、程序参与权。

47．运用信息化手段提高破产案件处理的质量与效率。要适应信息化发展趋势，积极引导以网络拍卖方式处置破产财产，提升破产财产处置效益。鼓励和规范通过网络方式召开债权人会议，提高效率，降低破产费用，确保债权人等主体参与破产程序的权利。

48. 进一步发挥人民法院破产重整案件信息网的枢纽作用。要不断完善和推广使用破产重整案件信息网，在确保增量数据及时录入信息网的同时，加快填充有关存量数据，确立信息网在企业破产大数据方面的枢纽地位，发挥信息网的宣传、交流功能，扩大各方运用信息网的积极性。

九、跨境破产

49. 对跨境破产与互惠原则。人民法院在处理跨境破产案件时，要妥善解决跨境破产中的法律冲突与矛盾，合理确定跨境破产案件中的管辖权。在坚持同类债权平等保护的原则下，协调好外国债权人利益与我国债权人利益的平衡，合理保护我国境内职工债权、税收债权等优先权的清偿利益。积极参与、推动跨境破产国际条约的协商与签订，探索互惠原则适用的新方式，加强我国法院和管理人在跨境破产领域的合作，推进国际投资健康有序发展。

50. 跨境破产案件中的权利保护与利益平衡。依照企业破产法第五条的规定，开展跨境破产协作。人民法院认可外国法院作出的破产案件的判决、裁定后，债务人在中华人民共和国境内的财产在全额清偿境内的担保权人、职工债权和社会保险费用、所欠税款等优先权后，剩余财产可以按照该外国法院的规定进行分配。

最高人民法院关于人民法院通过互联网公开审判流程信息的规定

（2018年2月12日最高人民法院审判委员会第1733次会议通过 2018年3月4日最高人民法院公告公布 自2018年9月1日起施行 法释〔2018〕7号）

为贯彻落实审判公开原则，保障当事人对审判活动的知情权，规范人民法院通过互联网公开审判流程信息工作，促进司法公正，提升司法公信，根据《中华人民共和国刑事诉讼法》《中华人民共和国民事诉讼法》《中华人民共和国行政诉讼法》《中华人民共和国国家赔偿法》等法律规定，结合人民法院工作实际，制定本规定。

第一条 人民法院审判刑事、民事、行政、国家赔偿案件的流程信息，应当通过互联网向参加诉讼的当事人及其法定代理人、诉讼代理人、辩护人公开。

人民法院审判具有重大社会影响案件的流程信息，可以通过互联网或者其他方式向公众公开。

第二条 人民法院通过互联网公开审判流程信息，应当依法、规范、及时、便民。

第三条 中国审判流程信息公开网是人民法院公开审判流程信息的统一平台。各级人民法院在本院门户网站以及司法公开平台设置中国审判流程信息公开网的链接。

有条件的人民法院可以通过手机、诉讼服务平台、电话语音系统、电子邮箱等辅助媒介，向当事人及其法定代理人、诉讼代理人、辩护人主动推送案件的审判流程信息，或者提供查询服务。

第四条 人民法院应当在受理案件通知书、应诉通知书、参加诉讼通知书、出庭通知书中，告知当事人及其法定代理人、诉讼代理人、辩护人通过互联网获取审判流程信息的方法和注意事项。

第五条 当事人、法定代理人、诉讼代理人、辩护人的身份证件号码、律师执业证号、组织机构代码、统一社会信用代码，是其获取审判流程信息的身份验证依据。

当事人及其法定代理人、诉讼代理人、辩护人应当配合受理案件的人民法院采集、核对身份信息，并预留有效的手机号码。

第六条 人民法院通知当事人应诉、参加诉讼，准许当事人参加诉讼，或者采用公告方式送达当事人的，自完成其身份信息采集、核对后，依照本规定公开审判流程信息。

当事人中途退出诉讼的，经人民法院依法确认后，不再向该当事人及其法定代理人、诉讼代理人、辩护人公开审判流程信息。

法定代理人、诉讼代理人、辩护人参加诉讼或者发生变更的，参照前两款规定处理。

第七条 下列程序性信息应当通过互联网向当事人及其法定代理人、诉讼代理人、辩护人公开：

（一）收案、立案信息，结案信息；

（二）检察机关、刑罚执行机关信息，当事人信息；

（三）审判组织信息；

（四）审判程序、审理期限、送达、上诉、抗诉、移送等信息；

（五）庭审、质证、证据交换、庭前会议、询问、宣判等诉讼活动的时间和地点；

（六）裁判文书在中国裁判文书网的公布情况；

（七）法律、司法解释规定应当公开，或者人民法院认为可以公开的其他程序性信息。

第八条 回避、管辖争议、保全、先予执行、评估、鉴定等流程信息，应当通过互联网向当事人及其法定代理人、诉讼代理人、辩护人公开。

公开保全、先予执行等流程信息可能影响事项处理的，可以在事项处理完毕后公开。

第九条 下列诉讼文书应当于送达后通过互联网向当事人及其法定代理人、诉讼代理人、辩护人公开：

（一）起诉状、上诉状、再审申请书、申诉书、国家赔偿申请书、答辩状等诉讼文书；

（二）受理案件通知书、应诉通知书、参加诉讼通知书、出庭通知书、合议庭组成人员通知书、传票等诉讼文书；

（三）判决书、裁定书、决定书、调解书，以及其他有中止、终结诉讼程序作用，或者对当事人实体权利有影响、对当事人程序权利有重大影响的裁判文书；

（四）法律、司法解释规定应当公开，或者人民法院认为可以公开的其他诉讼文书。

第十条 庭审、质证、证据交换、庭前会议、调查取证、勘验、询问、宣判等诉讼活动的笔录，应当通过互联网向当事人及其法定代理人、诉讼代理人、辩护人公开。

第十一条 当事人及其法定代理人、诉讼代理人、辩护人申请查阅庭审录音录像、电子卷宗的，人民法院可以通过中国审判流程信息公开网或者其他诉讼服务平台提供查阅，并设置必要的安全保护措施。

第十二条 涉及国家秘密，以及法律、司法解释规定应当保密或者限制获取的审判流程信息，不得通过互联网向当事人及其法定代理人、诉讼代理人、辩护人公开。

第十三条 已经公开的审判流程信息与实际情况不一致的，以实际情况为准，受理案件的人民法院应当及时更正。

已经公开的审判流程信息存在本规定第十二条列明情形的，受理案件的人民法院应当及时撤回。

第十四条 经受送达人书面同意，人民法院可以通过中国审判流程信息公开网向民事、行政案件的当事人及其法定代理人、诉讼代理人电子送达除判决书、裁定书、调解书以外的诉讼文书。

采用前款方式送达的，人民法院应当按照本规定第五条采集、核对受送达人的身份信息，并为其开设个人专用的即时收悉系统。诉讼文书到达该系统的日期为送达日期，由系统自动记录并生成送达回证归入电子卷宗。

已经送达的诉讼文书需要更正的，应当重新送达。

第十五条 最高人民法院监督指导全国法院审判流程信息公开工作。高级、中级人民法院监督指导辖区法院审判流程信息公开工作。

各级人民法院审判管理办公室或者承担审判管理职能的其他机构负责本院审判流程信息公开工作，履行以下职责：

（一）组织、监督审判流程信息公开工作；

（二）处理当事人及其法定代理人、诉讼代理人、辩护人对审判流程信息公开工作的投诉和意见建议；

（三）指导技术部门做好技术支持和服务保障；

（四）其他管理工作。

第十六条 公开审判流程信息的业务规范和技术标准，由最高人民法院另行制定。

第十七条 本规定自2018年9月1日起施行。最高人民法院以前发布的司法解释和规范性文件与本规定不一致的，以本规定为准。

最高人民法院、最高人民检察院关于涉以压缩气体为动力的枪支、气枪铅弹刑事案件定罪量刑问题的批复

（2018年1月25日最高人民法院审判委员会第1732次会议、2018年3月2日最高人民检察院第十二届检察委员会第74次会议通过　2018年3月8日最高人民法院、最高人民检察院公告公布自2018年3月30日起施行　法释〔2018〕8号）

各省、自治区、直辖市高级人民法院、人民检察院，解放军军事法院、军事检察院，新疆维吾尔自治区高级人民法院生产建设兵团分院、新疆生产建设兵团人民检察院：

近来，部分高级人民法院、省级人民检察院就如何对非法制造、买卖、

运输、邮寄、储存、持有、私藏、走私以压缩气体为动力的枪支、气枪铅弹（用铅、铅合金或者其他金属加工的气枪弹）行为定罪量刑的问题提出请示。经研究，批复如下：

一、对于非法制造、买卖、运输、邮寄、储存、持有、私藏、走私以压缩气体为动力且枪口比动能较低的枪支的行为，在决定是否追究刑事责任以及如何裁量刑罚时，不仅应当考虑涉案枪支的数量，而且应当充分考虑涉案枪支的外观、材质、发射物、购买场所和渠道、价格、用途、致伤力大小、是否易于通过改制提升致伤力，以及行为人的主观认知、动机目的、一贯表现、违法所得、是否规避调查等情节，综合评估社会危害性，坚持主客观相统一，确保罪责刑相适应。

二、对于非法制造、买卖、运输、邮寄、储存、持有、私藏、走私气枪铅弹的行为，在决定是否追究刑事责任以及如何裁量刑罚时，应当综合考虑气枪铅弹的数量、用途以及行为人的动机目的、一贯表现、违法所得、是否规避调查等情节，综合评估社会危害性，确保罪责刑相适应。

此复。

附：

一、2018 年 3 月份报国务院备案并予以登记的地方性法规、自治条例、单行条例和地方政府规章目录

地方性法规

法规名称	公布日期	备案登记编号
辽阳市优化营商环境条例	2018 年 2 月 1 日	国法备字［2018000160］
锦州市海岸带保护与利用管理条例	2018 年 2 月 5 日	国法备字［2018000508］
锦州市大气污染防治条例	2018 年 2 月 5 日	国法备字［2018000509］
山东省人大常委会关于修改《山东省机动车排气污染防治条例》等十四件地方性法规的决定	2018 年 1 月 23 日	国法备字［2018000484］
山东省人大常委会关于废止《山东省小清河流域水污染防治条例》等三件地方性法规的决定	2018 年 1 月 23 日	国法备字［2018000485］
烟台市城市供水条例	2018 年 1 月 23 日	国法备字［2018000486］
烟台市安全生产监督管理条例	2018 年 1 月 23 日	国法备字［2018000487］
潍坊市大气污染防治条例	2018 年 1 月 31 日	国法备字［2018000488］
潍坊市燃放烟花爆竹管理条例	2018 年 2 月 1 日	国法备字［2018000489］
济宁市城市绿化条例	2018 年 1 月 23 日	国法备字［2018000490］

续表

法规名称	公布日期	备案登记编号
泰山风景名胜区生态保护条例	2018 年 1 月 23 日	国法备字［2018000491］
德州市城乡容貌和环境卫生管理条例	2018 年 1 月 24 日	国法备字［2018000492］
德州市湿地保护条例	2018 年 1 月 24 日	国法备字［2018000493］
聊城市水环境保护条例	2018 年 1 月 23 日	国法备字［2018000494］
菏泽市物业管理条例	2018 年 1 月 26 日	国法备字［2018000495］
十堰市生态文明建设条例	2018 年 2 月 8 日	国法备字［2018000496］
广东省人民代表大会常务委员会关于在中国（广东）自由贸易试验区和复制推广“证照分离”312 改革试点具体做法的区域调整实施本省有关地方性法规规定的决定	2018 年 1 月 22 日	国法备字［2018000507］
汉中市户外广告设施和招牌设置管理条例	2017 年 12 月 4 日	国法备字［2018000535］

自治县的单行条例

条例名称	公布日期	备案登记编号
桓仁满族自治县物业管理条例	2018 年 2 月 1 日	国法备字［2018000534］

地方政府规章

规章名称	公布日期	备案登记编号
北京市人民政府关于废止《关于所外执行劳动教养的暂行规定》等19项规章的决定	2018年2月13日	国法备字［2018000527］
北京市农业机械安全监督管理规定	2018年2月12日	国法备字［2018000528］
北京市人民政府关于修改《北京市利用文物保护单位拍摄电影、电视管理暂行办法》等26项规章部分条款的决定	2018年2月12日	国法备字［2018000557］
石家庄市公园管理办法	2018年2月12日	国法备字［2018000516］
呼和浩特市城市环境卫生和车辆停放秩序违法行为处罚规定（试行）	2018年2月8日	国法备字［2018000471］
呼和浩特市人民政府关于修改《呼和浩特市肉类蔬菜流通追溯管理办法（试行）》的决定	2018年2月25日	国法备字［2018000555］
呼和浩特市道路旅客运输安全管理办法	2018年2月25日	国法备字［2018000556］
江苏省国有资金投资工程建设项目招标投标管理办法	2018年2月24日	国法备字［2018000510］
南京市长江岸线保护办法	2018年2月28日	国法备字［2018000526］
连云港市公共消防设施管理办法	2018年2月6日	国法备字［2018000505］
浙江省城镇生活垃圾分类管理办法	2018年2月2日	国法备字［2018000481］
衢州市燃气管理办法	2018年2月21日	国法备字［2018000517］
池州市非物质文化遗产保护办法	2018年2月9日	国法备字［2018000501］

续表

规章名称	公布日期	备案登记编号
福建省人民政府关于修改《福建省科学技术奖励办法》的决定	2017 年 4 月 26 日	国法备字［2018000551］
南昌市城市道路交通安全设施管理办法	2017 年 12 月 17 日	国法备字［2018000470］
山东省实施消防安全责任制规定	2018 年 3 月 1 日	国法备字［2018000547］
山东省人民政府关于修改《山东省节约用水办法》等 33 件省政府规章的决定	2018 年 1 月 24 日	国法备字［2018000553］
山东省人民政府关于废止和宣布失效部分省政府规章的决定	2018 年 1 月 24 日	国法备字［2018000554］
青岛市政府规章制定程序规定	2018 年 2 月 7 日	国法备字［2018000560］
青岛市人民政府关于修改《青岛市平时使用人防工程管理和收费的实施办法》等 27 件政府规章的决定	2018 年 2 月 7 日	国法备字［2018000561］
青岛市人民政府关于废止 67 件政府规章和宣布失效 17 件政府规章的决定	2018 年 2 月 7 日	国法备字［2018000562］
河南省黄河河道管理办法（修订）	2018 年 1 月 25 日	国法备字［2018000478］
河南省集中供热管理试行办法	2018 年 2 月 13 日	国法备字［2018000542］
河南省无障碍环境建设管理办法	2018 年 2 月 13 日	国法备字［2018000543］
湖北省城镇保障性住房管理办法	2018 年 2 月 7 日	国法备字［2018000480］
武汉市有轨电车管理暂行办法	2018 年 2 月 23 日	国法备字［2018000514］
鄂州市网络预约出租汽车经营服务管理实施办法（暂行）	2018 年 2 月 10 日	国法备字［2018000500］
鄂州市扬尘污染防治管理办法	2018 年 2 月 10 日	国法备字［2018000515］

续表

规章名称	公布日期	备案登记编号
黄冈市遗爱湖公园管理办法	2018 年 3 月 8 日	国法备字［2018000548］
广东省实施《中华人民共和国献血法》办法	2018 年 1 月 24 日	国法备字［2018000482］
广东省侨批档案保护管理办法	2018 年 1 月 24 日	国法备字［2018000483］
广东省人民政府关于在中国（广东）自由贸易试验区和“证照分离”改革试点区域调整实施有关省政府规章规定和改革事项的决定	2018 年 2 月 6 日	国法备字［2018000502］
广东省事业单位登记管理实施办法	2018 年 2 月 9 日	国法备字［2018000503］
广州市石油天然气管道保护规定	2018 年 2 月 7 日	国法备字［2018000472］
广州市人民政府关于修改《广州市城市道路临时占用管理办法》等 16 件政府规章的决定	2018 年 2 月 13 日	国法备字［2018000529］
深圳市行政机关规范性文件管理规定	2018 年 2 月 11 日	国法备字［2018000504］
汕头经济特区户外广告设施和招牌设置管理规定	2018 年 1 月 26 日	国法备字［2018000511］
东莞市新建改建居住区配套教育设施规划建设管理办法	2018 年 2 月 12 日	国法备字［2018000473］
中山市城乡建设档案管理办法	2018 年 3 月 1 日	国法备字［2018000544］
海南省人民政府关于修改《海南省城镇从业人员基本养老保险条例实施细则》的决定	2018 年 2 月 12 日	国法备字［2018000477］
南充市非物质文化遗产保护办法	2018 年 2 月 14 日	国法备字［2018000506］

续表

规章名称	公布日期	备案登记编号
资阳市农贸市场管理办法	2018 年 2 月 5 日	国法备字［2018000519］
资阳市违法建设治理办法	2018 年 2 月 5 日	国法备字［2018000520］
贵阳市人民政府关于在贵州双龙航空港经济区委托实施有关行政许可事项的决定	2018 年 2 月 12 日	国法备字［2018000539］
西安市关于修改《西安市住宅专项维修资金管理办法》的决定	2018 年 2 月 28 日	国法备字［2018000518］
甘肃省税收保障办法	2018 年 3 月 6 日	国法备字［2018000552］
兰州市人民政府关于废止《兰州市国家建设项目审计监督办法》的决定	2018 年 2 月 25 日	国法备字［2018000521］
兰州市人民政府关于废止《兰州市全民义务植树办法实施细则》和《兰州市城市绿线及绿地建设管理办法》的决定	2018 年 2 月 25 日	国法备字［2018000522］
兰州市人民政府关于修改《兰州市政府投资项目评审管理办法》的决定	2018 年 2 月 25 日	国法备字［2018000523］
兰州市城市房屋使用安全管理办法	2018 年 2 月 25 日	国法备字［2018000524］
兰州市文明行为促进办法	2018 年 2 月 25 日	国法备字［2018000525］
白银市城市养犬管理办法	2018 年 2 月 9 日	国法备字［2018000499］
西宁市非物质文化遗产保护办法	2018 年 2 月 22 日	国法备字［2018000541］
新疆维吾尔自治区货物运输车辆超限超载治理办法	2018 年 1 月 27 日	国法备字［2018000540］

二、2018 年 3 月份报国务院备案并予以登记，本汇编未收的国务院部门规章目录

中华人民共和国无线电频率划分规定

（2018 年 2 月 7 日工业和信息化部令第 46 号公布　自 2018 年 7 月 1 日起施行　国法备字［2018000479］）

图书在版编目(CIP)数据

中华人民共和国新法规汇编. 2018 年. 第 4 辑:总第 254 辑/司法部编. —北京:中国法制出版社,2018.5

ISBN 978 - 7 - 5093 - 9411 - 3

Ⅰ.①中… Ⅱ.①司… Ⅲ.①法规-汇编-中国-2018 Ⅳ.①D920.9

中国版本图书馆 CIP 数据核字(2018)第 089883 号

中华人民共和国新法规汇编

ZHONGHUA RENMIN GONGHEGUO XIN FAGUI HUIBIAN

(2018 年第 4 辑)

编者/司法部

经销/新华书店

印刷/三河市紫恒印装有限公司

开本/850 毫米×1168 毫米 32 开　　印张/7.5 字数/203 千

版次/2018 年 5 月第 1 版　　2018 年 5 月第 1 次印刷

中国法制出版社出版

书号 ISBN 978 - 7 - 5093 - 9411 - 3　　定价:18.00 元

北京西单横二条 2 号

邮政编码 100031　　传真:66031119

网址:http://www.zgfzs.com　　**编辑部电话:66066621**

市场营销部电话:66033393　　**邮购部电话:66033288**

(如有印装质量问题,请与本社印务部联系调换。电话:010 - 66032926)